高职高专系列教材

酶制剂生产与应用

杨昌鹏　主　编

中国环境出版社·北京

图书在版编目（CIP）数据

酶制剂生产与应用/杨昌鹏主编. —北京：中国环境出版社，2006.8（2014.1 重印）
（高职高专系列教材）
ISBN 978-7-80209-318-8

Ⅰ. 酶… Ⅱ. 杨… Ⅲ. ①酶制剂—生产工艺—高等学校；技术学校—教材 ②酶制剂—应用—高等学校；技术学校—教材 Ⅳ. TQ464.8

中国版本图书馆 CIP 数据核字（2006）第 088623 号

出 版 人 王新程
责任编辑 孟亚莉 张玉海
责任校对 尹 芳
封面设计 陈 莹

出版发行 中国环境出版社
（100062 北京市东城区广渠门内大街 16 号）
网 址：http://www.cesp.com.cn
电子邮箱：bjgl@cesp.com.cn
联系电话：010-67112765（编辑管理部）
发行热线：010-67125803，010-67113405（传真）
印 刷 北京中科印刷有限公司
经 销 各地新华书店
版 次 2006 年 8 月第 1 版
印 次 2006 年 8 月第 1 次印刷 2014 年 1 月第 4 次印刷
开 本 787×960 1/16
印 张 17.5
字 数 333 千字
定 价 22.00 元

高职高专系列教材
编写委员会

高职高专系列教材
审读委员会

前　言

《酶制剂生产与应用》是根据《教育部关于加强高职高专教育人才培养工作的意见》、《关于加强高职高专教育教材建设的若干意见》等文件的精神，在中国环境科学出版社的组织领导下编写的。除供高职高专生物技术、食品生物技术、生物制药专业作为必修课教材外，亦可作为其他食品类专业、生物工程类专业的选修课教材，还可作为相关生产科技人员的参考用书或岗位培训教材。

本教材立足于现代生物技术专业的专业课层次，以酶的提取分离技术为主线，紧紧围绕酶制剂生产与应用的各个方面，简明扼要而又系统全面地阐述了酶制剂生产的基础理论、先进实用的生产技术及其酶制剂的应用领域，重点介绍了当前酶制剂生产的基本方法及其精制技术。通过理论学习和实训可使学生比较系统地了解酶制剂生产的方法和应用前景，能运用所学的基础理论和生产技术生产常见的酶制剂产品，并熟悉酶制剂在食品工业、环保、能源、医药、基因工程、细胞工程、动物饲养等领域中的应用，为今后从事酶制剂的生产与应用及其相关的科研工作奠定坚实的基础。

全书共分六章。除绪论外，其余五章均由必备的基础理论和丰富的实训（生产实例）两部分构成。本教材结构合理，内容充实，信息量大，与同类教材相比适应面广、体例新颖、图表丰富、实训突出、技术实用、可操作性强。全书涉及的内容尤其是实训内容丰富、覆盖面广，各院校可从不同的教学计划的整体优化出发，结合自身的实训条件，根据需要有所侧重，进行相应的选择，挑选出最需要的部分组织教学，其余可作为拓宽学生知识的阅读材料。

本教材由广西农业职业技术学院杨昌鹏主编。参加本书编写的还有上海农林职业技术学院代书玲，锦州医学院畜牧兽医学院王芬，黑龙江生物科技职业学院刘中深，广西农业职业技术学院潘嫣丽，北京农业职业学院曹允。编写的具体分工是：杨昌鹏编写第一、三章，代书玲编写第二章、第五章第一节，王芬编写第五章第三节、第六章第五节，刘中深编写第六章，潘嫣丽编写第五章第二、四节，曹允编写第四章。第五章的实训部分由王芬编写，本书的其余实训部分均是由各相关章节的编者编写。全书由杨昌鹏统稿。

本教材承蒙复旦大学生命科学学院黄伟达教授主审，在此深表谢意！在编写过程中得到了广西农业职业技术学院、上海农林职业技术学院、锦州医学院畜牧兽医学院、黑龙江生物科技职业学院、北京农业职业学院的大力支持，在此表示衷心的感谢！

本教材在编写过程中，广泛参考和引用了众多专家、学者的著作和论文，限于篇幅不能一一列出，在此一并致以诚挚的谢意。

鉴于编者的知识水平有限，编写时间短促，难免有错漏之处，敬请各位同行、广大读者批评指正。

编　者

2006年6月

目 录

第一章　绪论

【知识目标】

● 着重了解酶的组成、酶的命名与分类、酶催化作用的特点及其影响因素、酶活力定义与测定等酶学基本知识，以及酶制剂生产的现状、应用概况与发展前景。

第一节　酶学基本知识

酶是一种生物催化剂，是具有生物催化功能的生物大分子（蛋白质或 RNA）。自然界中的一切生命现象都与酶的活动有关系。生物体内的各种生物化学反应，都是在酶的催化作用下进行的。如果离开了酶，新陈代谢就不能进行，生命就会停止。

酶的性质和功能真正被人们所认识只有百余年的历史，但酶的催化作用自古以来就被人类应用于日常生活中。在 4 000 多年前，我国夏禹时代就已知道用曲酿酒，周朝已能制麦芽糖和造酱、醋，至春秋时代，就有用曲霉治腹泻的记载。酶的系统研究起始于 19 世纪中叶对发酵本质的研究。1926 年 Sumner 首次提取出脲酶，并进行结晶，提出酶的本质是蛋白质。

自从人们发现酶的化学本质是蛋白质以来，已经知道生物体内存在着 8 000 多种具有不同功能的酶。其中，被纯化为结晶的酶已有几百种以上，并对其组成、作用机制等也有了深入的了解。

一、酶的组成

绝大多数的酶是蛋白质。具有酶催化活性的蛋白质按其组成可分为单纯蛋白质和结合蛋白质两类。

单纯蛋白质类的酶只由氨基酸组成，不含任何其他物质，大多数水解酶都属于单纯蛋白质类的酶。如胃蛋白酶、脲酶、木瓜蛋白酶等。

结合蛋白质类的酶除蛋白质部分外，还有非蛋白质部分，即辅因子。酶的辅因子可以是金属离子，也可以是小分子有机化合物。常见的酶含有的金属离子有K^{+}、Na^{+}、Mg^{2+}、Cu^{2+}、Zn^{2+}、Fe^{2+}、Fe^{3+}等。它们或者是酶催化活性的组成部分，或者是连接底物和酶分子的桥梁，或者在稳定蛋白质分子构象方面起作用。小分子有机化合物是一些化学性质稳定的小分子物质，其主要作用是在反应中传递电子、质子或一些基团。组成这类酶的蛋白质部分叫做酶蛋白，辅因子部分叫做辅酶或辅基。通常把那些与酶蛋白结合得比较松的、用透析法可以除去的叫做辅酶，把那些与酶蛋白结合得比较紧的、用透析法不容易除去的叫做辅基。酶蛋白和辅因子单独存在时，都没有催化活性，只有两者结合在一起，才能起到酶的催化作用。这种完整的酶分子叫做全酶。如乳酸脱氢酶、转氨酶。

全酶　＝　酶蛋白　＋　辅酶因子

（结合蛋白质）（蛋白质部分）（非蛋白质部分）

二、酶的命名与分类

（一）命名

1. 习惯命名法

现在普遍使用的酶的习惯名称是以下述5个原则来决定的。

（1）根据酶催化反应的性质来命名。如催化水解反应的酶称为水解酶，催化氧化作用的酶称为氧化酶或脱氢酶，催化氨基移换反应的酶称为转氨酶。

（2）根据酶作用的底物来命名。如催化淀粉水解的酶称为淀粉酶，催化蛋白质水解的酶称为蛋白酶，催化尿素水解的酶称为脲酶。它们的底物分别是蛋白质、淀粉和尿素。

（3）将酶的作用底物与催化反应的性质结合起来命名。如催化葡萄糖进行氧化反应的酶称为葡萄糖氧化酶，催化乳酸脱氢反应的酶称为乳酸脱氢酶。

（4）将酶的来源与作用底物结合起来命名。如酶作用底物分别为淀粉和蛋白质，来源于细菌时，分别称为细菌淀粉酶和细菌蛋白酶。

（5）将酶作用的最适pH和作用底物结合起来命名。例如，酶作用底物为蛋白质，作用最适pH为中性的称为中性蛋白酶；最适pH为碱性的称为碱性蛋白酶。

酶的习惯名称使用起来比较方便，但由于缺乏统一的原则，所以会出现一酶多名或一名多酶，有些酶命名也不甚合理。

2. 系统命名法

鉴于新酶的不断发现，并为了避免名称的重复和混乱，1961年国际生化学会酶学委员会规定了酶的系统命名法和分类原则。

按照国际系统命名原则，每一种酶具有一个系统名称和一个习惯名称。习惯名称应简单，便于使用。系统名称应标明酶的作用底物和反应的性质。如果有两种底物，均需标出，当中用“：”分开，若其中一种底物是水，则可省略。

例如：谷丙转氨酶的系统命名称为“L-丙氨酸：α-酮戊二酸氨基转移酶”，催化反应为：L-丙氨酸＋α-酮戊二酸 → 丙酮酸＋L-谷氨酸。

又如：乳酸脱氢酶称为“L-乳酸：NAD^+脱氢酶”，催化反应为：L-乳酸+ NAD^+ → 丙酮酸+NADH+H^+。

而蔗糖水解酶则称为“蔗糖酶”，催化反应为：蔗糖+水→葡萄糖+果糖。

（二）系统分类及编号

1. 系统分类

国际酶学委员会制定了一套完整的酶分类系统，主要根据酶催化反应的类型，把酶分为六大类：

（1）氧化还原酶类。指催化底物进行氧化还原反应的酶类。例如，乳酸脱氢酶、琥珀酸脱氢酶、过氧化氢酶、醇脱氢酶、多酚氧化酶等。

其反应通式为：$AH_2+B \rightarrow A+BH_2$

（2）转移酶类。指催化底物之间进行某些基团的转移或交换的酶类。如转甲基酶、转氨酸、己糖激酶、磷酸化酶、谷丙转氨酶等。

其反应通式为：A-R+B→A+B-R

（3）水解酶类。指催化底物发生水解反应的酶类。例如，淀粉酶、蛋白酶、脂肪酶、磷酸酶、蔗糖酶等。

其反应通式为：$AB+H_2O \rightarrow AOH+BH$

（4）裂合酶类。指能从底物中移去某些基团（不是由于水解）而形成双键，或加入某些基团于双键的酶类。例如，柠檬酸合成酶、醛缩酶、脱水酶、脱羧酶等。

其反应通式为：AB→A+B

（5）异构酶类。指催化各种同分异构体之间相互转化的酶类。例如，磷酸丙糖异构酶、消旋酶、葡萄糖异构酶等。

其反应通式为：$A \rightleftharpoons B$

（6）合成酶类。又称连接酶，是指催化 2 分子底物合成为 1 分子化合物，同时还必须偶联有 ATP 的磷酸键断裂的酶类。例如，谷氨酰胺合成酶、丙酮酸羧化酶、氨基酸：tRNA 连接酶等。

其反应通式为：A+B+ATP→AB+ADP+Pi

2. 编号

在每一大类中又可分为若干亚类，每个亚类又分为若干亚亚类，最后把属于每一个亚亚类的各种酶分门别类地按照顺序排好，分别给每一种酶一个 4 位数字的编号。例如：

乳酸脱氢酶的编号为 E.C.1.1.1.27，其编号可作下列解释，E.C.代表国际酶学委员会（Enzyme Commission）。

E.C.1.1.1.27

- 第一个 1：表示第一大类，即氧化还原酶类
- 第二个 1：表示第一亚类，被氧化的基团为 CHOH 基
- 第三个 1：表示第一亚亚类，氢受体是 NAD^+
- 27：表示乳酸脱氢酶在亚亚类中的排号

而多酚氧化酶的编号为 E.C.1.10.3.1；过氧化氢酶为 E.C.1.11.1.6；过氧化酶为 E.C.1.11.1.7；葡萄糖磷酸转移酶为 E.C.2.7.1.1；*α*-淀粉酶为 E.C.3.2.1.1。

系统命名严格而科学，但名称太长，使用起来不太方便，所以酶的习惯名称仍被广泛使用。

三、酶催化作用的特点及其影响因素

（一）酶催化作用的特点

1．高效的催化性

酶是高效催化剂，能在温和条件下，例如，常温、常压和近中性的 pH 条件下，大大加速反应。在可比较的情况下，酶的催化效率相对其他类型的催化剂而言，可使反应速率提高千百万倍以上。

2．高度的专一性（特异性）

用酶催化时，只能催化一种或一类反应，作用一种或一类极为相似的物质。不同的反应需要不同的酶。酶的这种性质称为酶的专一性。被酶催化的物质称为该酶的底物或作用物。酶对底物的专一性通常分为以下几种：

（1）绝对专一性。这种酶只作用于一种底物产生一定的反应，称为绝对专一性。如脲酶只能催化尿素水解成 NH_3 和 CO_2，而不能催化甲基尿素水解。

（2）相对专一性。这种酶可作用于一类化合物或一种化学键，这种不太严格的专一性称为相对专一性。如脂肪酶不仅水解脂肪，也能水解简单的酯类；磷酸酶对一般磷酸酯都有作用，无论是甘油的还是一元醇或酚的磷酸酯均可被其水解。

（3）立体异构专一性。酶对底物的立体构型的特异要求称为立体异构专一性。如 *α*-淀粉酶只能水解淀粉中 *α*-1,4-糖苷键，不能水解纤维素中 *β*-1,4-糖苷键；L-乳酸脱氢酶的底物只能是 L 型乳酸，而不能是 D 型乳酸。酶的立体异构专一性表明，酶与底物的结合，至少存在 3 个结合点。

3．酶活性的不稳定性

酶的作用要求一定的 pH、温度等较温和的条件，强酸、强碱、有机溶剂、重金属盐、高温、紫外线、剧烈振荡等任何使蛋白质变性的理化因素都可使酶变性而失去其催化活性。

4．酶活性的可调节性

酶的催化活性受多方面控制，控制的方式很多，如抑制剂、共价修饰、反馈调节、酶原激活、激素控制等。

以上这些特性中，酶的高效性和专一性是其最为突出的特性。

（二）影响酶催化作用的因素

酶与一般的催化剂相比，具有催化效率高、高度专一性和作用条件温和的特点。影响酶催化作用的主要因素有底物浓度、酶浓度、温度、pH、抑制剂及激活剂等。

1．底物浓度

底物浓度是决定酶催化反应速度的主要因素。在其他条件相同的情况下，酶促反应速度与底物浓度有一定的关系（图 1-1），即在底物浓度较低的情况下，反应速度与底物浓度成正比，当底物浓度达到一定浓度时，反应速度趋向平衡，若底物浓度过高，反应速度反而降低。当反应速度达到最大速度一半时的底物浓度称为米氏常数（K_m）。大多数酶的 K_m 值在 10^{-6}～10^{-1}mol/L，K_m 值可表示酶与底物的亲和力，K_m 值小表示亲和力大。

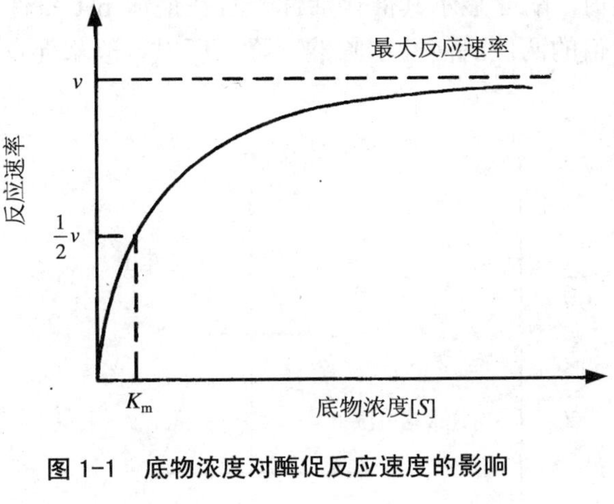

图 1-1　底物浓度对酶促反应速度的影响

2．酶浓度

对大多数的酶促催化反应来说，在适宜的温度、pH 和底物浓度一定的条件下，酶促催化反应速度至少在初始阶段与酶的浓度成正比，这个关系是测定未知试样中酶浓度的依据。

3．温度

每一种酶都有其各自的有效温度和最适温度。在酶的有效温度范围内，酶才能进行催化作用，且在最适条件下酶的催化反应速度达到最大（图 1-2）。在一定的温度范围内，温度每升高 10℃，酶促反应速度增加 1～2 倍。但温度过高时，会引起酶变性而丧失其催化活性。因此，绝大多数酶的提纯与干燥需在 5℃以下的低温条件下进行。

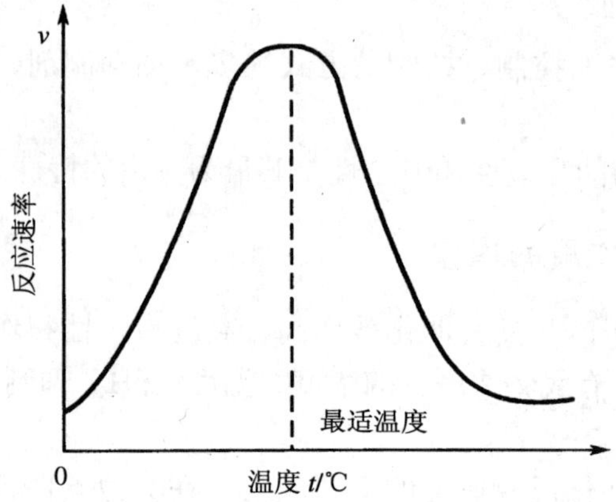

图 1-2 温度对酶促反应速度的影响

4. pH

酶的催化作用与反应液的 pH 有很大关系，每一种酶都有各自的有效 pH 和最适 pH。只有在有效 pH 范围内，酶才显示其催化活性，且在最适 pH 条件下，酶催化反应速度达到最大。在最适 pH 值的两侧酶活性都骤然下降，所以一般酶促反应速度的 pH 值曲线呈钟形（图 1-3）。

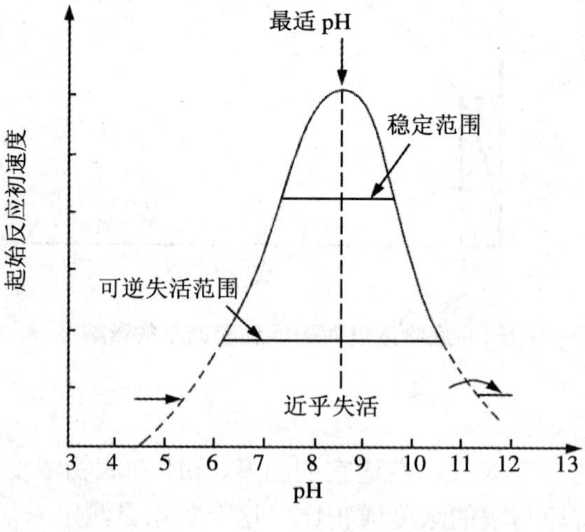

（引自《食品化学》，阚建全，2002）

图 1-3 pH 值对酶促反应速度的影响

5．抑制剂及激活剂

凡能使酶的活性降低或丧失的物质称为酶的抑制剂。抑制剂有可逆性抑制剂和不可逆性抑制剂之分。根据抑制剂的作用机理不同，酶的抑制作用可分为竞争性抑制、非竞争性抑制和反竞争性抑制三种。如丙二酸是琥珀酸脱氢酶的竞争性抑制剂；Ag^{+}、Hg^{2+}、Pb^{2+}、Cu^{2+}、EDTA 等是大多数酶的非竞争性抑制剂。

激活剂是指能够增加酶的催化活性的物质。常见的激活剂有 Ca^{2+}、Mg^{2+}、Zn^{2+}、Mn^{2+} 等金属离子和 Cl^{-}无机负离子。在酶的应用和活力测定时，应添加适当的激活剂。

四、酶活力的测定

酶活力（酶活性）测定是酶学研究和分离纯化中必须进行的工作程序，通过测定酶活力可以知道酶催化能力的大小，评价分离纯化过程的优劣。

（一）酶活力定义

酶活力就是酶催化一定反应的能力，也就是酶催化反应的速度。反应速度越大，酶活力越高，反之则低。酶催化反应的速度可通过测定单位时间内反应底物的减少量或产物生成量而得。反应速度的单位常用单位时间内、单位体积中底物的减少量或产物的生成量表示，通常以测定产物的生成量较为准确。研究酶反应速度以酶促反应的初速度为准，此时酶活力与产物浓度成直线关系。

一定数量的酶制剂催化特定反应的能力大小就表明其含酶量的多少，因此酶单位都是以酶的活力为根据而定义的。国际生化协会酶学委员会 1964 年规定：在特定条件下，在 1 min 内 1 μmol 的底物转化为产物的酶量为 1 个酶活力单位（active unit），称为酶的国际单位“IU”。特定条件是指：温度为 25℃，其他条件（如 pH 及底物浓度）均采用最适条件。规定这种标准单位的目的是为了便于相互比较，但在实际应用中这种标准单位常有不便之处，因而除了科学研究以外，不常采用。

在酶制剂生产上根据不同的产品制定各自的酶活力单位，例如蛋白酶以 1 min 内能水解酪蛋白产生 1 μg 酪氨酸的酶量为 1 个蛋白酶单位；液化型淀粉酶以 1 h 内能液化 1 g 淀粉为 1 g 液化型淀粉的酶量为 1 个酶单位；等等。在测定酶活力时，对反应的温度、pH 值、底物浓度、作用时间都有统一规定，以便同类产品互相比较。

酶活力单位并不直接表示酶的绝对数量，它只不过是一种相对比较的依据。在实际应用中，常以比活力，即每毫克酶蛋白中含有的酶活力单位数（U/mg）表示酶活力的大小。有时也采用每（毫）升酶液或每克酶制剂的活力单位数表示酶的比活力，这也是生产中经常使用的数据。

（二）酶活力测定的基本方法

酶活力测定可分为定量法和定性法。定性法通常可根据酶促反应的结果来判断，例如，淀粉酶水解淀粉，其反应液可加碘液显色，根据显出的颜色可判断淀粉酶的活性。定量测定是测量酶促反应的速度，可用单位时间内底物的减少量或产物的增加量来表示。下面介绍几种常用的方法。

（1）测压法。在酶促反应中，底物或产物之一是气体的，可利用测压计来测量气体的变化。例如，测定氧化酶的活性，可以测定其反应中的耗氧量；测量脱羧酶的活性，可以测量其反应中的产气（CO_2）量。

（2）分光光度法。酶促反应的底物或产物在紫外光、可见光或红外光谱区域具有光吸收的，可用分光光度法测定。该法又分为直接测定法和间接测定法。直接测定法省时，操作简单，可连续测出反应过程中的光吸收变化。如蛋白酶、果胶酶、多酚氧化酶等酶的活力常采用此法测定。

此法必须严格控制反应温度，恒温误差应在±0.2℃，因为温度变化 1℃将会引起反应速度变化在 10%左右。而间接测定法一般是用终止剂终止反应体系，再通过显色、比色，才能计算出反应的速度大小。

（3）荧光法。某些物质吸收一定波长的入射光，经过 10^{-9}～10^{-8} s，能发射出较长波长的光，即荧光。能产生荧光的物质称为荧光物质。在酶促反应中，当底物或产物是荧光物质或者它们的荧光性质有差别时，其反应的酶活力可用荧光法测定。

此法可在复杂的混合物中检测出荧光物质的样品，灵敏度很高，可检出 10^{-12} mo1/L 的样品分子，比分光光度法高出 6 个数量级。荧光法也可分直接测定法和间接测定法，既可定性又可定量。如乙醇脱氢酶常采用此法测定其活力。

（4）酶偶联法。两个酶的反应系统在一起进行，第一个酶的产物即为第二个酶的底物，称为酶的偶联反应。例如：己糖激酶可采用此法测定。

（5）电化学法。此法是用离子选择性电极跟踪反应过程所生成的离子或气体分子的浓度，从而得到反应初速度。电化学法可分为离子选择性电极法、微电子电位法、电流法、电量法、极谱法等数种。例如：可用氧电极法测定葡萄糖氧化酶活力、用电量法测定脲酶活力。

（6）旋光测定法。许多酶能催化无旋光性的底物生成有旋光性的异构体，或催化有旋光性异构体的底物变为无旋光性的产物，这样的反应体系即可用恒温旋光仪测定旋光物质的旋光度变化。如果底物或产物旋光度太小，则可通过生成络合物来提高旋光度。如乳酸与铝酸生成的络合物，就有很高的比旋光度。

第二节　酶的生产与应用概述

酶是来自于生物细胞的具有催化功能的特殊蛋白质。酶的大批量生产和应用的技术过程通常也叫酶工程。酶工程技术的主要内容包括：酶的生产技术、酶的固定化技术、酶的分子改造和修饰技术以及酶制剂的应用。酶工程是生物技术的重要组成部分，它是在发酵工程（微生物工程）基础上发展起来的，与基因工程、细胞工程、发酵工程相互依存、相互促进。

一、酶制剂生产的现状

酶制剂工业是知识密集型的高科技企业，是生物工程的经济实体。目前，世界上工业规模大量生产的酶制剂有：α-淀粉酶（包括耐高温酶）、β-淀粉酶、糖化酶、异淀粉酶、蛋白酶、果胶酶、环状糊精葡萄糖苷转移酶、脂肪酶、葡萄糖异构酶、葡萄糖氧化酶、凝乳酶、纤维素酶、半纤维素酶、β-葡聚糖酶、果聚糖酶、乳糖酶、转化酶、溶菌酶、过氧化氢酶、氨基酸酰化酶、青霉素酰化酶、右旋糖酐酶、蜜二糖酶、5′-腺苷酸脱氢酶、5′-磷酸二酯酶、天冬酰胺酶等近 30 种。

据台湾地区食品工业发展研究所统计，全世界酶制剂市场以年平均 11%的速度逐年增长。从 1995 年的 12.5 亿美元，1998 年的 16 亿美元，1999 年的 19.2 亿美元，到 2002 年的 25 亿美元，预计 2008 年将超过 30 亿美元。就酶在各领域的应用来说，食品、饲料工业用量最大，占销售额的 45%，洗涤剂业占 32%，纺织工业占 11%，造纸工业占 7%，化学工业占 5%。

在全世界上百个有名的酶制剂企业中，丹麦 NoVo Nordisk（诺和诺德公司）牢牢把持着“龙头”地位，占有 50%以上的市场份额，美国 Genencor（杰能科公司）次之，占 25%，其他各国酶制剂生产企业分享余下 25%的市场份额。美国是世界上工业用酶的最大市场，欧洲和日本位于第二位和第三位，其后是中国、印度和南非。

我国的酶制剂工业起步于 1965 年，在无锡建立了第一个专业化酶制剂厂，当时总产量只有 10 t，品种只有普通淀粉酶。我国酶制剂工业经过近 50 年的努力，现已形成一定的生产规模。从 20 世纪 90 年代起，通过引进国外先进技术和国际合作，技术水平和设备装备水平有了很大提高。据中国发酵工业协会统计，我国 2000 年酶制剂生产量为 30 万 t。目前，我国酶制剂生产企业约 100 家，均为中小型企业，现有生产能力 40～50 万 t。产品以糖化酶、α-淀粉酶、蛋白酶为主，这三种产品的年生产量占据总生产量的 95%以上。此外，还生产有果胶酶、β-葡聚糖酶、纤维素酶、碱性脂肪酶、α-乙酰乳酸脱羧酶、植酸酶、木聚糖酶等。我国酶制剂产品主要应用于酿酒、淀粉糖、洗涤剂、纺织、皮革、饲料等行业。

与国际上著名的诺和诺德、诺威信、杰能科公司比较，我国酶制剂工业，无论在产量和销售方面，还是在品种、质量和应用方面，都存在着很大的差距。主要表现在工艺、设备落后，生产技术水平较低；产品粗糙、杂质多、质量差；剂型少、品种少、应用范围窄等。目前，我国工业酶制剂的销售额约只占全世界酶制剂销售额的4%，这充分说明，我国酶制剂工业潜力十分巨大。

二、酶制剂生产的基本方法

酶的生产是指通过人工操作而获得所需的酶的技术过程。酶的生产方法可以分为提取分离法、生物合成法和化学合成法 3 种。其中，提取分离法是最早采用并沿用至今的方法，主要用于天然动植物来源的组织中酶的生产；生物合成法是 20 世纪 50 年代以来酶生产的主要方法，主要是用于人工培养的动植物细胞中酶的生产；化学合成法至今仍然停留在实验室阶段。生物合成法包括微生物发酵法、植物细胞培养产酶法、动物细胞培养产酶法。目前，酶的生物合成法生产主要利用微生物细胞发酵生产而得到。微生物发酵法生产酶制剂主要采用固态发酵法、液态发酵法、固定化细胞发酵法三种方式。

本书第二章将着重介绍酶的提取分离法和微生物发酵法生产技术。

三、酶的应用概况与发展前景

酶具有专一性强、催化效率高和作用条件温和等显著特点，在各个领域的应用中都显示出其优越性。酶的研究与应用，已贯穿于国民经济的各个领域，具有广阔的发展前景。

在食品工业方面，可以用酶进行食品保鲜，食品加工生产，改善食品的品质和风味。例如：用乳糖酶从牛奶中除去乳糖，提高牛奶的质量；在水果加工过程中加入果胶酶，使果汁澄清，并提高果汁生产率。利用固定化氨基酸酰化拆分 DL-酰化氨基酸，自动连续地生产 L-氨基酸；利用固定化青霉素酰化酶合成半合成青霉素；利用固定化木瓜蛋白酶合成高甜度、低热量的甜味二肽；利用 α-淀粉酶、糖化酶以及固定化葡萄糖异构酶从淀粉生产高果糖浆等。

在轻工、化工方面，可以用酶进行原料处理，生产各种轻工、化工产品，加酶增强产品的使用效果。例如，用新的酶法代替老的石灰硫化钠法，使动物皮脱毛、软化，提高了皮革的质量；用新的酶法代替老的碱皂法，使蚕丝脱胶，提高了丝织物的质量；在洗衣粉中加入碱性蛋白酶，加强了洗衣粉的去污能力。

在分析检测方面，可以通过单酶反应检测、多酶偶联反应检测和酶标记免疫反应检测等检测各种物质。酶法分析具有灵敏、准确、快速、简便等优点。在临床化验和化学分析方面，已发挥了越来越大的作用。例如：测定血液中谷丙转氨酶活性，可以为诊断肝炎活动期及病情严重程度提供重要的依据；利用葡萄糖氧化酶电极测定血液和尿中的葡萄糖浓度，可以为糖尿病的诊断提供重要的依据；用辣根过氧化物酶标记乙肝病毒表面抗原或抗体，然后用酶标免疫测定人体血液中乙肝病毒的含量，为诊断乙肝及病情提供重要的依据。

在医药方面，可以利用酶的催化特性进行疾病诊断、疾病治疗和药物制造。酶可以快速、简便、准确地诊断疾病，可以安全、廉价、高效地进行疾病治疗，达到其他药物难于达到的良好效果，还可以通过酶的催化作用，生产各种疗效显著、质量较高、副作用少的药物。例如，尿激酶在治疗各种血栓病方面有特效；天冬酰胺酶能治疗白血病，抗肿瘤；人尿胰蛋白酶抑制剂能使急性胰腺炎患者转危为安；猪、牛凝血酶在外科手术过程中用于止血，效果很好。

在环保能源方面，可以用酶进行环境监测，进行废水处理，生产各种可生物降解材料，生产各种新能源产品。

在生物工程领域，可以用酶去除细胞壁，进行大分子的切割和分子拼接等。酶在基因工程、细胞工程、蛋白质工程等新技术领域的科学研究和技术开发中，往往成为不可取代的必备工具。

由此可见，酶的应用对世界科技和经济的发展具有深远的意义和广阔的前景。近几十年来，科技工作者进行了大量研究，发展了固定化技术、酶分子修饰技术、酶在有机介质中的催化技术等，克服或者缓解了酶在应用过程中的不足，使酶的催化功能得以充分发挥，使酶的应用有着更加美好的前景。

现在已知的酶有数千种，但是还远远不能满足人们对酶日益增长的需要。因此，酶的应用潜力很大。随着科技的发展，人们正在发现更多、更好的新酶。其中，令人瞩目的抗体酶、核酸类酶和端粒酶等的研究开发，将成为新酶研究和开发的重要领域。伴随着人类基因组计划取得的巨大成果、基因组学和蛋白质组学的诞生、生物信息学的兴起，以及 DNA 重排技术、细胞或噬菌体表面展示技术等的发展，众多新酶的出现将使酶的应用达到前所未有的广度和深度。

第二章　粗酶制剂的生产技术

【知识目标】

● 了解细胞破碎的方法、常用的产酶微生物、菌种保藏方法、酶制剂保藏的条件。

● 熟悉提取分离法与微生物发酵法产酶的主要技术环节，以及提高酶产量的措施。

● 掌握酶的提取方法与条件控制、酶的浓缩与干燥的常用方法。

【能力目标】

● 能熟练操作酶的细胞破碎、抽提、离心、浓缩、干燥等技术环节。

● 能熟练运用盐析、有机溶剂沉淀、等电点沉淀等方法进行酶的分离提取，并制备3~4种生产上常见的粗酶制剂。

第一节　提取分离法产酶技术

提取分离法是采用各种提取、分离、纯化技术从天然的动植物的组织、器官、细胞或微生物细胞中将酶提取出来，再进行分离纯化的过程。提取分离法是最早采用的酶生产方法，此法设备较简单，操作较方便，但往往受材料资源限制。所以，1950年代以后，随着发酵技术的发展，许多酶都采用生物合成法进行生产。然而，在材料资源丰富的地区或者对某些难以用生物合成法生产的酶，从动植物或微生物的组织、细胞中提取所需的酶，仍然有其成本优势，至今仍然使用。例如，从猪血中提取分离凝血酶、超氧化物歧化酶（SOD）；从鸡蛋清中提取分离溶菌酶；从菠萝皮中提取分离菠萝蛋白酶等。

此法中所采用的提取、分离、纯化技术在其他的酶生产方法中，也是重要的技术环节。提取分离法产酶技术主要包括细胞破碎、酶的提取、酶的粗分离和酶的精制等技术环节，其中，酶的精制技术将在第三章中详细介绍。

一、细胞破碎

生物体内的酶分为胞外酶和胞内酶，大多数酶都存在于细胞内部。若要提取的酶是胞内酶，首先要对细胞或组织进行破碎，使酶从细胞内释放出来，而且抽提效果也往往与细胞破碎程度有关。

细胞破碎方法可以分为机械破碎法、物理破碎法、化学破碎法和酶溶法等。实际应用中应根据具体情况选用适宜的细胞破碎方法，有时也可以采用两种或两种以上的方法联合使用，以便达到预期结果。

（一）机械破碎法

通过机械运动所产生的剪切力的作用，使细胞破碎的方法称为机械破碎法。常用的破碎机械有组织捣碎机、珠磨机、匀浆器等。按照所使用的破碎机械的不同，可以分为捣碎法、珠磨法和匀浆法等。

1. 捣碎法

利用捣碎机高速旋转叶片所产生的剪切力将组织细胞破碎。此法常用于动物内脏、植物叶芽等比较脆嫩的组织细胞的破碎，也可以用于微生物，特别是细菌的细胞破碎。使用时，先将组织细胞悬浮于水或其他介质中，置于捣碎机内进行破碎。

2. 珠磨法

图 2-1 是水平密闭型珠磨机的结构简图。其破碎原理是：珠磨机的破碎室内填充玻璃或氧化铝微珠（微球），填充率为 80%～85%。在搅拌桨的高速搅拌下微珠高速运动，微珠和微珠之间以及微珠和细胞之间发生冲击和研磨，使悬浮液中的细胞受到研磨剪切和撞击而破碎。该法适用于绝大多数微生物细胞的破碎。珠磨法在破碎过程中有大量的热能产生，因此在设计操作时应充分考虑换热问题，以免温度过高引起酶变性失活。

3. 匀浆法

图 2-2 是高压匀浆器的结构简图。高压匀浆器的破碎原理是：细胞悬浮液在高压作用下从阀座与阀之间的环隙高速喷出后撞击到碰撞环上，细胞在受到高速撞击作用后，急剧释放到低压环境，从而在撞击力和剪切力等的综合作用下破碎。

高压匀浆法适用于酵母和大多数细菌细胞的破碎，料液细胞浓度可达到 20%左右。丝状菌易造成高压匀浆器堵塞，不宜使用此法。在操作方式上，可以采用单次通过匀浆器或多次循环通过等方式，也可连续操作。为了控制温度的升高，可在进口处用干冰调节温度，使出口温度调节在 20℃左右。在大规模的细胞破碎中，对于酵母等难破碎及浓度高或处于生长静止期的细胞，常采用多次循环的操作方法。

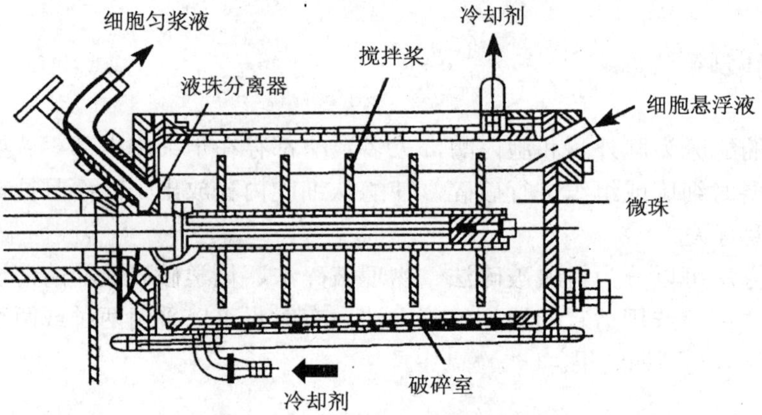

（引自《酶工程》，陈宁，2005）

图 2-1　水平密闭型珠磨机的结构简图

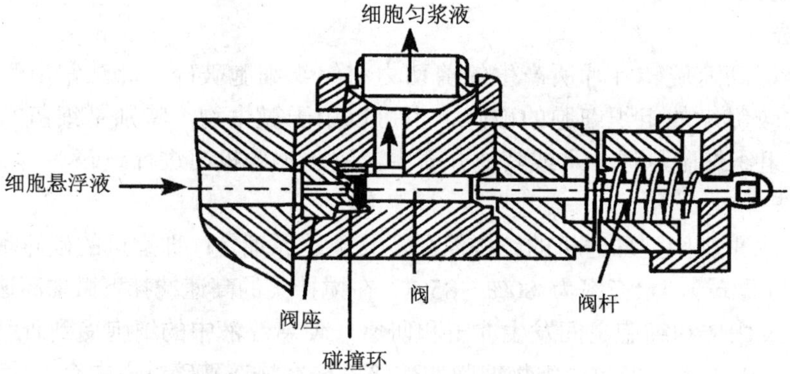

（引自《酶工程》，陈宁，2005）

图 2-2　高压匀浆器的结构简图

（二）物理破碎法

物理破碎法是通过温度、压力、声波等各种物理因素的作用，使组织细胞破碎的方法。物理破碎法多用于微生物细胞的破碎。

1. 超声波破碎法

超声波破碎法是借助超声波作用使液体产生空穴，空穴的不断形成、增大和闭合产生极大的冲击波和剪切力，从而使细胞破碎。

影响超声波破碎的因素主要有超声波的声强、频率、破碎时间等，另外，细胞浓度和细胞种类等对破碎效果也会有影响。超声波通常在 15～25 kHz 的频率下操作。各种细胞所需破碎时间主要靠经验来决定，有的细胞仅需 2～3 次的 1 min 超声即可破碎，而另一些则需多达 10 次的超声处理。不同的菌，用超声波处理的效果也不同，杆菌比球菌易破碎，革兰氏阴性菌比革兰氏阳性菌易破碎，酵母菌效果较差。超声波破碎时细胞浓度一般在 20%左右。

2. 冻融法

将细胞急剧冻结后在室温缓慢融化，反复进行多次冻结—融化操作，使细胞受到破坏的方法称为冻融法。冻结的作用是破坏细胞膜的疏水键结构，增加其亲水性和通透性。另一方面，由于胞内水结晶使胞内外产生溶液浓度差，故在渗透压作用下引起细胞膨胀而破裂。对于哺乳动物细胞或细胞壁较脆弱的菌体可采用此法，但通常破碎率较低。另外，还可能引起对冻融敏感的某些蛋白质的变性。

（三）化学破碎法

通过各种化学试剂对细胞膜的作用，使细胞破碎的方法称为化学破碎法。常用的方法有有机溶剂渗透法和表面活性剂渗透法。

1. 有机溶剂渗透法

有机溶剂可以使细胞壁、细胞膜的磷脂结构破坏，从而改变细胞的透过性，使胞内酶等细胞内物质释放到细胞外。如存在于大肠杆菌细胞内的青霉素酰化酶可利用醋酸丁酯来溶解细胞壁上的脂质，使酶释放出来。常用的有机溶剂有丁酯、丁醇、丙酮、氯仿和甲苯等。为了防止酶的变性失活，操作时应当在低温条件下进行。

2. 表面活性剂渗透法

表面活性剂可以和细胞膜中的磷脂以及脂蛋白相互作用，使细胞膜结构破坏，从而增加细胞膜的透过性。在酶的提取方面，一般采用非离子型的表面活性剂，如 Tween（吐温）、TritonX-100（曲拉通）等。

（四）酶溶法

酶溶法是利用溶解细胞壁的酶处理菌体细胞，使细胞壁受到部分或完全破坏，或再利用渗透压冲击等方法破坏细胞膜，进一步增大胞内产物的通透性。

酶溶法专一性强，在选择酶系统时，必须根据细胞壁的结构和化学组成来选择。革兰氏阳性菌、放线菌的细胞壁以肽聚糖为主要成分，常采用溶菌酶裂解细胞壁；酵母菌和真菌的细胞壁主要是纤维素、葡聚糖、几丁质等，常用蜗牛酶、纤维素酶、多糖酶等裂解细胞壁；植物细胞壁的主要成分是纤维素，常采用纤维素酶和半纤维素酶裂解细胞壁。

酶溶法条件温和，能选择性的释放产物，胞内核酸等泄出量少，细胞外形较完整，便于后步分离等，但水解酶价格高，故此法目前多应用于小规模的细胞破碎。

二、酶的抽提

酶的抽提是指在一定的条件下，用适当的溶剂或溶液处理含酶原料，使酶充分溶解到溶剂或溶液中的过程，也称为酶的提取。该过程实际上经常是在细胞破碎时已经同时进行。

（一）抽提方法

根据抽提酶时所采用的溶剂或溶液系统不同，酶的抽提方法主要有稀盐法、稀酸法、稀碱法和有机溶剂法等。

1. 稀盐法

此法是利用某些酶溶解于稀盐溶液的特性来提取酶物质。大多数酶溶于水，而且在一定稀盐浓度范围内，酶的溶解度随盐浓度的升高而增加，这称为盐溶现象。一般酶提取时，盐浓度宜控制在0.02～0.5 mol/L的范围内。例如：用0.1 mol/L的碳酸钠提取6-磷酸葡萄糖脱氢酶；用 0.1 mol/L 氯化镁溶液提取枯草杆菌碱性磷酸酶；用 0.5 mol/L 的磷酸氢二钠溶液提取酵母醇脱氢酶。从植物乳杆菌中提取乳酸脱氢酶，用 0.05 mol/L 磷酸缓冲液（pH 7.0）添加0.1～0.3 mol/L氯化钠可达到较好的效果。

2. 稀酸法

有些酶在酸性条件下溶解度较大且稳定性较好，宜用酸溶液提取。提取时要注意溶液的pH值不能太低，以免酶变性失活。如胰蛋白酶可用0.12 mol/L的硫酸溶液提取。

3. 稀碱法

有些酶在碱性条件下溶解度较大且稳定性较好，可采用碱溶液提取。例如，细菌 L-天冬酰胺酶可用 pH 11.0～12.5 的碱溶液提取。操作时要注意 pH 值不能过高，以免影响酶的活性。同时加碱液的过程要一边搅拌一边缓慢加进，以免出现局部过碱现象，引起酶的变性失活。

4. 有机溶剂法

一些与细胞的膜结构或颗粒结构结合在一起的酶，称为结合酶，必须用有机溶剂提取。常用的有机溶剂有乙醇、丙酮、丁醇等。它们既能溶解脂质，又能与水互溶，抽提时，破坏了细胞的膜结构，使酶释放进入水相。例如，大豆脲酶的抽提用 32%的丙酮，还有一些膜结合酶，如琥珀酸脱氢酶、胆碱酯酶、细胞色素氧化酶等，采用丁醇提取，都取得良好效果。

5. 双水相萃取法

双水相萃取法是利用物质在互不相溶的两水相间分配系数的差异来进行萃取的方法。双水相萃取中使用的双水相一般由按一定百分比组成的盐溶液和高分子溶液或者两种互不相溶的高分子溶液组成。例如，硫酸铵溶液和聚乙二醇（PEG）溶液；聚乙二醇溶液和葡聚糖（Dextran）溶液等。

在双水相的两相中，水分都占很大比例（85%～95%），生物活性物质在这种环境中不会引起失活，但可以不同比例分配于两相中。因此，双水相萃取法常用于胞内酶提取。典型的胞内酶双水相两步萃取流程见图 2-3。通常将蛋白质分配在上相（PEG），而细胞碎片分配在下相（盐）。反过来的情况对相的分离不利。

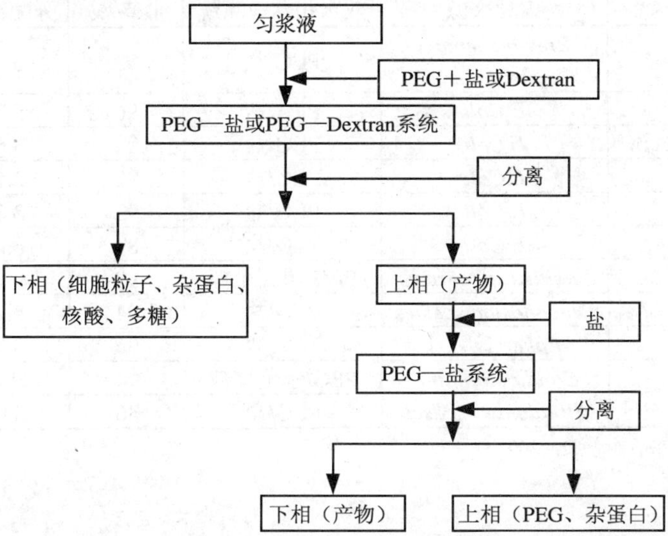

（引自《生物分离原理及技术》，欧阳平凯，2004）

图 2-3　胞内酶双水相两步萃取流程

要成功地运用双水相萃取的方法，应满足下列条件：① 欲提取的酶和细胞应分配在不同的相中；② 酶的分配系数应足够大，使在一定的相体积比时，经过一次萃取，就能得到高的收率；③ 两相用离心机很容易分离。

应用双水相萃取法从细胞碎片中分离酶的典型示例见表 2-1。

（二）提取条件的控制

在酶的提取过程中，受到各种外界因素的影响。除受到酶在所使用的溶剂中的溶解度以及酶向溶剂相中扩散的速度的影响外。还主要受到温度、pH 值、盐浓度和杂菌等因素的影响。

1. 温度

酶提取时，适当提高温度，可以提高酶的溶解度，增大酶分子的扩散速度，但温度过高，则容易引起酶的变性失活，所以多数酶的提取时温度不宜过高，一般要求在 0～10℃操作。但一些耐热酶可在室温或更高一些的温度条件下提取。例如，胃蛋白酶可在

37℃提取，细菌碱性磷酸酶可在 25℃提取；而细菌谷氨酸脱氢酶必须在常温（25℃）下提取，0℃ 1 h 失活 50%；线粒体 ATP 酶在 0℃迅速失活，室温下不仅稳定，而且活力提高，这类酶称为冷不稳定酶，不能在低温下操作。

表 2-1　应用双水相萃取法从细胞碎片中分离酶的典型示例

酶	菌种来源	双水相萃取系统	收率/%	分配系数	细胞浓度/%
延胡索酸酶	*Brevibaetevium ammoniagenes*	PEG/盐	83	3.3	20
天门冬氨酸酶	*E.Coli*	PEG/盐	96	5.7	25
异亮氨酰-tRNA 合成酶	*E.Coli*	PEG/盐	93	3.6	20
青霉素酰化酶	*E.Coli*	PEG/盐	90	2.5	20
延胡索酸酶	*E.Coli*	PEG/盐	93	3.2	25
β-半乳糖苷酶	*E.Coli*	PEG/盐	87	6.2	12
亮氨酸脱氢酶	*Bacillus sphaericus*	PEG/粗葡聚糖	98	9.5	20
葡萄糖-6-磷酸盐脱氢酶	*Leuconostoc species*	PEG/盐	94	6.2	35
酒精脱氢酶	*Baker's yeast*	PEG/盐	96	8.2	30
甲醛脱氢酶	*Candida boidinii*	PEG/粗葡聚糖	94	11.0	20
葡萄糖异构酶	*Streptomycescasei*	PEG/盐	86	3.0	20

（引自《新编生物工艺学》，俞俊棠，2003）

2. pH 值

酶为两性电解质，在不同 pH 下所带电荷及解离程度不同。在某一个特定的 pH 下，酶分子上所带的正、负电荷相等，净电荷为零，此时的 pH 值即为酶的等电点。在等电点的条件下，酶分子的溶解度最小。不同酶分子的等电点不同。为了提高酶的溶解度，提取时 pH 值应该避开酶的等电点，以提高酶的溶解度。但是溶液的 pH 值不宜过高或过低，以免引起酶的变性失活。

3. 盐浓度

由于盐浓度过高时，酶的溶解度反而下降，并且容易变性。因此，稀盐法提取酶时，盐的浓度一般控制在 0.02～0.5 mol/L。pH 偏酸或偏碱时，盐浓度宜低。氯化钠溶液以 0.15 mol/L 左右，磷酸缓冲液或焦磷酸盐缓冲液以 0.02～0.05 mol/L 为常用。例如，固体发酵生产的麸曲中的淀粉酶、蛋白酶、糖化酶等胞外酶，常用 0.14 mol/L 的氯化钠溶液或 0.02～0.05 mol/L 的磷酸缓冲液提取。有些酶在低盐浓度溶解度低，需使用 1 mol/L 以上氯化钠溶液提取。而某些霉菌脂肪酶则用水抽提效果比盐溶液好。

4. 杂菌

含酶溶液往往成分复杂，是微生物生长的良好培养基。操作过程中如果时间较长，温度较高，很容易引起杂菌生长。大量杂菌滋生通常会引起要分离的酶被降解或变性失活，造成损失。因此，提取的酶液要及时进行分离提纯，尽量缩短时间和过程。

三、酶的粗分离

经过抽提得到的粗酶液往往体积较大，杂质较多，由于脂肪微粒、细胞碎片或其他固体物的存在而比较浑浊。因此，酶的分离纯化第一阶段的主要目的是尽快缩小样品体积，提高产物浓度，去除最主要的杂质。这一阶段主要采用的技术有沉淀分离、粗滤分离和离心分离等。

（一）沉淀分离

沉淀分离也叫沉析分离，是指通过改变某些条件或添加某种物质，使某种溶质的溶解度降低，从溶液中沉淀析出而与其他溶质分离的技术过程。沉淀法通常在分离的早期采用，它既是一种分离方法，也是一种有效的浓缩方法，因此在酶的分离纯化过程中经常采用。沉淀分离的方法很多，主要有盐析沉淀法、有机溶剂沉淀法、等电点沉淀法、有机聚合物沉淀法、选择性变性沉淀法等。

1. 盐析沉淀法

盐析沉淀法是比较古老的方法，但目前仍广泛使用，它是根据酶和杂蛋白在高浓度盐溶液中的溶解度差别进行分离纯化。

盐之所以能够改变蛋白质的溶解度，主要是因为酶和杂蛋白分子表面的—COOH、—NH_2、—OH 等亲水基团使其表面包着一层水膜，当加入大量中性盐时，蛋白质表面的水膜就被脱去，电荷被中和，从而沉淀出来。其机理图解如图 2-4 所示。

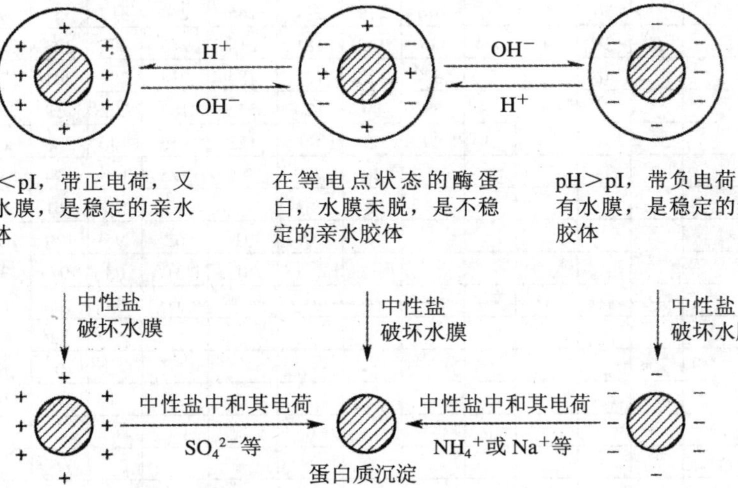

（引自《酶学原理与酶工程》，周晓云，2005）

图 2-4 蛋白质的盐析图解

具有盐析作用的中性盐很多，通常采用的中性盐有硫酸铵、硫酸钠、硫酸钾、硫酸镁、氯化钠和磷酸钠等。硫酸铵是最常用的盐，因其在水中溶解度大，且受温度影响小（在25℃时，溶解度为767 g/L；在0℃时，溶解度为697 g/L），对大多数酶不仅无害处，而且还起稳定作用，分级效果较好且价廉易得。但硫酸铵作为盐析剂也存在一定的不足，如水解后会变酸，在高pH下会放出氨，腐蚀性强等。因此，在后续分离中必须除去。

硫酸铵盐析时，溶液的盐浓度以饱和度来表示，饱和盐溶液的饱和度为100%。调整溶液盐浓度的方法有两种：一种是当酶溶液的体积不大时，并且要达到的盐浓度不高时，可采用加入饱和硫酸铵溶液的方法。要使溶液饱和度由 S_1 增至 S_2 时，应向溶液中加入饱和硫酸铵溶液的体积为 V（L），则 $V=V_0（S_2-S_1）/（1-S_2）$，其中，V_0（L）为酶溶液的原始体积。另一种是当酶溶液的体积较大，并且所要达到的盐浓度又较高时，应以加入硫酸铵固体粉末为宜。表2-2和表2-3列出了在0℃和25℃时，硫酸铵的饱和度由 S_1 增至 S_2 时，应向1 L溶液中添加的硫酸铵粉末的克数，使用时可以直接查表。

表2-2　调整硫酸铵溶液饱和度计算表（0℃）

	硫酸铵终浓度（%饱和度）																
		20	25	30	35	40	45	50	55	60	65	70	75	80	85	90	95	100
		每升溶液加固体硫酸铵的克数																
硫酸铵初浓度（%饱和度）	0	106	134	164	194	226	258	291	326	361	398	436	476	516	559	603	650	697
	5	79	108	137	166	197	229	262	296	331	368	405	444	484	526	570	615	662
	10	53	81	109	139	169	200	233	266	301	337	374	412	452	493	536	581	627
	15	26	54	82	111	141	172	204	237	271	306	343	381	420	460	503	547	592
	20	0	27	55	83	113	143	175	207	241	276	312	349	387	427	469	512	557
	25		0	27	56	84	115	146	179	211	245	280	317	355	395	436	478	522
	30			0	28	56	86	117	148	181	214	249	285	323	362	402	445	488
	35				0	28	57	87	118	151	184	218	254	291	329	369	410	453
	40					0	29	58	89	120	153	187	222	258	296	335	376	418
	45						0	29	59	90	123	156	190	226	263	302	342	383
	50							0	30	60	92	125	159	194	230	268	308	348
	55								0	30	61	93	127	161	197	235	273	313
	60									0	31	62	95	129	164	201	231	279
	65										0	31	63	97	132	168	205	244
	70											0	32	65	99	134	171	209
	75												0	32	66	101	137	174
	80													0	33	67	103	139
	85														0	34	68	105
	90															0	34	70
	95																0	35
	100																	0

在0℃下，硫酸铵溶液由初浓度调到终浓度时，每升溶液所加固体硫酸铵的克数。

（引自《酶工程》，徐凤彩，2000）

表 2-3　调整硫酸铵溶液饱和度计算表（25℃）

		硫酸铵终浓度（%饱和度）																
		10	20	25	30	33	35	40	45	50	55	60	65	70	75	80	90	100
		每升溶液加固体硫酸铵的克数																
硫酸铵初浓度（%饱和度）	0	56	114	144	176	196	209	243	277	313	351	390	430	472	516	561	662	767
	10		57	86	118	137	150	183	216	251	288	326	365	406	449	494	592	694
	20			29	59	78	91	123	155	189	225	262	300	340	380	424	520	619
	25				30	49	61	93	125	158	193	230	267	307	348	390	485	583
	30					19	30	62	94	127	162	198	235	273	314	356	449	546
	33						12	43	74	107	142	177	214	252	292	333	426	522
	35							31	63	94	129	164	200	238	278	319	411	506
	40								31	63	97	132	168	205	245	285	375	469
	45									32	65	99	134	171	210	250	339	431
	50										33	66	101	137	176	214	302	392
	55											33	67	103	141	179	264	353
	60												34	69	105	143	227	314
	65													34	70	107	190	275
	70														35	72	153	237
	75															36	115	198
	80																77	157
	90																	79

在 25℃下，硫酸铵溶液由初浓度调到终浓度时，每升溶液所加固体硫酸铵的克数。
（引自《酶工程》，徐凤彩，2000）

分离某个酶所需的硫酸铵浓度可依据预试验获得。一般选两个浓度，加低浓度盐除去杂蛋白沉淀，再加高浓度盐获得目的酶沉淀。

盐析法操作简便，中性盐对酶有一定的保护作用，使用范围广泛，对酶液起到一定纯化和浓缩作用。但分辨能力差，纯化倍数低。

2. 有机溶剂沉淀法

利用酶和杂蛋白在有机溶剂中的溶解度不同而使酶与杂蛋白得以分离的方法称为有机溶剂沉淀法。

有机溶剂之所以能使酶等物质沉淀析出，主要是由于有机溶剂的存在会使溶液的介电常数降低，从而使溶质分子间的引力增大，互相吸引凝集，使其溶解度降低。另一方面，有机溶剂本身的水合作用会破坏酶蛋白表面的水合层，也促使酶蛋白分子脱水而沉淀。

常用的有机沉淀剂有乙醇、丙酮、异丙酮、甲醇等。有机溶剂用量一般为酶液体积的2倍左右，但使用时还受温度、pH、离子强度的影响，应根据具体情况通过试验来确定。

有机溶剂沉淀法的优点是溶剂容易蒸发或离心除去，不会残留在成品中。但有机溶剂容易引起酶变性失活，易燃、易爆，对安全要求高。

3. 等电点沉淀法

根据两性电解质在等电点时溶解度最低，且不同的两性电解质具有不同的等电点这一特性对酶、蛋白质、氨基酸等两性电解质进行分离纯化的方法称为等电点沉淀法。几种常见酶的等电点见表 2-4。

表 2-4 几种常见酶的等电点列表

酶	等电点（pI）	酶	等电点（pI）
α-糜蛋白酶	8.3	脂肪酶	4.5
核糖核酸酶	9.5	菠萝蛋白酶	9.55
溶菌酶	11.0	促凝血酶原激酶	5.2
胃蛋白酶	1.0	耐热乳糖酶	7.2
超氧化物歧化酶（黄鳝）	7.15	纤维素酶（灵芝）	3.2
超氧化物歧化酶（玉米）	7.6	纤维素酶（木霉）	4.0

两性物质处于等电点时，其分子所带正、负电荷相等，净电荷为零，此时分子间的静电排斥力消除，使分子聚集在一起而沉淀下来。因此，可通过调节介质 pH，把目的酶与杂蛋白分开。但在等电点时两性电解质分子表面的水化膜仍然存在，使酶等大分子物质仍有一定的溶解性，而使沉淀不完全。所以在实际使用时，等电点沉淀法往往与其他方法一起使用。例如，等电点沉淀法经常与盐析沉淀、有机溶剂沉淀和复合沉淀法等一起使用。有时单独使用等电点沉淀法，主要是用于从粗酶液中除去某些等电点相距较大的杂蛋白。

4. 有机聚合物沉淀法

有机聚合物沉淀法是利用水溶性高聚物（如聚乙二醇、聚丙烯酸）在一定条件下能与酶直接或间接地形成络合物，使酶沉淀析出，然后再用适当方法使需要的酶溶解出来，除去杂蛋白和沉淀剂，从而达到纯化目的。

聚乙二醇（PEG）是一种水溶性非离子型聚合物，其分子量大于 4 000，常用的是 6 000～20 000 的商品。PEG 可看做是聚合的有机溶剂，其作用机理一般认为与有机溶剂沉淀法相似，可降低水化程度，降低介电常数。PEG 沉淀法常用的浓度小于 20%，蛋白质（酶）相对分子量愈大，沉淀所用的 PEG 愈低。PEG 无毒，而且对大多数生物活性蛋白质（包括酶）有保护作用，不会对后面的纯化操作发生明显的影响，和有机溶剂相比，不易燃。PEG 的这些特性使其在生物活性大分子分离纯化中应用日益广泛。

聚丙烯酸（PAA）是多价聚电解质，有大量羧基，在 pH 3～5 可与酶蛋白，特别是碱性蛋白质形成离子键复合物而沉淀，用量约为酶液量的 30%～40%。PAA 可以回收，反复利用。沉淀复合物只需调到 pH 6 以上即可解离，再加 Ca^{2+}、Mg^{2+}、Al^{3+}等金属离子使 PAA 形成盐沉淀，分离出酶之后，PAA 用 1 mol/L 硫酸处理，即可回收。

5. 选择性变性沉淀法

选择一定的条件使酶液中存在的某些杂蛋白等杂质变性沉淀，而不影响所需的酶，这种分离方法称为选择性变性沉淀法。例如，对于热稳定性好的酶，如 α-淀粉酶等，可以通过加热进行热处理，使大多数杂蛋白受热变性沉淀而被除去。此外，还可以根据酶和所含杂质的特性，通过改变 pH 值或加进某些金属离子等使杂蛋白变性沉淀而除去。

使用该法时，必须对欲分离的酶以及酶液中的杂蛋白等杂质的种类、含量及其物理、化学性质有比较全面的了解，以便更好地选择有效的变性条件。

（二）粗滤分离

借助于过滤介质截留悬浮液中直径大于 2 μm 的大颗粒，使固形物与液体分离的技术称为粗滤。通常所说的过滤就是指粗滤而言。

粗滤主要用于分离酵母、霉菌、动物细胞、植物细胞、培养基残渣及其他大颗粒固形物。所使用的介质主要有滤纸、滤布、纤维、多孔陶瓷、烧结金属等。有时为加快过滤速度，需要添加硅藻土、活性炭等助滤剂。根据推动力的产生条件不同，过滤有常压过滤、加压过滤、减压过滤等。

1. 常压过滤

常压过滤是以液位差为推动力的过滤。实验室常用的滤纸过滤以及生产中使用的吊篮或吊袋过滤都属于常压过滤。常压过滤速度较慢，分离效果较差，难于大规模连续处理物料。

2. 加压过滤

加压过滤是以压力泵或压缩空气产生的压力为推动力进行的过滤。工业生产上普遍应用这类技术，并有各种各样的过滤设备可供选择，如工业上使用的板框过滤机。为了提高过滤速度，可采用添加助滤剂、降低溶液黏度、适当提高温度等措施。加压过滤设备比较简单，过滤速度较快，过滤效果较好。

3. 减压过滤

减压过滤又称为真空过滤或抽滤，是通过在过滤介质的下方抽真空的方法，以增加过滤介质上下方之间的压力差，推动液体通过过滤介质，而把大颗粒截留的过滤方法。实验室常用的抽滤瓶和生产中使用的各种真空抽滤机均属于此类。减压过滤压差最高不超过 0.1 MPa，多用于黏性不大的物料的过滤。

（三）离心分离

在酶的提取和分离纯化过程中，细胞的收集、细胞碎片和沉淀的分离以及酶的纯化等往往采用离心分离。离心分离是借助于离心机旋转所产生的离心力，使不同大小、不同密度的物质分离的技术过程。离心机多种多样，通常按照离心机的最大转速的不同进行分类（表 2-5）。

表 2-5 离心机种类

离心机类型	转速范围/（r/min）	分离对象
常速（低速）离心机	4 000～6 000	用于收集细胞、菌体、酶的结晶和培养基残渣等较大的固形颗粒
高速离心机	8 000～25 000	用于分离沉淀、细胞碎片和较大细胞器等较小的固形颗粒
超速离心机	25 000～100 000	用于生物大分子、细胞器、病毒等分子水平和微粒的分离

对于常速（低速）离心机和高速离心机，由于所分离的颗粒大小和密度相差较大，只要选择好离心速度和离心时间，就能达到分离效果；若样品中存在两种以上大小和密度不同的颗粒，则采用超速离心。超速离心技术是分离纯化生物大分子及亚细胞成分的最有用技术之一。在超速离心中，离心方法可分为差速离心、密度梯度离心和等密度梯度离心等。

1. **差速离心法**

采用不同的离心速度和离心时间，使沉降速度不同的各种颗粒分批分离的方法称为差速离心。其原理是：逐次增加离心力，每次可沉降样品溶液中的一些组分。操作过程中一般是在离心后用倾倒的办法把上清液与沉淀分开，然后将上清液加高转速离心，分离出第二部分沉淀，如此往复加高转速，逐级分离出所需要的物质（图 2-5）。

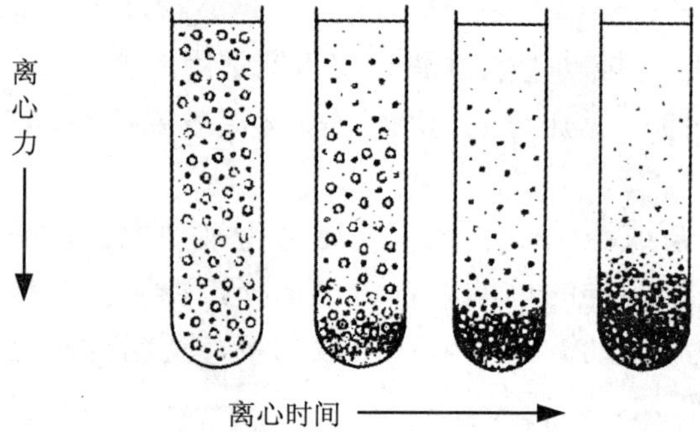

（引自《生物分离与纯化技术》，辛秀兰，2005）

图 2-5 差速离心使颗粒分级沉淀

差速离心主要用于分离那些大小和密度差异较大的颗粒，操作简单、方便，但其分离的纯度不高。一般用于样品的粗提纯和浓缩。

2. **密度梯度离心法**

密度梯度离心法也叫速度区带离心法，是样品在密度梯度介质中进行离心，使沉降系数比较接近的物质得以分离的一种区带分离方法。

为了使沉降系数较接近的颗粒得以分离，必须配制好适宜的密度梯度系统。密度梯度是由在离心管道中能迅速扩散的物质（如蔗糖、聚蔗糖等）形成，管中溶液的密度由管底到液面逐渐降低，可以形成平滑的梯度。此密度梯度的最大值应小于沉降样品组分的最小值。样品置于密度梯度介质之上，在预定转速下离心，控制离心时间，在重组分沉到管底之前停止离心。此时，不同组分分别形成明显的区带（图 2-6），但并未达到等密度区。密度梯度的作用只是为了防止已形成的区带因对流而混合。常用的密度梯度介质有蔗糖、甘油、聚蔗糖等。使用最多的是蔗糖密度梯度系统，其适用范围是：蔗糖含量 5%～60%，密度范围 1.02～1.30 g/cm^3。

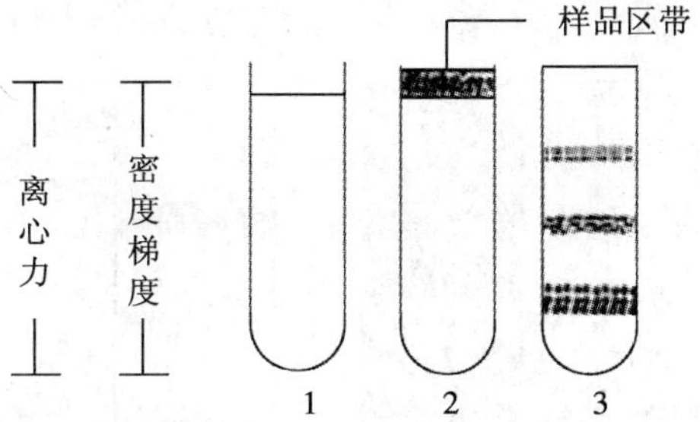

1. 装满密度梯度液的离心管；2. 把样品装在梯度液的顶部；

3. 在离心力的作用下颗粒根据各自的质量按不同的速度移动

（引自《生物分离与纯化技术》，辛秀兰，2005）

图 2-6　密度梯度离心时颗粒的分离

3. 等密度梯度离心法

当欲分离的不同颗粒的密度范围处于离心介质的密度范围内时，在离心力的作用下，不同浮力密度的颗粒或向下沉降，或向上漂浮，只要时间足够长，就可以一直移动到与它们各自的浮力密度恰好相等的位置（等密度点），形成区带。这种方法称为等密度梯度离心，或称为平衡等密度离心。

上述密度梯度离心，由于受到离心介质的影响，欲分离的颗粒并未达到其等密度位置，而等密度梯度离心则要求欲分离的颗粒处于密度梯度中的等密度点。因此，两种梯度离心所采用的离心介质和密度梯度范围有所不同（表 2-6）。

表 2-6　密度梯度离心与等密度梯度离心的比较

密度梯度离心（速度区带离心）	等密度梯度离心
沉降速度离心	沉降平衡离心
通常应用蔗糖作为离心介质	通常应用氯化铯作为离心介质
最大的梯度密度低于最小密度的沉降样品	最大的梯度密度大于密度最大的沉降样品
在密度最高的沉降物质达到管底前停止，短时间，低速度	使各组分沉降到其平衡的密度区，长时间，高速度

等密度梯度离心常用的离心介质是铯盐，如氯化铯（CsCl）、硫酸铯（Cs_2SO_4）、溴

化铯（CsBr）等。有时也可以采用三碘苯的衍生物作为离心介质。

操作时，先把一定浓度的介质溶液与样品液混合均匀，也可以将一定量的铯盐加到样品液中使之溶解，然后在选定的离心力的作用下，经过足够时间的离心分离。在离心过程中，铯盐在离心力的作用下，在离心场中沉降，自动形成密度梯度；样品中不同浮力密度的颗粒在其各自的等密度点位置上形成区带（图 2-7）。

在采用铯盐作为离心介质时，注意防止它们对离心机转子的腐蚀作用。

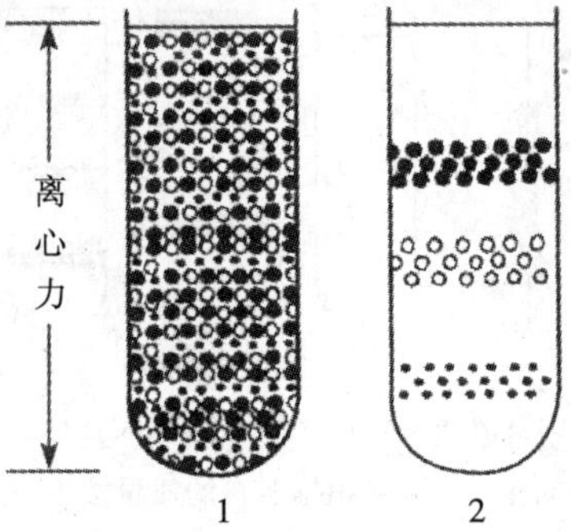

1. 样品和梯度介质的均匀混合液；

2. 在离心力的作用下，梯度重新分配，样品区带呈现在各自的等密度处

（引自《生物分离与纯化技术》，辛秀兰，2005）

图 2-7　等密度梯度离心时颗粒的分离

第二节　微生物发酵法产酶技术

在酶制剂发展的早期，都是从动植物原料中提取酶，但是由于它们的生产周期长，又受地理、气候和季节等因素的影响，来源受到限制，所以不适于大规模的工业生产。而微生物具有种类多、繁殖快、易培养、代谢能力强等特点，因此，目前一般都是以微生物作为生产酶的酶源，产酶微生物的发酵技术在酶生产中极为重要。

一、产酶微生物及其保藏

（一）常用产酶微生物

工业生产中常用的产酶微生物主要包括细菌、放线菌、真菌、酵母等。其中，不少性能优良的微生物菌株已经在酶的发酵生产中广泛应用。常用的产酶微生物见表 2-7。

表 2-7 常用的产酶微生物

类别	菌种名称	产酶种类
细菌	枯草芽孢杆菌 *Bacillus subtilis*	α-淀粉酶、蛋白酶、β-葡聚糖酶、碱性磷酸酶等
	大肠杆菌 *Escherichia coli*	谷氨酸脱羧酶、天冬氨酸酶、苄青霉酰化酶、β-半乳糖苷酶、核酸限制性内切酶、核酸外切酶、DNA 聚合酶、DNA 连接酶等
放线菌	链霉菌 *Streptomyces*	葡萄糖异构酶、纤维素酶、碱性蛋白酶、中性蛋白酶、几丁质酶等
真菌	米曲霉 *Aspergillus oryzae*	糖化酶、蛋白酶、氨基酰化酶、磷酸二酯酶、核酸酶 P1、果胶酶等
	青霉 *Penicillium*	葡萄糖氧化酶、果胶酶、纤维素酶 Cx、5-磷酸二酯酶、脂肪酶、凝乳蛋白酶、核酸酶 P1 等
	木霉 *Trichoderma*	纤维素酶 C1、纤维素酶 Cx、纤维二糖酶等
	根霉 *Rhizopus*	糖化酶、β-淀粉酶、转化酶、酸性蛋白酶、核糖核酸酶、果胶酶、纤维素酶、半纤维素酶等
	毛霉 *Mucor*	蛋白酶、糖化酶、α-淀粉酶、脂肪酶、果胶酶、凝乳酶等
	黑曲霉 *Aspergillus niger*	糖化酶、α-淀粉酶、酸性蛋白酶、果胶酶、过氧化氢酶、葡萄糖氧化酶、核糖核酸酶、脂肪酶、纤维素酶、橙皮苷酶、柚皮苷酶等
酵母	啤酒酵母 *Saccharomyces cerevisiae*	转化酶、丙酮酸脱羧酶、醇脱氢酶等
	假丝酵母 *Candida*	脂肪酶、尿激酶、尿囊素酶、转化酶、醇脱氢酶等

（引自《现代生物技术概论》，程备久，2003）

（二）菌种的保藏

酶制剂生产工业中，生产菌种（微生物）的产酶能力的退化是经常发生的。为防止菌种发生退化，一是尽量减少传代次数；二是做好菌种保藏工作。

所谓菌种保藏，包含两方面的内容，一是菌种的保持，即保持其存活和不受污染；二是菌种的贮存，使其在相当长时间内维持稳定的遗传潜力，两者缺一不可。

菌种保藏的方法很多，其基本原理是采用低温、干燥、绝氧等条件抑制菌种的代谢活动，使之停止繁殖，处于休眠状态。常用的菌种保藏方法有斜面冰箱保藏法、沙土管保藏法、石蜡油封保藏法、真空干燥冷冻保藏法、液氮超低温保藏法等。

1. 斜面冰箱保藏法

这是实验室最常用的一种保藏方法，适于保藏细菌、放线菌、酵母菌及霉菌等。将不同菌种接种在适宜的斜面培养基上，在适宜的温度下培养，使其充分生长，培养好的菌种置于 4～5℃冰箱中进行保藏。

此法操作简单，不需要特殊设备。但保藏时间短，菌种经反复转接后，遗传性状易发生变异，造成生理活性减退。

2. 沙土管保藏法

沙土管保藏法是将待保藏的菌种接种于适当的斜面培养基上，经培养后，制成孢子悬液，通过无菌操作将孢子悬液滴入已灭菌的沙土管中，孢子即吸附在沙子上，将沙土管置于真空干燥器中，通过抽真空吸干沙土管中水分，然后将干燥器置于 4℃冰箱中保存。

沙土管保藏法利用干燥、缺氧、缺乏营养、低温等因素综合抑制微生物生长繁殖，从而延长保藏时间。此法一般仅适用于保藏产生芽孢或孢子的微生物，常用于保藏芽孢杆菌、梭菌、放线菌或霉菌等，手续简便易行，保藏期可达数年之久。

3. 石蜡油封保藏法

石蜡油封保藏法是在新鲜的斜面培养物上覆盖一层已灭菌的液体石蜡，再置于 4～5℃冰箱内保存。液体石蜡主要起隔绝空气作用，使外界空气不与培养物直接接触，从而降低对微生物氧的供应量。培养物上面的液体石蜡层也能减少培养基的蒸发，故此法是利用缺氧及低温双重作用抑制微生物生长，从而延长保藏时间。

石蜡油封保藏法适于保藏霉菌、酵母菌、放线菌，可保藏菌种达 1～2 年之久，并且操作也比较简单易行，但有些细菌和霉菌（如固氮菌、乳酸杆菌、分枝杆菌和毛霉、根霉等）不宜用此法保存。

4. 真空干燥冷冻保藏法

真空干燥冷冻是利用真空下结冰状态的水分子直接升华汽化而使样品干燥。真空干燥冷冻保藏法是目前最有效的菌种保藏法之一，集中了多个菌种保藏的有利条件，如低温、缺氧、干燥和添加保护剂。具体操作见有关菌种保藏手册。

真空干燥冷冻保藏法适用范围广，保藏期长，存活率高。但设备昂贵，操作复杂。

5. 液氮超低温保藏法

液氮超低温保藏法的原理是：生物在超低温（－130℃）条件下，一切代谢活动停止，但生命仍在延续。将微生物细胞悬浮于含保护剂的液体培养基中，或者把带菌琼脂块直接浸没于含保护剂的液体培养基中，经预先缓慢冷冻后，再转移至液氮罐内，于液相（－196℃）或气相（－156℃）中进行保藏。

此法是目前比较理想的一种菌种保藏方法，适用范围广，特别适合保藏一些不宜用冷冻干燥保藏的微生物，保藏期也较长。缺点是需要液氮罐等特殊设备，故应用受到一定限制。

二、酶的发酵生产工艺

酶发酵生产的目的是获得大量所需要的酶。因此，除了选择性能优良的产酶细胞以外，还必须满足细胞生长、繁殖和发酵产酶的各种工艺条件，并需要根据发酵过程的变化进行优化控制。酶发酵生产的一般工艺流程如图 2-8 所示。

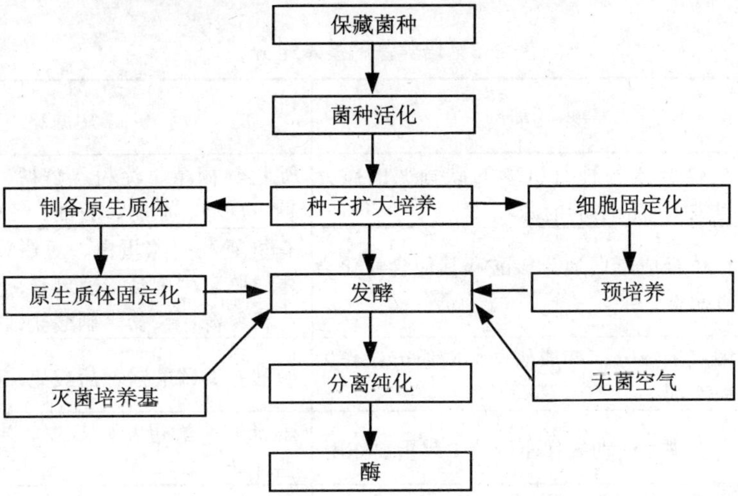

（引自《酶工程》，郭勇，2004）

图 2-8　微生物发酵产酶的一般工艺流程

（一）菌种活化与扩大培养

1．菌种活化

生产上为了防止菌种退化，一般都采用各种方法保藏菌种。保藏的菌种活性很低，处于休眠状态，使用之前必须接种于新鲜的斜面培养基上，在一定的条件下进行培养，以恢复细胞的生命活动，这一过程称为菌种活化。

2．菌种的扩大培养

扩大培养是指将活化了的细胞再经过扁瓶或摇瓶及种子罐逐级扩大培养，最终获得一定数量和质量的纯种的过程。这些纯种培养物称为种子，用于细胞扩大培养的培养基称为种子培养基。种子培养基中一般氮源丰富，碳源可相对少些。种子培养条件包括温度、pH、溶解氧的供给等，应尽量满足细胞生长的需要，以便细胞生长得既快又好。种子扩大培养一般至对数生长期，即可进入下一级扩大培养或进行发酵。但若以孢子接种，则要培养至孢子成熟，才能接入进行发酵。接种量一般为发酵培养基总量的 1%～10%。

（二）发酵培养基的配制

1．培养基的基本组分

培养基是人工配制的用于细胞培养和发酵的各种营养物质的混合物。培养基的组成成分因所培养的生物和目的酶不同而各有差别。但是，各种培养基都包括碳源、氮源、无机盐、生长因素和水。培养基的组成成分及常用原料见表 2-8。

表 2-8　培养基的基本组分

培养基基本成分	基本功能	常用原料
碳源	提供机体合成各种有机物的碳骨架的碳元素，提供生命活动的能源	淀粉、糊精、淀粉水解糖、麦芽糖、葡萄糖、蔗糖、脂肪、石油、乙醇
氮源	提供机体合成蛋白质、核酸和其他含氮化合物的氮元素	有机氮源：酪蛋白、豆饼粉、花生饼粉、蛋白胨、牛肉膏、酵母膏、蛋白水解液等 无机氮源：铵盐、硝酸盐、氨水和液氨等
无机盐	构成细胞的成分；构成酶产品的组分；作为酶的激活剂	硫酸盐、磷酸盐、盐酸盐、硝酸盐等
生长因素	在微生物生命活动的代谢调节中起重要作用	玉米浆、酵母膏、麸皮、米糠、麦芽汁、曲汁等
水	良好的溶剂、活细胞中一切反应的媒介物；维持细胞的渗透压；微生物细胞的主要成分	自来水、深井水、江河水等

2. 培养基配制实例

微生物发酵产酶的培养基多种多样。同一菌种生产不同的酶，需要不同的培养基；不同的菌种产同种酶（如中性蛋白酶），培养基组成和配方也不同；种子罐培养基和发酵罐培养基也有差别；即使是相同的微生物，生产同一种酶，在不同地区、不同企业中采用的培养基亦有所差别，必须根据具体情况进行选择和优化。现举例如下。

（1）枯草杆菌 BF7658 α-淀粉酶发酵培养基：玉米粉 8%，豆饼粉 4%，磷酸氢二钠 0.8%，硫酸铵 0.4%，氯化钙 0.2%，氯化铵 0.15%（自然 pH）。

（2）枯草杆菌 AS1.398 中性蛋白酶发酵培养基：玉米粉 4%，豆饼粉 3%，麸皮 3.2%，糠 1%，磷酸氢二钠 0.4%，磷酸二氢钾 0.03%（自然 pH）。

（3）黑曲霉糖化酶发酵培养基：玉米粉 10%，豆饼粉 4%，麸皮 1%（pH 4.4～5.0）。

（4）黑曲霉 AS3.350 酸性蛋白酶发酵培养基：玉米粉 6%，豆饼粉 4%，玉米浆 0.6%，氯化钙 0.5%，氯化铵 1%，磷酸氢二钠 0.2%（pH 5.5）。

（三）发酵方式

酶的发酵生产根据微生物培养方式的不同，可以分为固体发酵、液体深层发酵和固定化细胞发酵等。

1. 固体发酵法

固体发酵法指微生物在含有吸附水分而非游离水的潮湿固体上生长。它起源于我国酿造生产特有的传统制曲技术。该法是利用麸皮和米糠为主要原料，添加谷糠、豆饼等，再加入无机盐和适量水分（通常为 50%），制成固体或半固体状态，经灭菌、冷却后，接入菌种，控制温度、湿度进行发酵培养。固体发酵法生产酶制剂目前仍有利用，尤其是酿酒工业的糖化曲和调料工业中的酸性蛋白酶，特别适用于各种霉菌发酵产酶。其最大特点是固体曲的酶活力高。

主要的固体发酵方法有浅盘法、转桶法、厚层通气法等。其中厚层通气法设备利用率较高，劳动强度较小，是一种较好的固体发酵方法。

2．液体深层发酵法

液体深层发酵是采用液体培养基，置于发酵容器中，经灭菌、冷却后接入产酶细胞，在一定条件下进行发酵。对于好气性微生物的发酵，该法通常在搅拌、通气条件下进行，也称为液体深层通气发酵。

液体深层通气发酵不仅适用于微生物细胞，也可用于各种植物细胞和动物细胞的悬浮培养和发酵。该法是我国目前酶制剂和其他发酵产品生产中应用最广泛的方法，所用主要设备发酵罐是一个具有搅拌桨叶和通气系统的密闭容器。发酵罐的容量，国内多采用 10～50 t，国外普遍用 100 t 以上。从培养基灭菌、冷却到发酵通常在同一罐内进行。

3．固定化细胞发酵法

固定化细胞又称为固定化活细胞或固定化增殖细胞，是指采用各种方法固定在载体上，在一定的空间范围进行生长、繁殖和新陈代谢的细胞。

固定化细胞是在 1970 年代后期才发展起来的技术。固定化微生物细胞发酵产酶自 1978 年开始研究以来，取得可喜进展。利用固定化细胞发酵生产 α-淀粉酶、糖化酶、蛋白酶、果胶酶、纤维素酶、溶菌酶、天冬酰氨酶等胞外酶的研究均取得了成功。

固定化细胞发酵产酶与游离细胞发酵产酶相比，具有下列特点：① 细胞密度大，可提高产酶能力；② 发酵稳定性好，可以反复使用或连续使用较长时间；③ 细胞固定在载体上，利于连续化、自动化生产；④ 发酵液中含菌体较少，利于产品分离纯化，提高产品质量等。和游离细胞发酵产酶相比，固定化细胞发酵在以下几个方面应加以注意：

（1）固定化细胞的预培养。固定化细胞制备好以后，一般要进行预培养，使固定在载体上的细胞增殖，达到一定的菌体密度。因此，预培养应该采用适合细胞生长的培养基和工艺条件。

（2）溶解氧的供给。固定化细胞在进行预培养和发酵的过程中，由于受到载体的影响，氧的溶解和传递受到一定的阻碍，为此，必须增加溶解氧的量，才能满足细胞生长和产酶的需要。

（3）温度的控制。固定化细胞对温度的适应范围较宽，在分批发酵和半连续发酵过程中不难控制。在连续发酵过程中，一般在培养液进入反应器之前，预先调节至适宜的温度。

（4）培养基的控制。固定化细胞发酵的培养基浓度不宜过高，黏度应尽量低。如果某些成分影响固定化载体的结构，应控制其含量。

（四）发酵条件的调控

1. pH值

不同的微生物，其生长繁殖的最适pH值不同。一般地说，细菌和放线菌要求中性或微碱性（pH 6.5～8.0）的条件，霉菌和酵母菌要求偏酸性（pH 4.0～6.0）的条件。至于酶合成的适宜pH值，大多数生产菌要求在该酶的反应最适pH值条件下进行。例如，一些产碱性蛋白酶的生产菌，其生长和产酶要求pH 8.5～9.0，而产酸性蛋白酶的则为pH 4.0～4.5。

许多生产菌种在不同的pH条件下，各种酶类合成量的比例相差悬殊，例如，黑曲霉在中性条件下以产α-淀粉酶为主，产糖化酶少；若在pH<6的酸性条件下发酵，则用来生产果胶酶。所以，必须根据所生产的目的酶合成对pH值的要求，严格控制。

随着细胞的生长、繁殖和新陈代谢产物的积累，培养基的pH值往往会发生变化。因此，发酵过程必须适时监测pH值的变化，并进行调节。常用的方法有根据pH值的变化情况加酸或是加碱进行调节，也可通过发酵过程中补料来控制pH。

2. 温度

细胞的生长、繁殖和发酵产酶需要一定的温度条件。不同的细胞有各自不同的最适生长温度。如枯草杆菌的最适生长温度为34～37℃，黑曲霉的最适生长温度为28～32℃。细胞发酵产酶的最适温度和生长的最适温度往往不同，如酱油曲霉生长温度为40℃，产蛋白酶的温度为28℃；有的生产菌则相反，产酶期温度高于生长期，例如，根霉生长期要求30℃，产酶期以35℃为宜；有的菌种，生长和产酶温度一致，例如链霉菌产葡萄糖异构酶，一致保持32℃即可。为此，发酵过程中必须根据不同时期生产菌对温度的要求不同进行调控。

发酵过程中，由于细胞的新陈代谢作用及热量的扩散作用，培养基的温度会不断发生变化。一般初期需要保温，至菌体大量增长时，因微生物产生的呼吸热释放，发酵罐温度上升较快，这时必须降温，到酶合成阶段则要根据产酶对温度的要求进行控制。温度的调节一般采用热水升温、冷水降温的方法。发酵罐或其他生物反应器中通常设有足够传热面积的热交换装置，并且随时备有冷水和热水，以满足温度调控的需要。

3. 溶解氧

现在工业生产的酶制剂几乎都是在好气培养条件下生产的。液体发酵过程中，微生物所需要的氧必须是溶解在发酵液（水）中的溶解氧。氧气在发酵液（水）中的溶解过程简称溶氧；氧的溶解度很低，并且随温度升高而下降。35℃下仅为7.1 mg/L，这些溶氧只能供需氧菌体15～20 s的正常呼吸。因此，发酵过程中必须不断供给氧（一般通过供给无菌空气来实现），使培养基中的溶解氧保持在一定的水平。溶解氧的调节控制，就是要根据细胞对溶解氧的需要量，连续不断地进行补充，使培养基中溶解氧的量保持恒定。

溶解氧用溶氧速率（也叫溶氧系数）表示，定义为：单位时间内单位发酵液中的溶氧量，用与耗氧速率相同的单位计量。显然，发酵过程中必须使溶氧速率满足耗氧速率的需求，因此，须根据发酵进程，适时对溶氧速率进行调节。

调节溶解氧的方法主要有调节通气量、调节氧分压、调节气液接触时间及接触面积、改变培养液的性质等。使用时应根据具体发酵工艺进行选择，尽量控制溶氧速率等于或稍高于耗氧速率。

三、提高酶产量的措施

为了提高酶产量，在酶的发酵过程中，除了选育优良的产酶细胞，维持适宜的发酵工艺条件外，还可以采取以下措施。

1．添加诱导物

生物体内酶的合成是受严格的基因调控的。有的酶只有在诱导物存在时才能合成，称为诱导酶。对于诱导酶的发酵生产，在发酵培养基中添加适当的诱导物，可使产酶量显著提高。诱导物一般分为三类：酶的作用底物、酶的反应产物、酶的底物类似物。例如，淀粉酶、蔗糖酶、纤维素酶等均可由各自的作用底物淀粉、蔗糖、纤维素诱导产生。一般说来，不同的酶有各自不同的诱导物。然而，有时一种诱导物可诱导生成同一酶系的若干种酶，如 β-半乳糖苷可同时诱导 β-半乳糖苷酶、诱导酶和 β-半乳糖乙酰化酶 3 种酶。同一种酶往往有多种诱导物，实际应用时可根据酶的特性、诱导效果和诱导物的来源等方面进行选择。

2．控制阻遏物浓度

有些酶的生物合成受到某些物质的阻遏作用。为了提高酶产量，必须设法解除阻遏作用。阻遏作用有产物阻遏和分解代谢物阻遏两种。阻遏物可以是酶催化反应产物、代谢途径的末端产物以及分解代谢物（葡萄糖等容易利用的碳源）等。

控制阻遏物浓度是解除阻遏和提高酶产量的有效措施。例如，郭勇等人的研究表明，枯草杆菌碱性磷酸酶受其反应产物无机磷酸的阻遏，当培养基中无机磷含量在 1.0 μmol/ml 以上时，该酶的合成完全受阻遏。当培养基中无机磷含量在 0.01 μmol/ml 以下时，该酶大量产生。所以，为了提高碱性磷酸酶的产量，必须限制培养基中无机磷的含量。

3．添加表面活性剂

表面活性剂可分为离子型和非离子型两大类。离子型表面活性剂又有阳离子型、阴离子型和两性离子型三种。生产中常用非离子型表面活性剂，如吐温（Tween）、曲拉通（Triton）等，能增加细胞膜的通透性，有利于酶的分泌，所以可增加酶的产量。例如，在霉菌发酵生产纤维素酶的培养基中，添加 1%的吐温，可使产酶量提高 1～20 倍。在使用时，要注意表面活性剂添加量，过多或过少效果都不好，应控制在最佳浓度范围内。此外，添加表面活性剂有利于提高某些酶的稳定性和催化能力。

4．添加产酶促进剂

产酶促进剂可以促进产酶，但作用机理并未阐明清楚。添加产酶促进剂往往对提高酶产量有显著效果。例如，添加植酸钙镁可使霉菌蛋白酶和橘青霉磷酸二酯酶的产量提高 1～20 倍。产酶促进剂对不同细胞、不同酶的作用效果各不相同，要通过试验选用适当的产酶促进剂并确定一个最适浓度。

第三节　酶的浓缩、干燥与保藏

经过前面所述的发酵或细胞破碎、抽提等操作，所得发酵液或提取液中酶蛋白浓度很低，如发酵液中酶蛋白浓度一般为 0.1%～1%，需进一步浓缩、干燥，制备成一定形态的酶制剂，以便使用、运输和保藏。浓缩与干燥是使酶与溶剂（通常是水）分离的技术过程，在酶制剂的制备过程中是一个重要的环节。

一、酶的浓缩

浓缩是从低浓度酶液中除去部分的水或其他溶剂而成为高浓度溶液的过程。浓缩的方法很多，除了大多数纯化酶的操作如吸附、沉淀、凝胶过滤等包含了酶的浓缩作用外，还有蒸发浓缩、凝胶吸水浓缩、聚乙二醇吸水浓缩，离子交换法等也可用于酶液的浓缩。下面主要介绍常用的蒸发浓缩、离子交换浓缩和吸水浓缩。

1．蒸发浓缩法

蒸发浓缩法是通过加热或减压方法使溶液中的部分溶剂汽化蒸发，溶液得以浓缩的过程。由于酶在高温下容易变性失活，所以酶液的蒸发浓缩一般都采用真空浓缩，即在密闭的浓缩器中，用各种抽气减压装置维持浓缩系统在一定的真空度下操作，使酶液在 60℃以下的温度进行浓缩。

蒸发速度受到很多因素的影响。除了溶剂和溶液的特性以外，主要影响因素有温度、压力和蒸发面积等。一般说来，在不影响酶的稳定性的前提下，适当提高温度、增大液体的蒸发面积、降低压力等都可提高蒸发速度。

2．离子交换浓缩法

离子交换浓缩法是利用离子交换剂为载体，这些载体在一定 pH 条件下带有一定的电荷，当带有相反电荷的酶分子通过载体时，由于静电引力就会被载体吸附，然后用离子强度大的缓冲液洗脱，此时大部分蛋白质立即被洗脱下来而达到浓缩的目的。常用的离子交换剂有二乙基氨基乙基-葡聚糖 A-50（DEAE-Sephadex A-50）、二乙基（2-羟丙基）季氨基-葡聚糖 A-50（QAE-Sephadex A-50）等。

和离子交换层析相比，浓缩用的柱子可粗短一些，高径比要求不严格。该法可浓缩体积大的稀样品，浓缩倍数很高，回收率也高，不影响生物活性，同时还能去掉一些杂质。其缺点是浓缩液中带有大量盐，必要时还要进一步处理。

3．吸水浓缩法

由于葡聚糖凝胶、聚乙二醇等物质具有吸收水分及小分子化合物的性能，把这些物质的干粉末和需要浓缩的酶液混在一起后，干燥粉末就会吸水膨胀，而用离心或过滤方法除去这些吸水材料，酶液就得到浓缩。

（1）用葡聚糖凝胶（分子筛）浓缩：取相当于酶液量 1/5 的干葡聚糖凝胶 G15 或 G25，分次加入酶液中，搅拌 30 min，使凝胶吸水膨胀，进行吸滤。经重复数次操作即可在短时间内把酶液浓缩至所需的体积。也可将酶液装于透析袋内，埋入干凝胶中，袋内酶液也可得到浓缩。

（2）用聚乙二醇浓缩：将稀酶液装入透析袋内，袋外敷以聚乙二醇，袋内水分被袋外的聚乙二醇所吸收，在短时间内可以达到浓缩的目的，得到所需的浓酶液。

二、酶的干燥

干燥是将固体、半固体或浓缩液中的水分（或其他溶剂）除去一部分，以获得含水分较少的固体的过程。其目的主要是提高产品的稳定性，使之易于保存、运输和使用。干燥通常是生物产物成品化前的最后加工过程。因此，加工的质量直接影响产品的质量和价值。

酶干燥的方法很多，根据酶在高温、干燥条件下容易失活变性的特点，常用的干燥方法有真空干燥、冷冻干燥、喷雾干燥、气流干燥和吸附干燥等。

1．真空干燥

真空干燥是在可密闭的干燥器中进行，干燥器与真空装置相连。操作时，一边抽真空一边加热，使酶在较低的温度下蒸发干燥。汽化产生的水蒸气在进入真空泵之前，通过冷凝装置凝结收集。

2．冷冻干燥

冷冻干燥是先将浓酶液降温到冰点以下，使之冻结成固态，然后在低温下抽真空，使冰直接升华为气体，而使酶干燥。该法成本较高，特别适用于对热非常敏感而有较高价值的酶的干燥。

3．喷雾干燥

喷雾干燥是将酶液通过喷雾装置喷成直径为几十微米的雾滴，分散于热气流之中，水分迅速蒸发而使酶成为粉末状干燥制品。该法特别适用于不能借结晶方法得到固体成品的物料生产中。

4．气流干燥

气流干燥是在常压下利用热空气流直接与固体或半固体状态的制品接触，水分蒸发而得到干燥制品的过程。

气流干燥设备简单，操作方便，但用于酶制剂干燥时，酶活力损失较大。为了减少酶的变性失活，提高干燥质量，要控制好气流温度。温度不能太高，并要使气流的流通性保持良好，以便把蒸发的水汽及时带走，同时要经常翻动酶制剂，使干燥均匀。

5．吸附干燥

吸附干燥是在密闭的容器中用各种干燥剂吸收水分或其他溶剂，使制品干燥。

干燥剂对水或其他溶剂应有较大的吸附能力和较快的吸附速度。常用的干燥剂有无水氯化钙、硅胶、氧化钙、五氧化二磷、无水硫酸钙等，也可采用各种含铝硅酸盐的结晶等。

三、酶制剂的保藏

要使酶制剂较长时间保持活性和稳定性，必须根据酶的特性，采取合适的保存条件。下面介绍酶制剂保存的主要条件。

1．维持合适的温度

酶的保存温度一般为 0～4℃，少量精制的纯酶常在－20℃冰箱中保存，甚至在－80℃或液氮中保存，冷冻干燥保存酶更好。但是有些酶在低温下反而容易失活，因为在低温条件下亚基之间疏水作用的减弱会引起酶的解离。此外，0℃以下溶质的冰晶化还可引起盐分浓缩，导致溶液的 pH 值发生改变，从而使酶的巯基连接成为二硫键，破坏酶的活性中心，并使酶变性失活。

2．维持合适的 pH

大多数酶在特定的 pH 值范围内稳定，偏离这个范围便会失活，这个 pH 值范围因酶而异，如溶菌酶在酸性区稳定，而固氮酶则在中性偏碱区稳定。

3．进行抗氧化保护

由于巯基基团或 Fe-S 中心等容易为分子氧所氧化，故这类酶应加入巯基保护剂如二巯基乙醇、谷胱甘肽（GSH）、二硫苏糖醇（DTT）等。

4．提高酶的浓度和纯度

一般地说，酶的浓度越高，杂蛋白越少，酶越稳定；低浓度时酶易于解离、吸附或发生表面变性失效。将酶制备成晶体或干粉更有利于保存。

此外，还可通过加入酶的各种稳定剂（如底物、辅酶、无机离子等）来加强酶稳定性，延长酶的保存时间。

本章实训

实训一　菠萝蛋白酶的制备及其活力测定

一、目的要求

通过本实训，掌握单宁沉淀法提取菠萝蛋白酶的原理与操作步骤。

二、实验原理

菠萝蛋白酶是典型的巯基蛋白酶，广泛存在于菠萝果实、芽、叶、茎中，分子量为33 000 Da，最适 pH 7.0，最适温度 45℃，能分解蛋白质、肽、酯和酰胺，它水解蛋白的活性较木瓜蛋白酶高 10 倍以上，因此有广泛的用途。它在生物化工中用于干酪、明胶、水解蛋白的生产；在食品工业中作为一种食品添加剂，可使肉质嫩化、啤酒澄清；医药工业中，由于它能在生物体内溶解纤维蛋白和血凝块，因此可以治疗水肿及多种炎症，它能迅速溶痂，对正常组织无害，不影响植皮，适用于中小面积深度烧伤的治疗。

目前，菠萝蛋白酶主要从菠萝皮及果实中提取。常用方法有高岭土吸附法、单宁沉淀法和超滤法等。本实验采用单宁沉淀法提取菠萝蛋白酶。

该法是在菠萝蛋白酶提取液中加入适量浓度的单宁，使单宁和菠萝蛋白酶结合，形成单宁—菠萝蛋白酶复合物而沉淀下来。经过滤、离心分离出沉淀，再经冷冻、干燥即得成品。

菠萝蛋白酶活性测定可采用 F.I.P.法。其原理是菠萝蛋白酶以其分解蛋白的活性将酪蛋白分解，生成与一种特殊的蛋白质凝固剂在一起时不再会沉淀的肽。除去未被消化的酪蛋白，用分光光度计（275 nm）测定溶液中所含肽的数量。

一个 F.I.P. 菠萝蛋白酶单位（F. I. P. –U）相当于在规定条件下水解酪蛋白时所需的酶量。每分钟释放出来的与蛋白凝固剂在一起时不会沉淀的肽，在 275 nm 处所产生的吸光度与 1 μmol 酪氨酸所产生的吸光度相等。

三、材料用具

（一）材料

菠萝果实或菠萝果皮。

（二）试剂

1. 苯甲酸钠。

2. 单宁。

3. 盐酸。按 1∶3 的比例稀释。

4. Tris 缓冲液（pH 7.15）。取 6.06 g 三（羟甲基）氨基甲烷溶于 600 ml 蒸馏水中，用 1 mol/L 的盐酸在 25℃下将 pH 调至 7.15，定容至 1 000 ml。35℃时 pH 应为 7.00。

5. 底物活化溶液。取 242.0 mg L-半胱氨酸和 93.0 mg EDTA 溶于 pH 已调至 7.15 的 Tris 缓冲液，用 Tris 缓冲液定容至 25 ml。

6. 底物溶液。取 2.5 g 酪蛋白，用 10 ml 蒸馏水调和，加 15 ml 0.1 mol/L 的氢氧化钠溶液后用磁力搅拌器在 35℃下搅动 30 min，直至所有酪蛋白溶解。加 50 ml Tris 缓冲液和 10 ml 底物活化溶液，将 25℃下的 pH 调至 7.15，并用 Tris 缓冲液定容至 100 ml。此溶液需当天现配。

7. 酶活化溶液。取 151.3 mg L-半胱氨酸、93.0 mg EDTA 和 186.5 mg 氯化钾溶于 Tris 缓冲液，将 pH 调至 7.15，并用 Tris 缓冲液定容至 250 ml。此溶液需当天现配。

8. 酶溶液。将酶溶于酶活化溶液中。1 ml 酶溶液中应含有 0.1～0.25 F. I. P. -U。须到测定即将开始时才可把酶溶液加热至 35℃。

9. 蛋白质凝固剂。取 9.0 g 三氯醋酸、24.8 g 三水醋酸钠和 19.5 ml 冰醋酸溶于蒸馏水中，并定容至 500 ml。

10. 酪氨酸标准溶液。取 181.19 mg 酪氨酸溶于 0.1 mol/L 的盐酸中。并用 0.1 mol/L 的盐酸定容至 1 000 ml。1 ml 此溶液含有 1 μmol 酪氨酸。浓度为 0.1 μmol/ml 的溶液在 275 nm 处的吸光度为 0.116。

11. 滤纸检验。要检验滤纸是否合适。实验时要用滤纸过滤 5 ml 蛋白凝固剂。用分光光度计（275 nm）以未过滤的蛋白质凝固剂为参比测定滤液的吸光度。此吸光度不得大于 0.04。

（三）器具

榨汁机、筛、桶、超滤浓缩装置、冷冻离心机、真空冷冻干燥机或真空干燥箱、真空泵、分光光度计等。

四、制备方法

（一）工艺流程

菠萝蛋白酶制备的工艺流程见图 2-9。

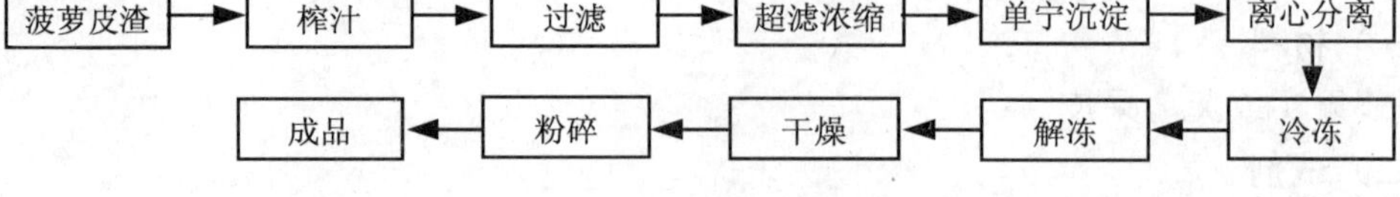

图 2-9　菠萝蛋白酶制备流程

（二）操作要点

1．榨汁。用于提取菠萝蛋白酶的菠萝果皮及两端皮肉必须新鲜、清洁、无腐烂。将菠萝皮渣加一定量水后，用连续榨汁机或螺旋式榨汁机榨取汁液。

2．过滤。榨出的菠萝汁通过双层振荡筛（上层为 100 目塑料纱、下层为绢布）除去果屑，或用 100～120 目筛滤 2 次。得到的澄清汁液供提取酶用。在静置过程中为了防止汁液变质可以加入汁液质量 0.1%～0.15%的苯甲酸钠或亚硫酸。

3．超滤浓缩。利用透析原理将滤液置于超滤浓缩装置中以除去相对分子质量小于 33 000 Da 的杂质和水分，同时将菠萝蛋白酶溶液浓缩。如无超滤浓缩装置，也可以直接转入下一操作（单宁沉淀）。

4．单宁沉淀。在浓缩酶清液中加入酶清液质量 0.08%～0.1%的单宁溶液，连续搅拌 5～10 min，使单宁和菠萝蛋白酶作用而产生沉淀，静置沉淀 30～60 min，虹吸出上清液，在虹吸出的清液中加入 0.02%的单宁以沉淀清液中残留的酶，操作方法同第一次沉淀，合并两次酶沉淀物。再将酶沉淀物边搅拌边徐徐加入 1∶3 的盐酸，调整 pH 至 3～3.1，或用维生素 C 溶液调节 pH 至 4.5，转移至分离设备。

5．离心分离。将调整好的酶沉淀物用消过毒的白滤布过滤，将酶沉淀物分离为酶糊和稀酶液，将酶糊用冷冻离心机分离 10 min（4℃下，≥8 000 r/min，下同）脱去部分水分至摇动离心袋酶块呈松散状为止，取出酶膏，及时送至－15℃以下的冷库中冷冻。

6．冷冻。将酶膏均匀摊于不锈钢盘中，厚 6～8 mm，在－15℃以下的冷库中冻藏，以保护酶的活力，并能加速脱水干燥。

7．解冻。从冷库中取出冻硬的酶块放在室温鼓风条件下解冻至松散状，再移至离心机分离解冻液，调整适当的转鼓速度，使离心分离的湿酶保持疏松状。

8．干燥。酶饼干燥工序操作得当与否，对酶的活力影响很大。要生产活力高、质量好的菠萝蛋白酶，最好的干燥方法是真空冷冻干燥法，冷凝器温度保持在－20℃以下，酶体温度不超过 30℃，干燥室内的真空压力保持在 67 Pa 以下。也可以在常温下采用真空干燥，真空度要求在 0.089 MPa 以上。干燥至酶干制品的含水量在 5%以下。最后将酶干制品磨碎过筛（40 目）、包装即为成品。

五、菠萝蛋白酶活力测定

（一）操作步骤

用移液管将 2.5 ml 底物溶液滴入一支试管，并置于 35℃的水浴中调温，然后加 2.5 ml 预热过的酶溶液，混合，精确保温 10 min 后加 5.0 ml 蛋白质凝固剂，使反应终止。让样品（试液）继续在水浴中静置 30 min，然后再过滤。用分光光度计（275 nm）以空白值为参比测定吸光度（1 cm 比色皿）。在空白值测定方面，要在加了蛋白质凝固剂后才加酶溶液。

	主值	空白值
底物溶液（35℃）	2.5 ml	2.5 ml
酶溶液（35℃）	2.5 ml	—
混合，在35℃下精确保温10 min，加		
蛋白质凝固剂	5.0 ml	5.0 ml
酶溶液	—	2.5 ml
振摇，在水浴中继续静置30 min，然后过滤；用分光光度计（275 nm）以空白值为参比测定吸光度		

（二）计算

用以下公式计算酶的比活性：

$$酶的比活性(\text{F.I.P.-U/mg})=\frac{E_{275}}{E_{\mathrm{W}}\times 0.116\times 10}$$

式中，E_{275}——275 nm处的吸光度；

E_{W}——每2.5 ml所用酶液中含酶的重量，mg；

0.116——275 nm处酪氨酸溶液（1 μmol酪氨酸/10 ml）的吸光度；

10——反应时间，min。

六、注意事项

菠萝蛋白酶是一种生物活性物质，易受重金属离子（Fe^{3+}、Cu^{2+}、Hg^{2+}、Pb^{2+}等）和氧化剂的抑制及破坏，应避免与之接触。

七、实训建议

本实训宜安排4学时的集中时间，可由2～3人一组合作进行；对本实训中跨时长的部分内容（如冷冻干燥等），应结合其他实训或课堂教学穿插开展。

八、实训思考

讨论单宁沉淀法提取菠萝蛋白酶的优缺点。

实训二　木瓜蛋白酶的制备及其活力测定

一、目的要求

掌握木瓜蛋白酶提取的方法和操作步骤，学会用盐析法分离提纯酶蛋白。

二、实验原理

木瓜蛋白酶普遍存在于木瓜植株的果实、叶、树干、根及种子中。但以未成熟的木瓜果实的乳汁中含量最多。木瓜蛋白酶有很强的分解蛋白质的能力，并有水解酰胺键和酯键的特性，属碱性蛋白酶。

木瓜蛋白酶溶于水、甘油，不溶于乙醇、氯仿、乙醚等。最适 pH 为 5.0～8.0，最适温度为 65℃，活性较稳定。

根据酶蛋白在高浓度中性盐溶液中溶解度降低的特性，可用盐析法制备木瓜蛋白酶。常用的中性盐有硫酸铵、氯化钠等。

三、材料用具

（一）材料

木瓜乳汁。

（二）试剂

1. 酶活化液：将半胱氨酸 0.153 7 g（0.05 mol/L）、EDTA-Na 0.093 5 g（0.006 mol/L）分别用适量蒸馏水溶解，再将 EDTA-Na 溶液倒入半胱氨酸溶液中溶解，定容至 25 ml，pH 为 4.5。

2. 酪蛋白溶液：称磷酸氢二钠 1.447 g 加蒸馏水约 80 ml 溶解后加入 0.80 g 酪蛋白，水浴上加热搅拌溶解，待完全溶解后，冷至室温，定容至 100 ml，摇匀，达到 pH 至 7.0。

3. 三氯醋酸（TCA）溶液：称 TCA 2.247 g，乙酸钠 1.842 g，冰醋酸 2 g，定容至 100 ml。

4. 酪氨酸标准液（50 μg/ml）：称 105℃烘至恒重的酪氨酸 5.0 mg，用 0.1 mol/L HCl 定容至 100 ml。

5. 0.1%EDTA-Na 和 0.3%NaCl（内含 0.06 mol/L 硫代硫酸钠和 0.08 mol/L 半胱氨酸）混合液。

6. 0.1 mol/L NaOH 溶液。

7. 0.1 mol/L HCl 溶液。

8. 固体硫酸铵。

（三）器具

石英砂、研钵、容量瓶、试管及试管架、冷冻离心机、恒温水浴锅、紫外分光光度计。

四、制备方法

（一）工艺流程

木瓜蛋白酶制备的工艺流程见图 2-10。

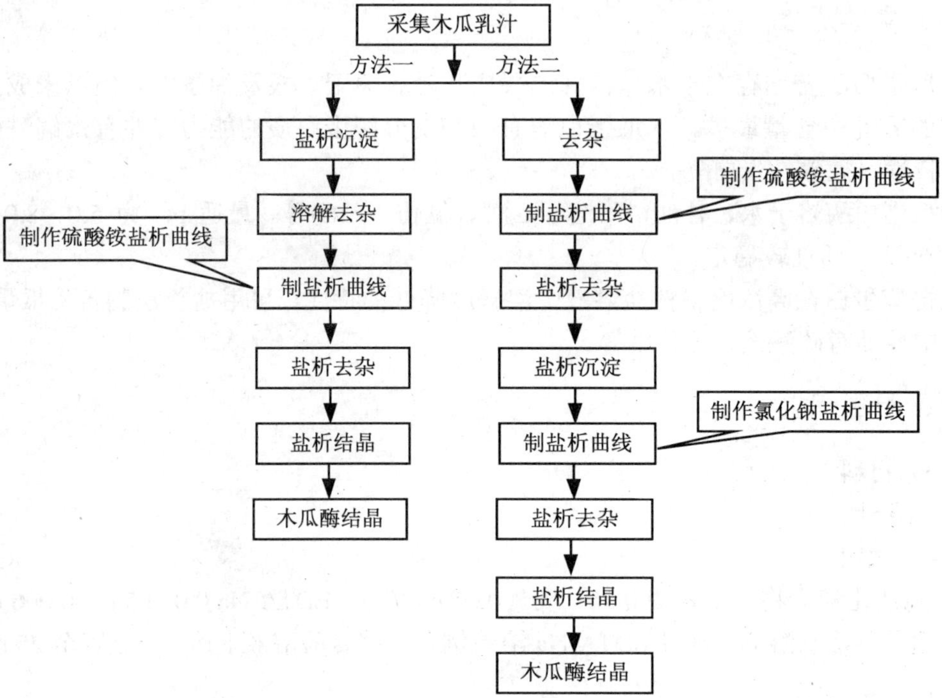

图 2-10　木瓜蛋白酶制备流程

（二）操作要点

1. 乳汁的采集

用锋利刀片在未成熟的木瓜青果表面纵剖若干条线，乳管位于果皮下 1～2 mm 深处，所以下刀深度也应在 2 mm 深以内。环绕茎干装一倒伞形收集盘，接收流下的乳汁。每个果一次割 3 条线，4 天割一次。每次采割时间在清晨或中午下雨后。选择 2.5～3 月龄、已充分长大的木瓜青果采割，产量最高。割后 30～60 s 乳汁停止流出，把粘在果上的乳汁赶入收集盘混合收集。用浸过硫酸钙或杀菌剂溶液的洁净布擦果，防止切口感染。

2. 木瓜蛋白酶的提取

<u>方法一</u>

（1）盐析沉淀。向木瓜乳汁加入硫酸铵达到 45%饱和度时，木瓜蛋白酶即沉淀，静置、冷冻离心（4℃下，≥10 000 r/min，下同）20 min、收集沉淀，得木瓜蛋白酶粗品；木瓜凝乳酶在上清液中。一步将两个酶分离。

（2）溶解去杂。取沉淀溶于含有 0.1%EDTA-Na 和 0.3%NaCl，还含有 0.06 mol/L 硫代硫酸钠和 0.08 mol/L 半胱氨酸的混合液中，用 0.1 mol/L NaOH 和 0.1 mol/L HCl 溶液调 pH 至 9.0，搅匀溶解，离心或过滤除不溶物。

（3）制作盐析曲线。留取上清液 150 ml 制作硫酸铵盐析曲线，找出盐析范围。制作方法是：①取 7 份等体积酶提取液，每份 10 ml，冷至 4℃；②分别在搅拌下加入硫酸铵，使之饱和度分别达到 20%、30%、40%、50%、60%、70%、80%；③静置盐析 3 h，温度维持在 4℃；④在 4℃、10 000 r/min 下，离心 20 min，收集沉淀物；⑤将沉淀物分别溶于 10 ml 酶活化溶液中；⑥分别测定其蛋白质含量（可用紫外线吸收法或双缩脲法测定）和酶活力；⑦以每个梯度的蛋白质含量和酶活力对硫酸铵饱和度作图，即可得到盐析曲线。

（4）盐析去杂。向溶液中加硫酸铵至盐析曲线的下限，拌匀，离心除不溶物。

（5）盐析结晶。向离心所得上清液中补加硫酸铵至上限，静置，析出结晶，为木瓜蛋白酶结晶。

方法二

（1）去杂。向木瓜乳汁中加入 pH 为 7.0，0.08 mol/L 半胱氨酸稀溶液搅拌提取 30 min，过滤除不溶物。

（2）制作硫酸铵盐析曲线。取上清液用 HCl 或 NaOH（0.1 mol/L）溶液调 pH 至 8.0，取 150 ml 制作此条件下硫酸铵的盐析曲线。

（3）盐析去杂。向溶液中加硫酸铵至盐析曲线的下限，拌匀，离心除不溶物。

（4）盐析沉淀。向离心所得上清液中补加硫酸铵至上限，静置，离心收集木瓜蛋白酶沉淀。

（5）制作 NaCl 盐析曲线。将沉淀溶于 pH 为 6.5，0.03 mol/L 半胱氨酸稀溶液，取 100 ml 制作 NaCl 的盐析曲线（可参照方法一中的硫酸铵盐析曲线制作法），获木瓜蛋白酶的盐析范围。

（6）盐析去杂、结晶。与上法相似，用下限除杂，补加 NaCl 于上限，温度调至 40℃静置，可析出木瓜蛋白酶结晶，收集晶体，洗涤，干燥得木瓜蛋白酶精品。

五、木瓜蛋白酶活力测定（酪蛋白法）

（一）样品处理

精确称取 0.1～0.2 g 的木瓜蛋白酶干粉于研钵中，加入少量石英砂和几滴酶活化液连续研磨 15 min，用蒸馏水少量多次洗入 500 ml 容量瓶定容、摇匀（石英砂不要洗入，反复把研钵、石英砂上的酶洗入）。取样液 5 ml，加入酶活化液 10 ml，混匀盖严，将酶激活 15 min 以上备用。激活时半胱氨酸的浓度要高于 0.03 mol/L，而且要当天配制，当年生产的。激活的酶最好在 2 h 内测完，活力下降不明显。

（二）酶活力测定

取 1.0 ml 已激活的酶液于具塞试管中，置 37℃水浴保温 10 min，吸取预热 37℃酪蛋白液 5.0 ml 加入此管，在 37℃反应 10 min 立即加 TCA 液 5.0 ml 摇匀过滤；另取酶液（已激活）1.0 ml 置另一具塞试管中，加入 TCA 液 5.0 ml 摇匀，37℃保温 10 min 后立即加入预热 37℃的酪蛋白液的 5.0 ml，摇匀过滤。以后管为对照，测前管滤液的 275 nm 光吸收值（A）。另取酪氨酸标准样（105℃烘 3 h）用 0.1 mol/L HCl 配成每毫升含 50.0 μg 溶液，以蒸馏水作空白对照，测 275 nm 光吸收值（A_s）。

木瓜蛋白酶活力单位：在测定条件下，37℃，pH 为 7.0，反应 1 min，酪蛋白的酶水解产物在 275 nm 处的光吸收值相当于 50 μg/ml 酪氨酸在 275 nm 光吸收值时为一个酶活力单位。

（三）计算

$$\text{木瓜蛋白酶活力(U/g)}=\frac{A}{A_s}\times 50\times\frac{500\times 3}{\text{样品重}\times 10}\times 11$$

式中，A_s——50 μg/ml 酪氨酸的光吸收值；

A——1 ml 激活酶作用于底物所得产物的光吸收值；

50——每毫升标准酪氨酸的微克数；

10——反应时间，min；

500——酶第一次稀释倍数（定容体积）；

3——激活酶液的稀释倍数；

11——酶液稀释倍数。

六、注意事项

木瓜蛋白酶活力测定结果往往偏低，要注意两点：

（1）细胞破碎一定要充分，研磨时间必须 15 min 以上；

（2）用激活剂激活酶时，半胱氨酸浓度必须达到 0.03 mol/L，激活时间必须 15 min 以上。激活后放置时间不宜太长，最好激活后马上测定。半胱氨酸须用当天配的，当年生产的。

七、实训建议

本实训宜至少安排 6 学时的集中时间，由 2～3 人一组合作进行；对本实训中跨时长的部分内容（如盐析曲线制作、盐析去杂、干燥、结晶等），应结合其他实训或课堂教学穿插开展。

八、实训思考

1．酪蛋白法测定蛋白酶活力的原理是什么？此法有何优缺点？

2．酶的提取过程应注意哪些问题？

3．盐析法沉淀蛋白质有什么优缺点？

实训三　动物凝血酶的制备及其活力测定

一、目的要求

了解凝血酶的常规提取方法；掌握从动物血液中提取、纯化凝血酶的工艺过程、操作方法和凝血酶的效价测定方法。

二、实验原理

凝血酶是机体凝血系统中的天然成分，它由两条肽链组成，肽链之间以二硫键相连接。凝血酶在体内以凝血酶原形式存在，在一定条件下凝血酶原被激活并转化为有活性的一种专一性很强的丝氨酸蛋白水解酶。它能水解血纤维蛋白原的 4 个 Arg-Gly 肽键，产生不溶性的纤维蛋白，使血液变成凝胶而发生凝固。凝血酶是凝血酶原的激活产物，相对分子质量 335 800 Da，白色无定形粉末，溶于水，不溶于有机溶剂。

目前，国内主要从动物血浆及人血浆中制备凝血酶原，再经激活物激活而成为凝血酶。它可催化血纤维蛋白原中血纤维肽 A 和血纤维肽 B 的断裂，转变成不溶性血纤维蛋白凝块。凝血酶在临床上应用广泛，常以干粉或溶液局部涂于伤口及手术处，控制毛细血管血液渗出，多用于骨出血、扁桃腺摘除和拔牙时出血等；有时也可口服，用于胃和十二指肠出血；亦可作为多种外用止血药物的重要原料。凝血酶局部止血效果好，且无副作用。

由于凝血酶不溶于有机溶剂，并且不同的酶蛋白具有不同的等电点。因此可采用等电点沉淀、有机溶剂沉淀等方法从新鲜血液中提取凝血酶。本实验从新鲜猪血中提取凝血酶。

首先制备出血浆，经等电点沉淀从血浆中分离出凝血酶原，再经氯化钙激活使凝血酶原变成凝血酶，通过丙酮沉淀的方法即可得到凝血酶粗品。

三、材料用具

（一）材料

新鲜动物血液。

（二）试剂

1．0.9%氯化钠溶液。

2．无水乙醇。

3．冷丙酮（4℃）。

4．1%醋酸溶液。

5．3.8%柠檬酸三钠溶液。

6．1%氯化钙溶液。

7. 无水乙醚。

8. 纤维蛋白原。

9. 凝血酶标准品。

10. 硝酸银。

11. 0.05 mol/L 磷酸氢二钠溶液。

12. 0.05 mol/L 磷酸二氢钠溶液。

（三）器具

电动搅拌器、冷冻离心机、布氏漏斗、冷冻干燥器、冷藏柜、酸度计、小研钵、温度计、天平、低温恒温槽、烧杯、量筒。

四、制备方法

（一）工艺流程

凝血酶的制备流程见图 2-11。

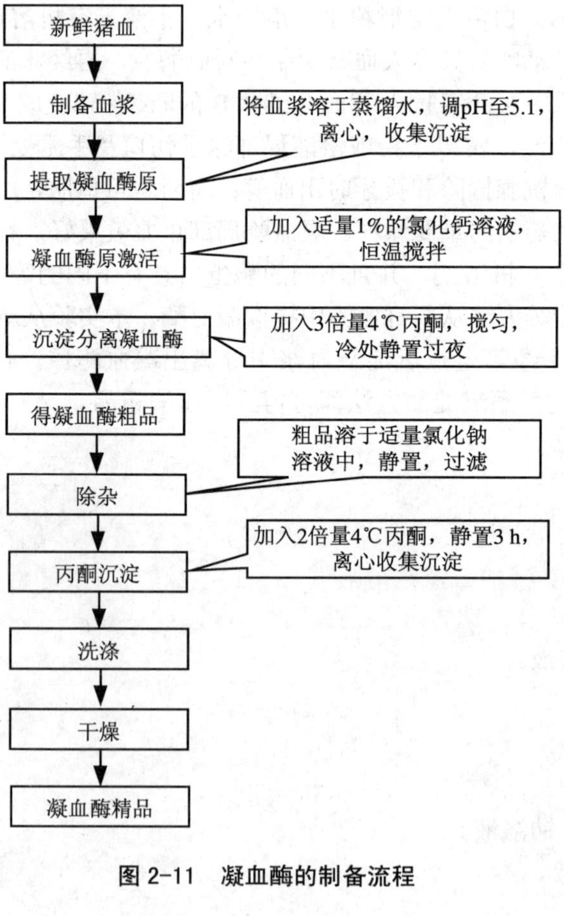

图 2-11　凝血酶的制备流程

（二）操作要点

1．猪血浆的制备。收集新宰杀所得的猪血，立即加入 1/7 猪血体积的 3.8%柠檬酸三钠溶液抗凝，轻轻摇匀，冷冻离心 30 min（4℃下，≥4 000 r/min，下同），收集上层血浆，下层血细胞弃去不用。

2．提取凝血酶原。将血浆溶于 10 倍的蒸馏水中，用 1%浓度的醋酸调节 pH 至 5.1，在离心机上冷冻离心 15 min，弃去上清液，收集的沉淀物即为凝血酶原。

3．凝血酶原的激活。在 30℃条件下，将凝血酶原溶于 1～2 倍的 0.9%氯化钠溶液中，搅拌均匀，加入适量 1%的氯化钙溶液，在 37℃恒温下搅拌 15 min，保证凝血酶原转化为凝血酶。

4．沉淀分离凝血酶。将激活的凝血酶溶液用离心机冷冻离心 15 min，弃去沉淀。上清液移入烧杯中，加入 3 倍量的预冷至 4℃的丙酮，搅拌均匀，在冷处静置过夜，然后用离心机冷冻分离，收集沉淀，上清液可供回收丙酮。沉淀用无水乙醚洗涤，置真空干燥箱真空干燥，即得凝血酶粗品。

5．除杂、沉淀、干燥。把粗品溶于适量（1 倍左右）的 0.9%氯化钠溶液中，在 0℃放置 6 h 以上，然后用滤纸过滤，滤出的沉淀再用 0.9%氯化钠溶液溶解，在 0℃放置 6 h 以上，过滤，合并两次滤液，用 1%醋酸溶液调节 pH 为 5.5。然后冷冻离心，弃去沉淀，收集上清液。在清液中加入 2 倍量预冷至 4℃的丙酮，静置 3 h，冷冻离心 30 min，收集沉淀，沉淀再浸泡于冷丙酮中，静置过夜，然后过滤，沉淀分别用无水乙醇、乙醚各洗涤一次，干燥即得凝血酶精品。

五、凝血酶活力（效价）测定

（一）标准纤维蛋白测定法

取纤维蛋白原约 30 mg，精密称定，用 0.9%氯化钠溶液 1.5 ml 溶解，加凝血酶 0.1 ml（约 3 单位），快速摇匀，室温放置约 1 h 至完全凝固，取出凝固物，用水洗至洗出液加硝酸银试液不产生浑浊，在 105℃干燥 3 h，称取重量，计算纤维蛋白原中含凝固物的含量（%）。然后用 0.9%氯化钠溶液制成含 0.2%凝固物的纤维蛋白原溶液，用 0.05 mol/L 磷酸氢二钠溶液或 0.05 mol/L 磷酸二氢钠溶液调节 pH 至 7.0～7.4，再用 0.9%氯化钠溶液稀释成含 0.1%凝固物的溶液，备用。

（二）标准曲线的制备

取凝血酶标准品，用 0.9%氯化钠溶液分别制成每 1 ml 中含 5.0 单位、6.4 单位、8.0 单位、10.0 单位的标准品溶液。另取内径 1 cm、长 10 cm 的试管 4 支，各精密加入纤维蛋白原溶液 0.9 ml，置（37±0.5）℃水浴中保温 5 min，再分别精密量取上述 4 种浓度的标准品溶液各 0.1 ml，迅速加入上述各试管中，立即计时、摇匀，置（37±0.5）℃水浴中，观察纤维蛋白的初凝时间，每种浓度测 5 次，求平均值（5 次测定之最大值与最小值的差不得超过平均值的 10%，否则重测）。标准品溶液的浓度应控制凝结时间在 14～60 s 为宜。在双对数坐标纸上，以每管中标准品实际效价（单位）为横坐标，凝结时间（s）为纵坐标，绘制标准曲线。

（三）样品效价测定

精密称取适量样品，加 0.9%氯化钠溶液制成与标准曲线浓度相当的溶液，精密吸取 0.1 ml，按标准曲线的制备方法平行测定 5 次，求出凝结时间的平均值（误差要求同标准曲线），在标准曲线上或用直线回归方程求得凝血酶效价（单位/mg），按下式计算：

$$凝血酶效价=\frac{U\times10\times V}{W}$$

式中，U——0.1 ml 供试品在标准曲线上读得的实际效价（单位）；

V——供试品溶解后的体积，ml；

10——0.1 ml 换算成 1.0 ml 的数值；

W——每瓶供试品的重量，mg。

六、注意事项

1．动物血液一定要新鲜，要防止血液凝固、溶血。
2．所用器具一定要干净，以防影响产品的纯度。
3．试剂配制及 pH 值调节一定要准确，方可保证产品产量及质量。
4．实验温度应控制在规定的条件下，低温提取，方可保证酶不失活。

七、实训建议

本实训宜至少安排 4 学时的集中时间，由 2～3 人一组合作进行；对本实训中跨时长的部分内容（如除杂、干燥等），应结合其他实训或课堂教学穿插开展。

八、实训思考

1．什么叫酶原的激活？有哪些方法？
2．在凝血酶的分离提纯过程中加入丙酮起什么作用？原理是什么？
3．分离提取凝血酶时应注意哪些主要问题？

实训四　果蔬中多酚氧化酶的提取及其活力测定

一、目的要求

学会多酚氧化酶的提取和纯化方法，掌握多酚氧化酶活力测定的原理和方法。

二、实验原理

很多植物受到机械损伤时在空气中会逐渐变成褐色，这是损伤时植物细胞破碎，原来彼此分开的多酚氧化酶和多酚类物质接触反应的结果。反应如下：

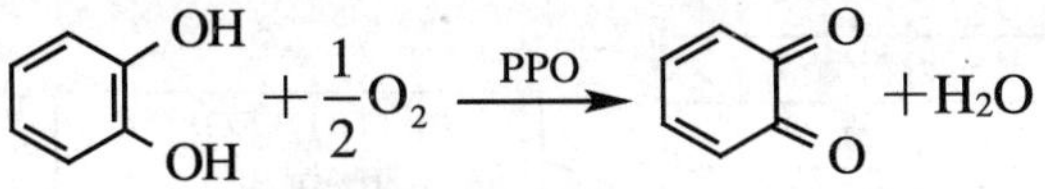

多酚氧化酶（PPO）是一种含酮酶，它能够催化酚类物质转变成醌。近几十年来，国内外对植物组织褐变的研究表明，组织的褐变主要是 PPO 作用于天然底物酚类物质所致。

本实验采用盐析、透析等方法从梨中分离纯化多酚氧化酶。

三、材料用具

（一）材料

梨。

（二）试剂

1．0.025 mol/L 磷酸钾缓冲液（pH 7.2）。

2．0.15 mol/L 儿茶酚溶液。

3．10 mmol/L Tris-HCl 溶液（pH 8.3）。

4．硫酸铵。

（三）器具

组织匀浆机、漏斗、滤纸、冷冻离心机、分光光度计。

四、制备方法

（一）工艺流程

多酚氧化酶制备流程见图 2-12。

（二）操作要点

1．多酚氧化酶（PPO）的提取

（1）丙酮粉制备。取果肉组织 100 g，加入 200 ml 冰丙酮（−20℃左右），用高速组织捣碎机匀浆 5 min，混合液用中速滤纸在漏斗架上过滤，残渣用冰丙酮反复冲洗，过滤，直至成为白色粉末，此粉末即为酶的丙酮粉。

（2）酶液制备。称取 1 g 丙酮粉，加入 20 ml 0.025 mol/L 磷酸钾缓冲液（pH 7.2），0℃下用磁力搅拌器匀浆 30 min，注意不要起泡，冷冻离心（4℃下，≥12 000 r/min，下同）30 min，取上清液，得粗酶提取液。

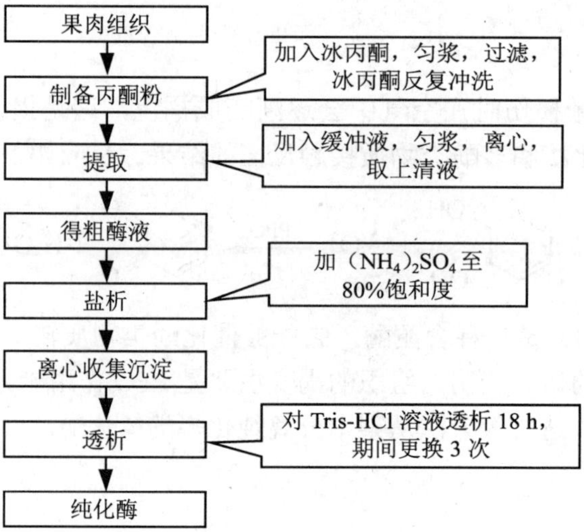

图 2-12　多酚氧化酶制备流程

2．多酚氧化酶（PPO）的初步纯化

（1）盐析。向上述酶液中加入$(NH_4)_2SO_4$至 80%饱和溶液，搅拌溶解后静置盐析 2～3 h，于 12 000 r/min 离心 20 min，收集沉淀。

（2）透析。沉淀溶于 0.025 mol/L 磷酸钾缓冲液中（pH 7.2），对 10 mmol/L Tris-HCl 溶液（pH 8.3）透析 18 h，期间更换 3 次。透析结束后，再次冷冻离心 10 min，所得的上清液即为部分纯化的多酚氧化酶。

五、多酚氧化酶活力测定

以儿茶酚为底物，在试管中加入 4.8 ml 0.025 mol/L 磷酸缓冲液（pH 7.2），0.1 ml 0.15 mol/L 儿茶酚溶液，混匀，加入 0.1 ml 酶液，在 30℃水浴中保温 5 min 后，测 ΔA_{420} 值的变化，酶活性以每分钟每毫升酶量引起吸光值改变 0.01 为 1 个酶活力单位。

六、注意事项

1．多酚氧化酶易失活，提取酶时宜在低温下进行。

2．提取多酚氧化酶时，也可省去丙酮粉制备这一步骤，而直接将果肉组织与一定量的 0.1 mol/L 磷酸钾缓冲液（pH 7.2）匀浆，浸提 2～3 h 后离心，收集上清液作为粗酶提取液。

七、实训建议

本实训宜至少安排 6 学时的集中时间，由 2～3 人一组合作进行；对本实训中跨时长的部分内容（如盐析、透析等），应结合其他实训或课堂教学穿插开展。

八、实训思考

1．简述酶促褐变的机制。

2．测定多酚氧化酶的活性时，除儿茶酚外，可否用其他酚类物质作底物？

实训五　猪肾酰化酶Ⅰ的制备及其活力测定

一、目的要求

掌握利用硫酸铵盐析、丙酮分级分离法制备酰化酶Ⅰ的操作要点；学会测定酰化酶Ⅰ活性的原理和方法。

二、实验原理

酰化酶有酰化酶Ⅰ与酰化酶Ⅱ两种，二者具有不同的特异性。酰化酶Ⅰ具有光学异构特异性，它仅能水解 N-酰基-L-氨基酸为自由的 L-氨基酸，而不作用于它的对映体 N-酰基-D-氨基酸。其对底物的要求是：①具有自由的末端 α-羧基；②具有敏感的 α-N-酰基。

酰化酶Ⅰ作用的最适 pH 值在 7.0～7.5，一般使用磷酸盐缓冲溶液来维持。干燥的酰化酶Ⅰ在 5℃下储存一个月是稳定的。在 pH 7.0 的磷酸盐缓冲溶液中，60℃加热 1 h 后活性没有变化。但是该酶在 pH 5.0 或低于 5.0 的溶液中很容易失活。

酰化酶Ⅰ的浓溶液（氮含量 10 mg/ml）对蒸馏水、自来水或 0.005 mol/L 氯化钠溶液透析过夜，对活性影响较小。然而对稀溶液（氮含量 1 mg/ml）如此处理，活性可损失原来的 80%。

在猪肾中含有比较丰富的酰化酶，其活性也较高。在实验室中，往往以猪肾为材料，利用硫酸铵盐析、透析、丙酮分级分离等技术提取分离酰化酶Ⅰ。

三、材料用具

（一）材料

新鲜猪肾。

（二）试剂

1．2 mol/L 盐酸溶液。

2．2 mol/L 氢氧化钠溶液。

3．硫酸铵。

4．丙酮。

5．5%醋酸钡溶液。

6．6%醋酸溶液。

7．粗食盐。

8．1%茚三酮乙醇溶液。

9．双缩脲试剂。

10．茚三酮溶液显色试剂。

（三）器具

组织捣碎机、搪瓷盘、解剖器、玻璃缸、光电比色计、恒温水浴、计时停表、冷冻（冰冻）离心机、锥形瓶（10 ml）、微量滴定管（0.01 ml 刻度）、冷冻干燥器、低温恒温槽、酸度计。

四、制备方法

（一）工艺流程

猪肾酰化酶Ⅰ制备流程见图 2-13。

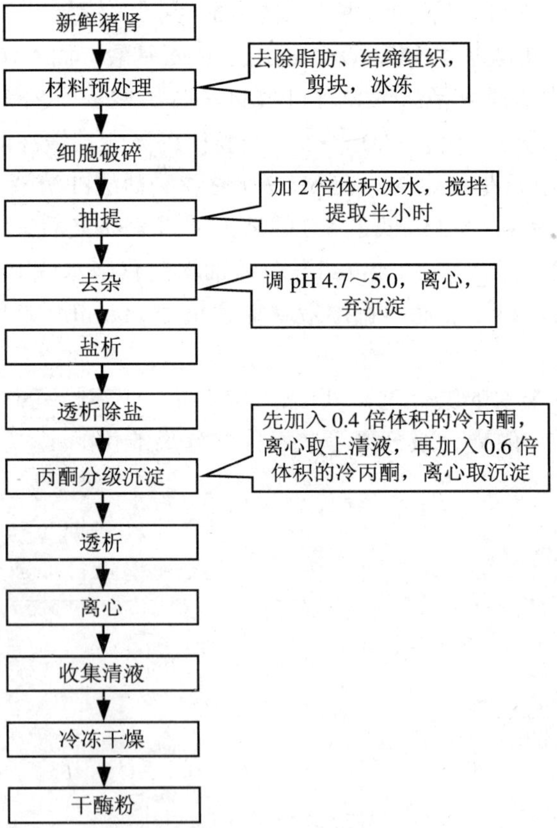

图 2-13　猪肾酰化酶Ⅰ制备流程

（二）操作要点

1．提取与粗分离

（1）材料预处理。将新鲜猪肾除去脂肪及其他结缔组织，剪成碎块，置于低温冰箱中（－10～－5℃）冰冻。

（2）组织破碎、抽提。称取 120 g 冰冻的猪肾，在低温下用组织捣碎机捣碎 2～3 次，加 2 倍体积冰水，不断搅拌提取半小时。然后将提取液在 3 000 r/min 下冰冻离心（4℃，下同）20 min，除去细胞碎屑等，若是转速不够时，可适当加长离心时间。量上清液总体积，并留出适量（8～10 ml）样品经透析后测定蛋白质含量及酶活性。

（3）沉淀去杂。将离心液置于冰浴中冷却到 0℃，在搅拌下小心地逐滴加入 2 mol/L 盐酸，调至 pH 4.7～5.0（勿过量）。所得稠厚悬浮液立刻在 0℃下用冰冻离心机在 4 000 r/min 下离心 20 min（若用普通离心机，外套管中要加冰水）。弃去沉淀，红色的上清液迅速用 2 mol/L NaOH 溶液调节 pH 到 6.5。量其总体积，并留出适量（6～8 ml）样品，经透析后测定蛋白质含量及酶活性。

2．硫酸铵盐析

将前一步的溶液慢慢地加入研细的硫酸铵粉末至 45%饱和度，边加边搅拌，这时 pH 值降为 6.0～6.2，若低于此值时，要细心地用 2 mol/L 氢氧化钠溶液调节。在冰箱中或冷室中放置过夜。次日将上清液虹吸或小心地轻轻倒出（该上清液可用于制备酰化酶Ⅱ）。然后用高速离心机离心 10 min（≥6 000 r/min），若用普通离心机，在 2 500 r/min 时，大约要离心 20 min，所得到的沉淀具有较高的活性。

3．透析除盐

将沉淀悬浮于 4 ml 冷蒸馏水中，装入透析袋，用流动的自来水透析，或置玻璃缸中多次更换自来水进行透析，到完全除去硫酸铵为止（用 5%醋酸钡溶液检查 SO_4^{2-}，到无白色沉淀时为止）。透析后离心除去变性的蛋白质，所得离心液颜色较深。量其总体积，并留出适量（2～3 ml）样品以便测定蛋白质含量及酶活性。该酶溶液经冰冻干燥后，可作为“粗酰化酶Ⅰ”制剂，能用来分离消旋的酰化氨基酸。

4．丙酮分级分离

把上面溶液用冷蒸馏水适当稀释（主要决定于溶液的蛋白质浓度），再用 6%醋酸溶液很小心地将溶液调节到 pH 5.9～6.0，若接近此 pH 值时可以不调。使溶液冷却，再将 0.4 倍体积的预先冷却到－15℃左右的丙酮在不断搅拌下慢慢滴加到溶液中，并维持溶液温度为－10～－15℃（在冰—盐浴中，100 g 冰∶33 g 食盐）。迅速地在－8℃的冰冻离心机中离心（4 000 r/min），除去沉淀。若用普通离心机时，外套管中要加冰—盐水，所得溶液为浅黄色。

将清液迅速置于冰—盐浴中冷却。再加入 0.6 倍体积的－15℃丙酮（按原来水溶液的体积计算）。在－8℃冰冻离心（4 000 r/min），弃去上清液。

5．透析、离心去杂

将沉淀迅速地溶解在 4 ml 左右的冰水中，然后于冷处用 pH 7.0，0.01 mol/L 磷酸盐缓冲溶液透析 2 h 左右，于低温下离心除去不溶物，所得溶液为浅红色。量其体积并取出适量（1～2 ml）样品测定蛋白质含量及酶活性。其余溶液迅速冰冻。

通过以上几步的提纯，其酶的比活性提高 20～40 倍，总活性相当于原提取液的 50%。

6．冰冻干燥

将已冰冻好的样品放于真空干燥器内，干燥器上层及出气管道中均匀放好五氧化二磷粉末，然后抽气，如图 2-14 所示。冰冻的溶液逐渐成泡沫状，继续抽气 2 h 以上，切断电源，待内外气压平衡后取出样品，刮下，将粉末称重并取适量用水溶解后待测活性，或放入干燥器中低温保存。

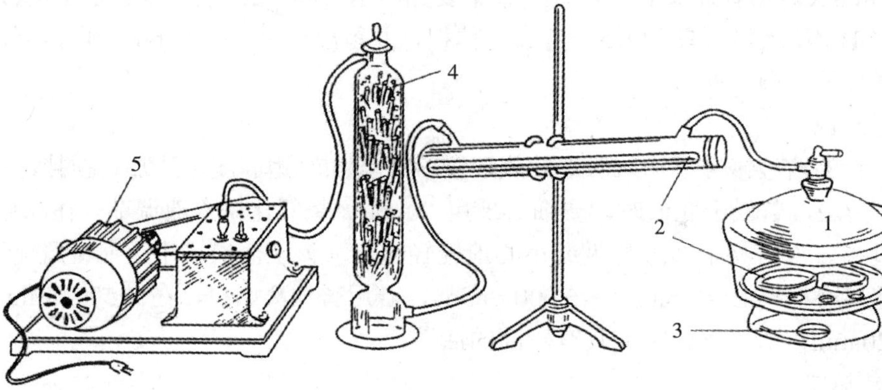

1. 真空干燥器；2. P_2O_5 粉末；3. 待干燥的样品；4. NaOH；5. 油泵

图 2-14　自制冰冻干燥装置示意图

五、酰化酶 I 的比活性测定

（一）蛋白质含量的测定

用双缩脲法测定蛋白质的含量。具有两个或两个以上肽键的物质，在碱性溶液中和铜盐形成紫色络合物，可用比色法测定其含量。其测定步骤如下。

在 2 ml 含有 1～10 mg 蛋白质的溶液中，加入 4 ml 双缩脲试剂，摇匀。在 15～20℃保温 30 min 后，用 540～560 nm 滤光片比色测定。以 4 ml 双缩脲试剂和 2 ml 水作为空白对照。

标准曲线的制定：分别取 0.4，0.8，1.2，1.6，2.0 ml 标准酪蛋白溶液（5 mg/ml），以水补足为 2 ml，然后按上面方法测定。画出标准曲线，作为定量的依据。

（二）酶的活性测定

以 N-乙酰-DL-蛋氨酸为底物。酶和底物保温后，由于酶能水解 N-酰基-L-氨基酸为自由 L-氨基酸，因此随着水解的进行，L-氨基酸的量不断增加。即可在不同时间取样，然后用茚三酮溶液显色法或甲醛滴定法定量测定 α-氨基酸。作出水解速度曲线，从而计算出酶的活性。其测定方法如下。

1. 茚三酮溶液显色法

取 1 支 5 ml 试管，加入 0.4 ml 0.08 mol/L N-乙酰-DL-蛋氨酸中性溶液，及 0.4 ml pH 7.0、0.1 mol/L 磷酸盐缓冲溶液，于 37℃恒温水浴中平衡 3 min。然后加入 0.2 ml 酶溶液，迅速混匀，在不同时间如第 2，4，6，8，10 min 分别取出 0.05 ml 或 0.1 ml 反应液，立即加到预先已加好 0.1 ml 5%三氯乙酸溶液的试管中，迅速混匀，以停止酶的活性。然后用茚三酮溶液显色法测定所释放出来的 α-氨基酸。

将酶溶液置沸水浴中加热 5 min 后，取 0.2 ml 热变性的酶溶液，代替正常的酶溶液，作为空白对照，其余操作同上。

2. 甲醛滴定法

取 1 支 10 ml 试管，加入 1.2 ml 0.08 mol/L N-乙酰-DL-蛋氨酸中性溶液，及 1.0 ml pH 7.0、0.1 mol/L 磷酸盐缓冲溶液，于 37℃恒温水浴中平衡 5 min。然后加入 0.8 ml 酶溶液，迅速混匀，在不同时间如第 2，4，6，8，10 min 分别取出 0.5 ml 反应液，立即加到预先已加好 0.05 ml 5%三氯乙酸溶液的锥形瓶中，迅速混匀，以停止酶的活性。然后用甲醛滴定法测定所释放出来的 α-氨基酸。以热变性的酶溶液代替正常的酶溶液作为空白对照，其余按上述操作进行。

（三）结果处理

酶催化反应的初速度可用茚三酮溶液显色法测得的光密度或从甲醛滴定法所消耗碱的体积为纵坐标，时间为横坐标所作的速度曲线求得。

酶的比活性以每小时每毫克酶蛋白氮所水解底物的物质的量（μmol）表示[μmol/(mg·h)]。

总活性为比活性乘以总蛋白氮量，以每小时水解底物的物质的量（mol）表示（mol/h）。

六、实训建议

本实训宜至少安排 8 学时的集中时间，由 2～3 人一组合作进行；对本实训中跨时长的部分内容（如盐析、透析、干燥等），应结合其他实训或课堂教学穿插开展。

七、实训思考

1. 制备酰化酶 I 时，如何除去杂质蛋白？
2. 冷冻干燥的原理是什么？生物酶制品在制备过程中哪些情况下要用到冷冻干燥？

实训六　酵母发酵法制备超氧化物歧化酶（SOD）

一、目的要求

了解超氧化物歧化酶（SOD）的性质及用途；掌握从酵母细胞中分离提取 SOD 的原理、方法及活力测定方法。

二、实验原理

超氧化物歧化酶（SOD）是一种能专一地清除超氧阴离子自由基（$O_2\cdot^-$）的金属酶，为酸性蛋白，对热、pH 和蛋白酶的水解较一般酶稳定。按它所含的金属离子不同，可分为 Cu-Zn-SOD、Mn-SOD、Fe-SOD 三种。其主要功能是防御细胞因新陈代谢而产生的活性氧（$O_2\cdot^-$）及其他氧化物（如 H_2O_2）对细胞膜系统的伤害，保证细胞正常的生命活动。SOD 催化下述反应：$2H^+ + 2O_2\cdot^- \rightarrow H_2O_2 + O_2$。

机体内 $O_2\cdot^-$的过量和不足均对机体不利，SOD 对过量的 $O_2\cdot^-$的及时清除保证了机体内 $O_2\cdot^-$的含量相对平衡，对机体起防护作用。

本实验通过发酵得到湿酵母细胞，然后用有机溶剂沉淀法从酵母细胞中提取 SOD，再通过控制 pH，利用丙酮进行选择性变性沉淀，得到纯度较高的 SOD 产品。SOD 酶活性采用邻苯三酚自氧化法测定。

三、材料用具

（一）材料

1．菌种：高产 SOD 酵母菌株。

2．斜面保存培养基：8°Be 麦芽汁琼脂固体培养基。

3．发酵培养基：蛋白胨 2%，酵母膏 1%，葡萄糖 1%，8°Be 麦芽汁 5%（自然 pH 值）。

（二）试剂

1. 甲苯。
2. 氯仿。
3. 无水乙醇。
4. 异丙醇。
5. 丙酮。
6. 磷酸二氢钾。
7. EDTA（乙二胺四乙酸）。

8. pH 8.2、50 mmol/L Tris-HCl。

称取 Tris 0.61 g，EDTA-2Na 0.037 g，用双蒸水溶解至 80 ml 左右，用 HCl 调节 pH 至 8.20（用 pH 计校正），最后定容至 100 ml。

9. 10 mmol/L HCl。

10. 50 mmol/L 邻苯三酚。

称取邻苯三酚 0.063 g，用 10 mmol/L HCl 溶液溶解，定容至 10 ml，避光保存。

11. SOD 样液。

（三）器具

恒温培养箱、摇床、冷冻离心机、紫外分光光度计、恒温水浴等。

四、制备方法

（一）工艺流程

酵母发酵法制备 SOD 的工艺流程见图 2-15。

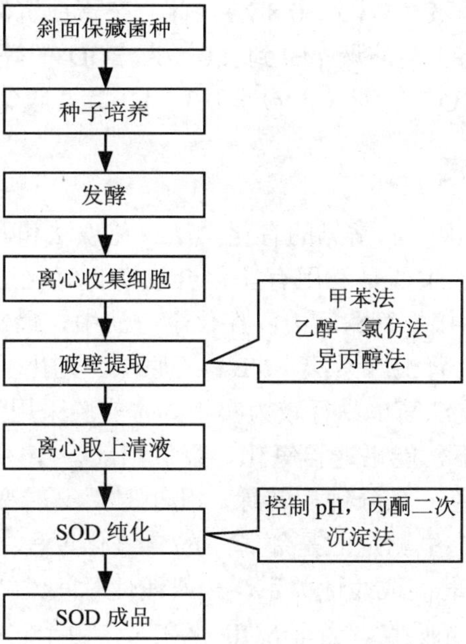

图 2-15　酵母发酵法制备 SOD 流程

（二）操作要点

1．酵母菌发酵

斜面菌种接入试管发酵培养基中，静置培养 14 h 后，以 4%的接种量接入装有 60 ml 发酵培养基的三角瓶中，30℃摇床（转速 140 r/min）培养 15 h 或培养至对数生长期，于

4℃、12 000 r/min 下离心 20 min，收集菌体（酵母细胞）。

2．酵母 SOD 的提取

酵母 SOD 的提取一般采用有机溶剂沉淀法，方法有以下几种：

（1）甲苯法。每克酵母湿细胞加入 0.8 ml 甲苯，35℃破壁 45 min，以磷酸缓冲液（pH 7.8，含 0.1 mmol/L EDTA）提取 5 h，5 000 r/min 离心 25 min，收集上清液，此即 SOD 粗提液。

（2）乙醇—氯仿法。每克酵母湿细胞加入 4 ml 0.1 mol/L $NaHCO_3$ 溶液，加 3 ml 乙醇—氯仿（5∶3 *V/V*）溶液，搅拌 2 h，5 000 r/min 离心 25 min，收集上清液，此即 SOD 粗提液。

（3）异丙醇法。每克酵母湿细胞加入 9 ml 异丙醇（异丙醇浓度为 90%），浸泡 120 min，用真空泵和抽滤瓶进行抽滤除去溶剂，加入 3 倍体积 50 mmo/L 磷酸钾缓冲液（pH 7.0）搅拌 120 min，离心除去菌体，此即 SOD 粗提液。

3．SOD 的纯化

用 2 mol/L HCl 调节 SOD 粗提液至 pH 5.0，加入丙酮（温度 4～10℃，pH 5.0），搅拌均匀为止，使丙酮∶粗酶液（*V/V*）=0.8∶1（此时杂蛋白沉淀最多），于 5 000 r/min 下离心，除去沉淀杂蛋白，将上清液调 pH 到 4.0（为 SOD 的等电点），加丙酮（控制其温度为 4～10℃），使丙酮∶SOD 清液（*V/V*）= 0.3∶1，离心收集沉淀即得 SOD 纯化品。

五、SOD 酶活力测定

SOD 的活力测定方法很多，常见的有化学法、免疫法和等电点聚焦法。其中化学法应用最普遍，化学法的原理主要是利用有些化合物在自氧化过程中会产生有色中间物和 $O_2\cdot^-$，利用 SOD 分解而间接推算酶活力。在化学方法中，最常用的有黄嘌呤氧化酶法，邻苯三酚法，化学发光法，肾上腺素法，NBT-还原法，光化学扩增法，Cyte 还原法等。其中改良的邻苯三酚自氧化法简单易行较为实用。本实验采用邻苯三酚自氧化方法。

邻苯三酚在碱性条件下，能迅速自氧化，释放出 $O_2\cdot^-$，生成带色的中间产物，反应开始后反应液先变成黄棕色，几分钟后转绿，几小时后又转变成黄色，这是因为生成的中间物不断氧化的结果。这里测定的是邻苯三酚自氧化过程中的初始阶段，中间物的积累在滞留 30～45 s 后，与时间成线性关系，一般线性时间维持在 4 min 的范围内，中间物在 325 nm 波长处有强烈光吸收。当有 SOD 存在时，由于它能催化 $O_2\cdot^-$与 H^+结合生成 O_2 和 H_2O_2，从而阻止了中间产物的积累，因此，通过计算即可求出 SOD 的酶活性。

酶活力单位定义：在 25℃恒温条件下，每毫升反应液中，每分钟抑制邻苯三酚自氧化率达 50%的酶量定义为 1 个酶活力单位。

（一）邻苯三酚自氧化速率的测定

取两支试管按下表加入 25℃预热过的缓冲液，然后加入预热过的邻苯三酚（空白管用 10 mmol/L HCl 代替邻苯三酚），迅速摇匀，立即倾入 1 cm 比色杯中，在 325 nm 波长处测定光吸收值，每隔 30 s 读数一次，测定 4 min 内每分钟光吸收值的变化。要求自氧化速率控制在每分钟的光吸收值为 0.07（可增减邻苯三酚的加入量，以控制光吸收值）。

试剂	空白管/ml	自氧化管/ml
pH 8.2、50 mmol/L Tris-HCl	2.98	2.98
10 mmol/L HCl	0.02	0.01
50 mmol/L 邻苯三酚	—	0.01

（二）SOD 样液的活性测定

样品管取代自氧化管。样品管测定时先加入预热的待测酶液，再加邻苯三酚。其余步骤同邻苯三酚自氧化速率的测定。

试剂	空白管/ml	样品管/ml
pH 8.2、50 mmol/L Tris-HCl	2.98	2.98
10 mmol/L HCl	0.02	—
SOD 样液	—	0.01
50 mmol/L 邻苯三酚	—	0.01

（三）计算

$$\text{酶的比活性（U/ml）}=\frac{\dfrac{0.070-\text{样液速率}}{0.070}\times 100\%}{50\%}\times\text{反应液总体积}\times\frac{\text{样液稀释倍数}}{\text{样液体积}}$$

六、实训建议

本实训宜至少安排 8 学时的集中时间，由 2～3 人一组合作进行；对本实训中跨时长的部分内容（如酵母菌发酵培养等），应结合其他实训或课堂教学穿插开展。

七、实训思考

1．SOD 纯化中两次丙酮沉淀的目的是什么？为什么在不同 pH 下进行？
2．除上述方法外，能否用硫酸铵盐析法提取酵母 SOD？
3．如果不希望产品中含有丙酮，应如何进行 SOD 的纯化？

复习思考题

1. 细胞破碎常用的方法有哪些？如何根据组织细胞特点选择合适的细胞破碎方法？

2. 酶的提取常用哪些方法？其原理是什么？酶提取应注意哪些事项？

3. 常用的菌种保藏方法有哪些？其原理是什么？

4. 根据所学知识，谈谈提高酶产量的思路。

5. 工业生产中大规模进行稀酶液的浓缩可用哪些方法？酶制剂的干燥方法有哪些？酶制剂保藏应注意哪些事项？

6. 查阅资料，任意写出一种粗酶制剂的生产工艺（重点写出采用的方法、条件控制、提高酶产量的方法、分离提取及注意事项）。

第三章　酶的精制技术

【知识目标】

- 了解透析、超滤、离子交换层析、凝胶层析、亲和层析、疏水层析及电泳分离的基本原理、特点与用途。
- 熟悉超滤膜组件、超滤装置、离子交换剂、凝胶、亲和吸附剂、疏水性吸附剂的种类。
- 掌握酶的透析、超滤、离子交换层析、凝胶层析、亲和层析、电泳分离等精制技术的基本操作要点。

【能力目标】

- 能熟练进行酶液的透析与超滤等膜分离的基本操作。
- 能熟练运用凝胶过滤法对酶液中的盐分进行脱盐分离。
- 能熟练运用离子交换层析、亲和层析、结晶等层析技术进行酶的分离纯化，并制备生产上常见的来源于动植物的酶制剂 3～4 种。
- 能熟练运用聚丙烯酰胺凝胶电泳（PAGE）分离技术进行同工酶的分离或纯度鉴定。

酶的精制也叫精细纯化，是指将酶与杂质进一步分离，使之达到较高纯度的技术过程。酶的种类繁多，性质各不相同，纯化的方法也不尽相同，即便是同一种酶，也因其来源和用途不同，而使纯化的方法和步骤不一样。工业上用的酶一般用量大，无须高度纯化，如用于洗涤用的蛋白酶，只需经过简单的提取分离即可。对于食品行业用酶因使用面广、量大，而且质量要求特殊，就需要经过适当的纯化，以确保安全卫生。对于生化研究用酶，由于要求纯度特别高，则需要采取一些精制手段，如膜分离、层析、电泳、结晶等技术来达到酶的高度纯化。具体纯化时需根据酶的特性选用不同的精制手段。

第一节　酶的膜分离技术

膜分离技术是指借助一定孔径的高分子薄膜，将不同大小、不同形状和不同特性的多组分的溶质或溶剂进行分离或浓缩的技术。膜分离技术根据过程推动力的不同，大体可分为两类。一类是以压力为推动力的过程，如微滤（孔径为 0.1～10 μm）、超滤（0.001～0.1 μm）和反渗透（0.000 1～0.001 μm）分别需要 0.05～0.5 MPa、0.1～1.0 MPa、1.0～10 MPa 的操作压力（压差）；另一类是以电化学相互作用为推动力的膜过程，如电渗透、透析。在酶的精细纯化过程中，应用最多的是透析与超滤技术。

一、透析

（一）透析原理

透析是利用半透膜两侧溶质浓度差为传质推动力和小分子物质的扩散作用，从溶液中分离出小分子物质而截留大分子物质的过程。

透析时，选择具有一定孔径大小、高分子溶质不能透过的亲水透析膜（袋），将含有高分子溶质和其他小分子溶质的溶液与纯水或缓冲液分隔，如图 3-1 所示，由于膜两侧的溶质浓度不同，在浓度差的作用下，左侧高分子溶液中的小分子溶质（例如无机盐）透向右侧，右侧中的水（缓冲液）透向左侧。由于透析过程是以浓度差为传质推动力，因此，在透析过程中，必须更换透析液，以提高透析效果。

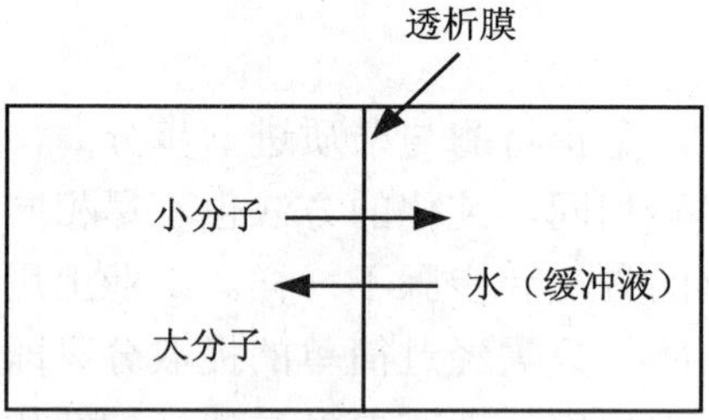

图 3-1　透析原理示意图

通过透析可以除去酶液中的盐类、有机溶剂、低分子量的抑制剂等小分子物质。但透析膜（袋）的截留极限一般在分子量 5 000 左右。

（二）透析膜

可以充当透析膜的材料很多，如禽类的嗉囊、兽类的膀胱、羊皮纸、玻璃纸（赛璐珞）、硝化纤维等。人工制作透析膜多以纤维素的衍生物作为材料。目前，最常用的是赛璐珞透析膜，有平膜和管状膜两种，后者使用十分方便，其扁平宽度为 23～50 mm 不等。

新购的透析膜因含有增塑剂（也是防干裂剂）甘油、硫化物以及重金属离子，使用前必须除去。方法是：分别用蒸馏水、0.01 mol/L 醋酸或稀 EDTA 溶液浸泡，洗后再用。要求严格时，则应进行严格处理：先将透析膜放在 50%的乙醇溶液中用水浴煮 1 h，再依次换 50%的乙醇溶液、10 mmol/L 碳酸氢钠溶液、1 mmol/L EDTA 溶液、蒸馏水各泡洗 2 次。最后，在 4℃蒸馏水中保存备用。存放时间长的要放在 0.02% NaN_3 或加适量氯仿的蒸馏水中防腐保存。用过或用溶液处理过的透析膜一定要湿保存，否则一经干燥便会开裂，不能再使用。

（三）透析操作

透析操作时，透析袋一端用橡皮筋或线绳扎紧，也可以使用特制的透析袋夹夹紧，由另一端灌满水，用手指稍加压，检查不漏，方可装入待透析液，通常要留 1/3～1/2 的空间，以防透析过程中，透析的小分子量较大时，袋外的水和缓冲液过量进入袋内将袋涨破。

为了加快透析速度，除多次更换透析液外，还可使用磁力搅拌。透析的容器要大一些，可以使用大烧杯、塑料桶等。小量体积溶液的透析，可在袋内放一截两头烧圆的玻璃棒或两端封口的玻璃管，以使透析袋沉入液面以下。

为了提高透析效率，还可以使用各种透析装置。必要时，对袋外的水或缓冲液可以更换，或连续补充水或缓冲液，而同时连续排出渗出液，以提高效率。如使用旋转式透析器（图 3-2），透析效率可提高 2～3 倍。

二、超滤

（一）超滤原理

超滤是最常用的膜分离技术，利用有选择通透性的微孔膜，在液压作用下，小溶质分子随溶剂透过膜转移到膜的另一侧，而大溶质分子（酶）则被截留下来，因此大小溶质分子得以分离。也就是说，超滤是借助超滤膜对溶质在分子水平上进行物理筛分的分离技术。超滤时的操作压力一般控制在 0.05～0.7 MPa，压力可由压缩气体或压力泵来维持。

超滤这种技术不仅可以分离纯化酶，还可用于酶分子的浓缩，特别适用于液体酶制剂的生产。它的优点在于所用设备简单，操作容易，分离过程中既不产生相态变化，也不产生离子状态变化和温度变化，工作条件温和，分离速度快。但对超滤膜的要求较高，对于那些需要小分子辅酶的酶的生产不适用。超滤膜截留的颗粒直径范围为 2～200 nm，相当于分子量 1 000～500 000。

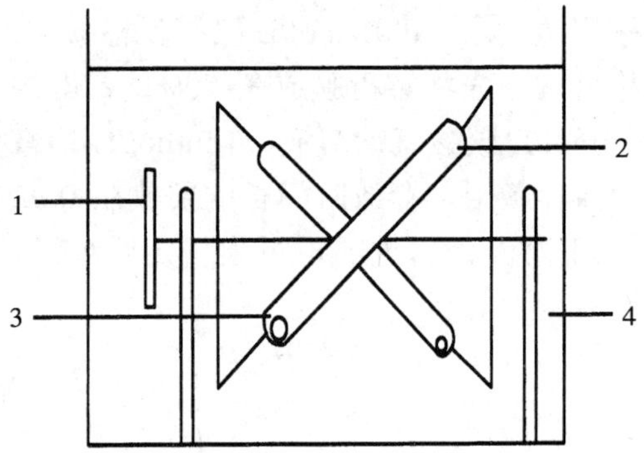

1. 旋转装置；2. 透析袋；3. 玻璃珠；4. 缓冲液或水

（引自《食品生物技术导论》，罗云波，2002）

图 3-2　旋转式透析器

（二）超滤膜组件

在工业化规模生产中，膜过滤装置由膜组件构成。由膜、固定膜的支撑体、间隔物以及收纳这些部件的容器构成的一个单元称为膜组件或膜装置。膜组件的结构根据膜的形式而异，目前，市售商品膜组件主要有管式、平板式、螺旋卷式和中空纤维（毛细管）式四种，其中管式和中空纤维式膜组件根据操作方式不同，又分为内压式和外压式。图 3-3 为主要膜组件的结构示意图。四种膜组件的性能如表 3-1 所示。

在各种膜组件中，膜的装填密度可达每立方米数百到上百万平方米。为了满足不同生产能力的要求，在生产中可使用几个至数百个膜组件。对流体提供压力与流量则必须用泵来完成。目前，在超滤中常用的是离心泵和旋涡泵，对某些具有生理活性的物质的超滤分离，为了防止叶轮高速旋转所造成的失活常选用蠕动泵。

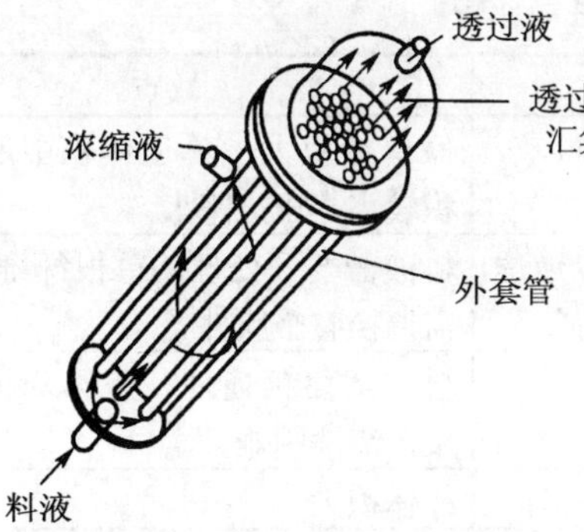

（a）管式膜组件

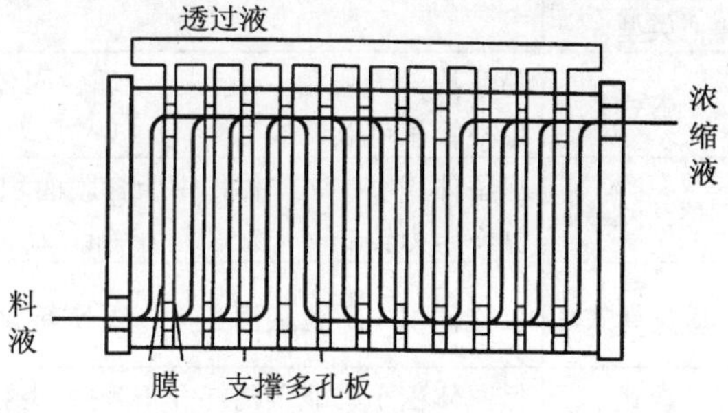

（b）平板式膜组件

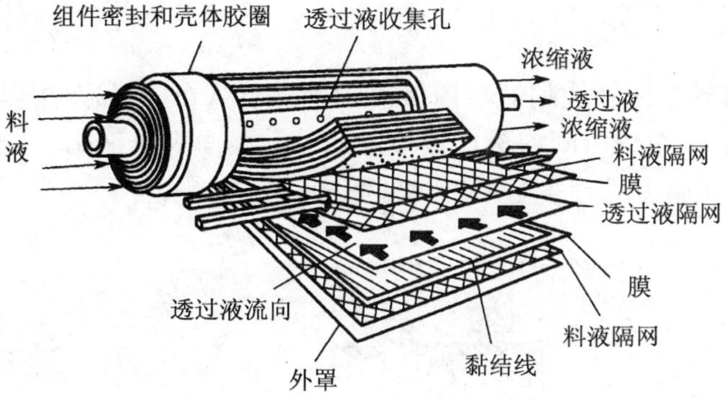

（c）螺旋卷式膜组件

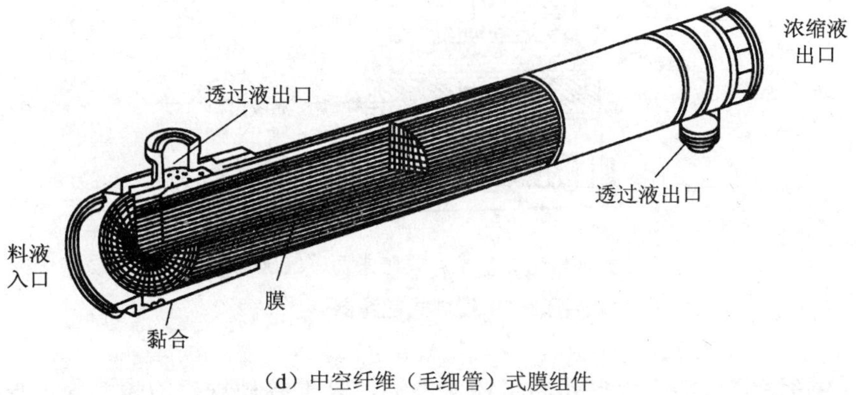

（d）中空纤维（毛细管）式膜组件

（引自《生物分离工程》，孙彦，2005）

图 3-3　各种膜组件的结构示意图

表 3-1 四种膜组件的性能比较

类型	优点	缺点
管式	易清洗、无死角，适宜于处理含固体较多的料液，单根管子可以调换	保留体积大，单位体积中所含膜面积较小，压力降大
中空纤维式	保留体积小，单位体积中所含膜面积大，可以逆洗，操作压力较低（$<2.53\times10^5$ Pa）动力消耗较低	料液需要预处理，单根纤维损坏时，需调换整个膜件
螺旋卷式	单位体积中所含膜面积大，更换新膜容易	料液需要预处理，压力降大，易污染，清洗困难
板式	保留体积小，能量消耗介于管式和螺旋卷式之间	死体积大

（引自《生物化学产品制备技术》，陈来同，2004）

（三）超滤装置

（1）搅拌式超滤器。搅拌式超滤器内装磁力搅拌器（图 3-4），用以加速膜面大分子的扩散作用，保持流速。单位时间内透过液体量与有效膜面积成正比，工作压力为 303.9～5 065 kPa。它适合于实验室处理少量浓度稀的酶液。

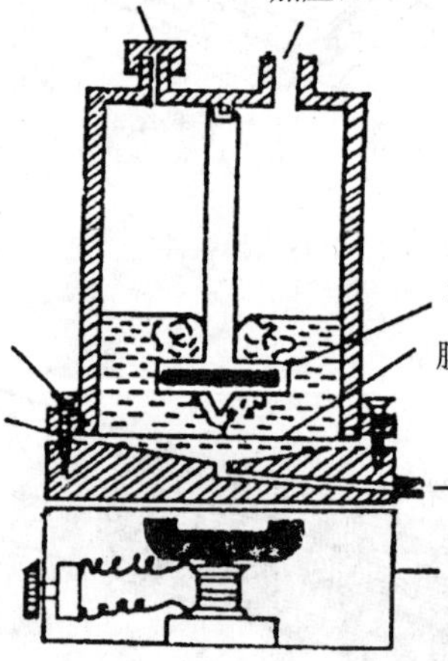

（引自《生化工艺学》，陈来同，2000）

图 3-4 搅拌式超滤器

（2）小棒超滤器。棒心为多孔高聚物支持物，外裹各种规格的超滤膜，使用时将其插入待分离液中，开动连接的真空系统即进行超滤，它适合于处理少量浓度稀的大分子样液，一次可以同时处理多个样品。小棒超滤器装置见图 3-5。

（3）浅道系统超滤装置。这类超滤器使液体通过螺旋形浅道，向与膜平行的方向流动。

浅道底部有膜，由于液体在超滤膜表面高速流动，浓度差极化不显著。而且液体与膜的接触面积也大于一般搅拌型装置，故有很好的滤速。浅道系统超滤装置见图 3-6，超滤后被截留的大分子溶液从浅道末端流出，通过蠕动泵再循环，最后浓度达 40%。该装置适合于酶等大分子混合物的分离，以及细菌、病毒、热原的滤除，也用于酶液的浓缩、脱盐。

（4）中空纤维式超滤器。该超滤器的过滤介质是具有与超滤膜类似结构的中空纤维丝，每根纤维丝即为一个微型管状超滤器。中空纤维丝很细，它能承受很高压力而不需任何支撑物，使得设备结构大大简化。中空纤维的内径一般为 0.2 mm，表面积与体积的比率极大，所以滤速很高，适用于大规模生产操作。中空纤维系统超滤器分外流型和内流型两种（图 3-7）。

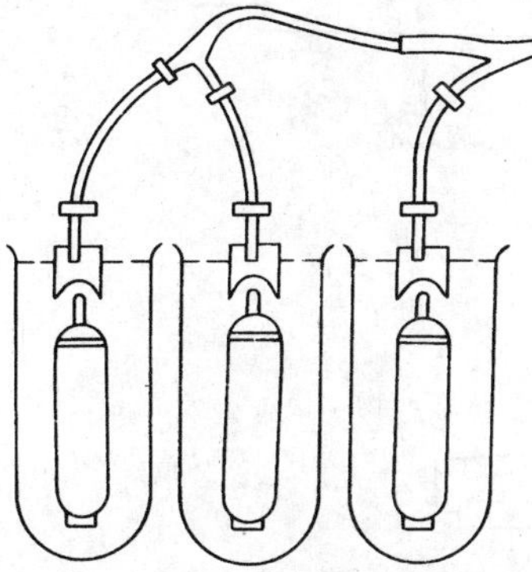

图 3-5　小棒超滤器

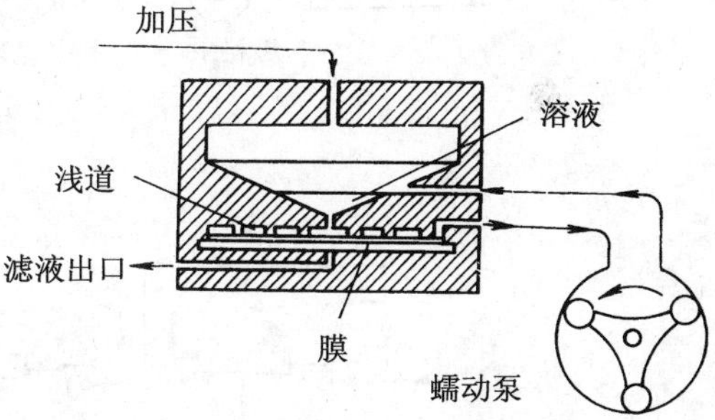

图 3-6　浅道系统超滤装置

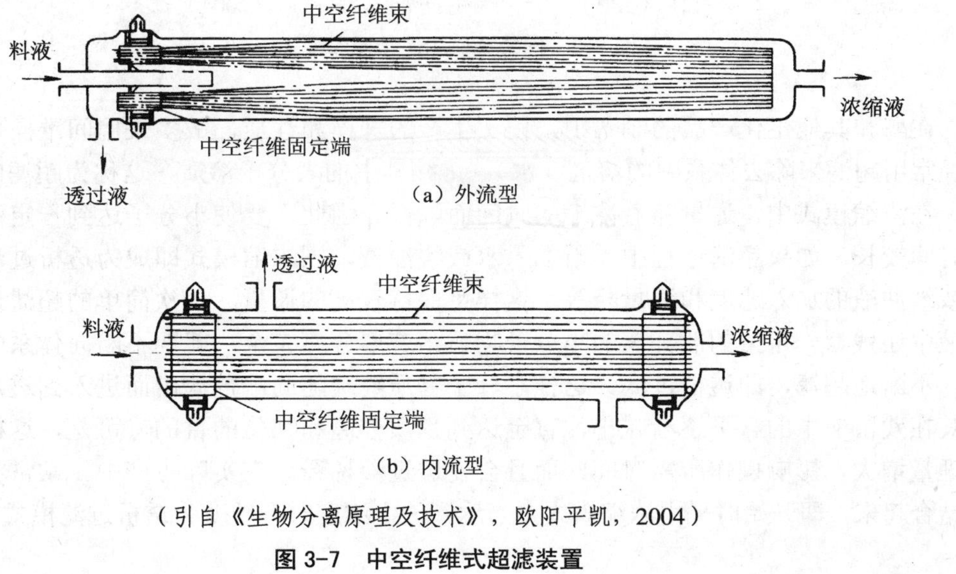

（a）外流型

（b）内流型

（引自《生物分离原理及技术》，欧阳平凯，2004）

图 3-7　中空纤维式超滤装置

（四）超滤过程的操作方式

超滤系统可以采用间歇操作或连续操作（图 3-8）。连续操作的优点是产品在系统中停留时间短，这对热敏或剪切力敏感的产品是有利的，主要用于大规模生产。它的主要缺点是在较高的浓度下操作，故通量较低。间歇操作平均通量较高，所需膜面积较小，装置简单，成本也较低，但需要较大的储槽。

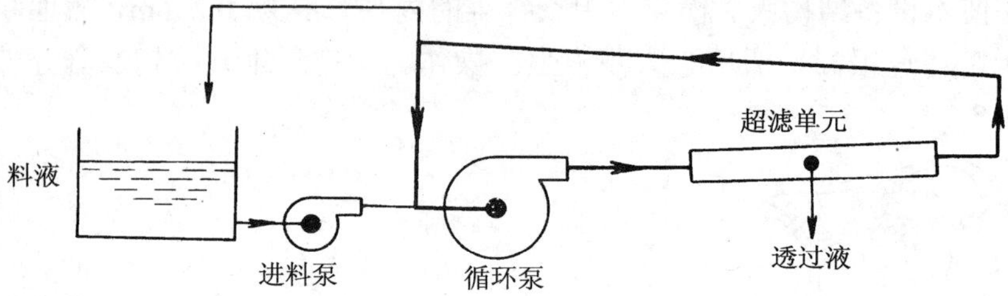

（a）间歇操作模式

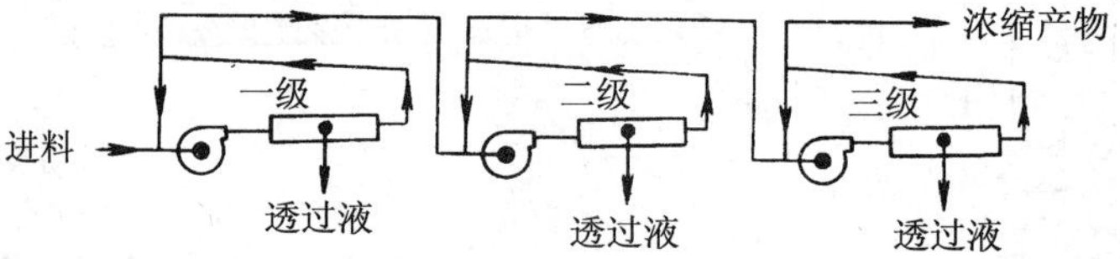

（b）连续操作模式

（引自《生物化学产品制备技术》，陈来同，2004）

图 3-8　间歇操作和连续操作模式

在酶和其他生化产品的制备中，由于生产的规模和性质，故多采用间歇操作。生产中经常用超滤来除去体系中的溶剂（水），浓缩其中的大分子溶质，这称为超滤的浓缩模式。在浓缩模式中，通量随着浓缩的时间而降低。因此，要使小分子达到一定浓度的分离时间较长。如果超滤过程中不断加入水或缓冲液，则浓缩模式即成为透析过滤模式。水或缓冲液的加入速度和通量相等，这样可保持较高的通量。一次简单的超滤过程，截留液中还残存一定量的欲分离的小分子物质，若要分离完全，就要不断向体系中加入溶剂，不断地超滤，即透析过滤，这样小分子物质继续随同溶剂滤出而进入到透过液中，使其在残留液中的含量逐渐减小，直至达到物质分离和纯化的目的。可是，这样会造成处理量增大，影响操作所需时间，而且会使透过液稀释。在实际生产中，常常将两种模式结合起来，即开始时采用浓缩模式，当达到一定浓度时，转变为透析过滤模式。

（五）膜的污染与清洗

超滤器的使用性能除了与其工艺参数有关外，还与膜的污染程度有关。膜在使用过程中，尽管操作条件保持不变，但通量仍逐渐降低的现象称为膜污染。膜污染的主要原因是颗粒堵塞和膜表面的物理吸附造成。膜的污染被认为是超滤过程中最主要的障碍。

1．减轻膜污染的方法

（1）预处理。将料液经过滤器进行预过滤，以除去较大的粒子，特别对中空纤维和螺旋卷绕式超滤器尤为重要。蛋白质吸附在膜表面上常是形成污染的原因，调节料液的pH远离等电点可使吸附作用减弱，但如果吸附是由于静电引力，则应调节至等电点。另外，盐类对污染也有很大影响，pH 高时，盐类易沉淀；pH 低时，盐类沉淀较少。加入络合剂如 EDTA 等可防止 Ca^{2+}等沉淀。

（2）改变膜的表面性质。在膜制备时，改变膜的表面极性和电荷，常可减轻污染。可以将膜先用吸附力较强的溶质吸附，则膜就不会再吸附蛋白质，如聚砜膜可用大豆卵磷脂的酒精溶液预先处理，醋酸纤维膜用阳离子表面活性剂处理，可防止污染。

2．膜的清洗方法

超滤运转一段时间以后，必须对膜进行清洗，除去膜表面聚集物，以恢复其透过性。对膜清洗可用物理法、化学法，或两者结合起来使用。

（1）物理方法（机械方法）是借助于液体流动所产生的机械力将膜面上的污染物冲刷掉。通过加海绵球、增大流速、逆流（对中空纤维超滤器）、脉冲流动和使用超声波等方法，可以使膜得以清洗。

（2）化学方法。物理清洗往往不能把膜面彻底洗净，这时可根据体系的情况适当加一些化学药剂进行化学清洗。

①使用起溶解作用的物质：如酸、碱、酶（蛋白酶）、螯合剂和表面活性剂等；

②使用起氧化作用的物质：如过氧化氢、次氯酸盐等；

③使用起渗透作用的物质：如磷酸盐、聚磷酸盐等。

膜清洗后，如暂时不用，可将其贮存在清水中，并加少量甲醛以防止细菌的生长。

第二节　酶的层析分离技术

层析分离（也叫色谱分离）是利用混合物中各组分的物理化学性质（分子的大小、形状、分子极性、吸附力、分子亲和力和分配系数等）的不同使各组分在两相（固定相与流动相）中的分布程度不同而使各组分得以分离的方法。由于层析分离具有分离效率高，设备简单，操作容易，条件温和等优点，广泛应用于酶的分离纯化。常用的方法有离子交换层析、凝胶层析、亲和层析、疏水层析等。实际应用时，要根据酶的不同特性选用适宜的层析方法，或用几种层析方法配合进行酶的分离纯化。

一、离子交换层析

（一）基本原理

离子交换层析是利用离子交换剂上的可解离基团对各种离子的亲和力不同，而使溶液中不同溶质得以分离的方法。

离子交换剂是一种含有若干活性基团的不溶性的固体物质，大致由两部分组成。一部分是由高分子聚合物形成的不溶性骨架，上面带有一定数量的可解离的带电基团；另一部分是靠静电力吸引在骨架上的离子。由于骨架上的离子和带电基团的电性相反，所以称为对立离子。对立离子和溶液中的同电荷离子进行交换。离子交换剂具有酸性或碱性基团，能分别与水溶液中的阳离子或阴离子进行交换，分别称为阳离子交换剂和阴离子交换剂。离子交换的过程可分为五个步骤：

（1）离子向交换剂颗粒表面扩散。在均一的溶液中，这个过程进行得很快。

（2）离子在交换剂颗粒内部向它的带电部分扩散。扩散的速度取决于交换剂的交联度和溶液的浓度。这一步是整个离子交换过程中限速的一步。

（3）离子在交换剂的带电部分进行交换。这一步能瞬间发生且呈平衡关系。如果是阳离子交换剂，则与带正电荷的离子间有如下平衡：

$$Exch^{-}X^{+} = Exch^{-} + X^{+}$$

$$Exch^{-} + Z^{+} = Exch^{-}Z^{+}$$

$Exch^{-}$是阳离子交换剂，X^{+}，Z^{+}是阳离子。对于阴离子交换剂也有类似的交换过程。被交换离子的电荷密度越大，它与交换剂的结合越牢固，其他的离子越难于替换它。

（4）被交换的离子通过交换剂扩散到表面。

（5）用洗脱液脱附，被交换的离子扩散到周围的溶液中。

第三步中的离子交换平衡受缓冲液的 pH 和离子强度的影响，适当地改变 pH、离子强度，结合上去的离子可以被重新置换出来。由于各种离子所带电荷的多少不同，它们对交换剂的亲和力就有差异，因此，由柱上洗下来的顺序就有先有后，从而达到分离的目的。

（二）离子交换剂的种类

离子交换剂的种类很多。根据可供交换的离子的性质，可分为阳离子型和阴离子型。

可以和阴离子交换的交换剂称为阴离子交换剂；可以和阳离子进行交换的交换剂称为阳离子交换剂。按酸碱性的强弱，离子交换剂又可分强酸、弱酸型和强碱、弱碱型等多种类型。按其骨架的化学组成可分为离子交换纤维素、离子交换凝胶和离子交换树脂等基本类型。目前，常用于酶的分离纯化的离子交换剂见表 3-2。

表 3-2　常用的离子交换剂类型

名称		功能基团	基质	分类
阴离子交换剂	DEAE-Cellulose	二乙氨基乙基	纤维素	弱碱
	DEAE-Toyopearl	二乙氨基乙基	亲水性聚乙烯醇	弱碱
	DEAE-Sephadex	二乙氨基乙基	葡聚糖	中强碱
	DEAE-Sepharose	二乙氨基乙基	交联琼脂糖	弱碱
	QAE-Sephadex	季胺乙基	葡聚糖	强碱
	D-201 树脂	季胺基	交联聚苯乙烯	强碱
阳离子交换剂	CM-Cellulose	羧甲基	纤维素	弱酸
	CM-Sephadex	羧甲基	葡聚糖	弱酸
	SE-Cellulose	磺乙基	纤维素	强酸
	SP-Sephadex	磺丙基	葡聚糖	强酸
	P-Cellulose	磷酸基	纤维素	强酸
	724 树脂	羧基	丙烯酸甲酯	弱酸

离子交换纤维素的亲水性能好，活性基团分布在纤维素表面，交换容量较大，目前广泛应用于酶的分离纯化。常用的有 DEAE-纤维素、CM-纤维素等。

离子交换凝胶是以葡聚糖凝胶（Sephadex）、聚丙烯酰胺凝胶（Bio-Gel P）等为基质制成的，它同时具有离子交换和分子筛的作用，交换容量大，分辨能力强，在酶的分离纯化方面具有广阔的应用前景。常用的有 DEAE-葡聚糖凝胶、CM-葡聚糖凝胶、DEAE-琼脂糖凝胶、DEAE-聚丙烯酰胺凝胶、SP-葡聚糖凝胶等。

离子交换树脂以聚苯乙烯及其衍生物为骨架制成，主要用于分子量较小物质的分离纯化，只有某些大孔径的离子交换树脂（如 D-201 树脂、724 树脂、Amberlite CG-50 树脂等）可用于酶的分离纯化。

选择离子交换剂要考虑被分离物质带有什么样的电荷、分子的大小、物理化学性质、它所处的环境等因素。由于酶是两性电解质，整个分子可以是正离子，也可以是负离子，所以可以用阴离子交换剂，也可以用阳离子交换剂进行酶的分离纯化。当提取液的 pH 大于酶的等电点时，分子带负电荷，可用阴离子交换剂进行层析分离；而当提取液 pH 小于等电点时，分子带正电荷，则需要用阳离子交换剂进行分离。

（三）离子交换层析的基本操作

1．交换剂的处理

确定了层析所用的交换剂的类型后，要对其进行适当的处理方可使用。处理包括以下四步：①除去交换剂中的杂质；②交换剂的溶胀，使交换剂的带电基团更多地暴露在溶液中；③除去交换剂中很小的细粒，以免影响流速；④离子交换剂的平衡离子转变成所需要的形式，即改型。离子交换剂处理的基本方法如下：

首先将离子交换剂在水中充分浸泡（1～2 d），以除去杂质和使交换剂充分溶胀，但对于一些保存在溶液中的交换剂不需再溶胀。然后，用 4 倍体积的酸、碱反复处理，一般所用酸、碱浓度为 0.2～0.5 mol/L。通常阳离子交换剂的处理顺序为碱洗→去离子水洗→酸洗→去离子水洗，而阴离子交换剂的处理顺序为酸洗→去离子水洗→碱洗→去离子水洗。在酸碱处理的同时还可对离子交换剂进行浮选，用倾去上清液的方法去除过细的颗粒。

以 Sephadex 为骨架的交换剂，因葡聚糖在强酸中会发生水解，因此所用的酸浓度一般不要超过 0.2 mol/L，也不能处理太长的时间。以聚丙烯酰胺为骨架的交换剂在碱中不稳定，应避免碱处理步骤。

2．装柱

为了得到成功的分离，装柱是最关键的一步。装柱的方式主要用以下两种：

（1）重力装柱。是将处理好的离子交换剂和起始缓冲液，慢慢连续不断地倒入关闭了出水口的已装入 1/3 柱高的缓冲溶液的柱中，让其沉降至柱高约 2～3 cm，然后打开柱的出水口，让缓冲液慢慢流出，控制适当的流速和一定的操作压，随着下面水的流出，上面陆续不断地添加糊状离子交换剂，使其形成的胶粒床面上有胶粒连续均匀地沉降，直至装柱物完全沉降至适当的柱床体积为止。此法的优点是操作简单、方便，流速好。

（2）加压装柱。即在层析柱的顶部连接一个耐压的厚壁梨形瓶，在其中储放交换剂悬浮液。梨形瓶的上口连接加压装置（氮气或压缩空气及调压装置），将柱按 10 等份画线，起始为 3.04×10^4 Pa，沉积床每升高一个刻度，增加 7.09×10^3 Pa，最后达到 1.013×10^5 Pa，立即减压。装柱时，要不时地摇动梨形瓶使悬浮液均匀。此法的优点是床体紧密，床体积稳定，分辨力高。

无论用何种方法装柱，都应保持液面在离子交换剂平面以上，防止空气进入，并且装柱时要小心、细致，要求把柱填装均匀，无气泡，无裂纹，以免影响分离效果。

3．平衡

层析柱正式使用前，必须平衡至所需的 pH 和离子强度，一般用起始缓冲溶液在恒定压力下走柱，其洗脱体积相当于 3～5 倍床体积，使交换剂充分平衡，柱床稳定。装好的柱必须均匀，无纹路，不含气泡，柱顶交换剂沉积表面十分平坦。

4．加样

打开层析柱的流出口，排出床表面的缓冲液，关闭出口，然后用移液管加样，使移液管端部紧靠柱的内壁，在离床表面数毫米处，边加样边使移液管随柱的内壁转动一圈，再移至柱的中心，使样品均匀分布于交换剂的表面。然后，打开出口，继续加样，待样品全部进入床体后，以起始缓冲液冲洗柱的内壁数次，最后加满缓冲液，连接上缓冲液瓶。

5．洗脱和收集

酶液加入后要用足够量的缓冲液流过层析柱，洗出未被吸附的物质，并使床体得到充分平衡。然后，用适当的洗脱液，将吸附在离子交换剂上的离子按亲和力从小到大的顺序逐次洗脱下来，分别收集，以达到分离的目的。洗脱液的 pH 及离子强度等是影响分离效果、产品质量和数量的重要因素，不同的酶应选用不同的洗脱液。洗脱方式分为阶段洗脱和连续梯度洗脱两种。

（1）阶段洗脱法。又称逐次洗脱、阶梯梯度洗脱法，是指分段逐次改变洗脱液中的 pH 或盐浓度，使吸附在柱上的各组分洗脱下来。它是用几个具有一定 pH 和盐浓度的缓冲液按设计好的梯度依次洗脱，从而使混合酶液中几个对交换剂亲和力明显不同的组分分开，达到分离的目的。当欲分离纯化的混合酶液组成简单，或分子量及性质差别较大，或需要快速分离时，阶段洗脱是比较适用的。

（2）连续梯度洗脱法。又称线性梯度洗脱法，是通过连续改变洗脱液中的 pH 或盐浓度，使吸附柱上的各组分被洗脱下来。通常采用一种低浓度的盐溶液为起始溶液，另一种高浓度的盐溶液作为最终溶液。两者之间通过一根玻璃管接通，使高盐溶液向低盐溶液处流动，起始溶液直接流入柱内，这样就使柱内的盐浓度梯度上升，克服了直接洗脱中的拖尾现象。同时，混合物中的各个组分逐个地进入解吸状态，因此，它的分辨率大大超过分段洗脱。在酶的制备中常用连续梯度洗脱法，它优于阶梯梯度洗脱法。

连续梯度洗脱液，可按预先设计的梯度范围，在自动梯度混合器中配置。常用的梯度混合器由 2 个容器构成（图 3-9），2 个容器安放在同一个水平上，第一个容器盛有起始缓冲液，第二个容器盛有等量的、含较高离子强度或不同 pH 的上限缓冲液，二者用管子相连，以保持其中溶液的流体静力平衡。第一个容器通过管道与柱相连，当缓冲溶液从第一个容器流入柱中时，第二个容器的缓冲液自动地来补足，结果使洗脱液的 pH、离子强度呈线性地增加。

洗脱液必须分成小部分收集。每管收集的体积愈小，愈容易得到纯的组分。收集时，现多使用自动部分收集器进行。当一个管收集了一定量的洗脱液后，另一个新的收集管自动地接替了它的位置。图 3-10 为包括自动部分收集器（计量装置）在内的柱层析整套装置。

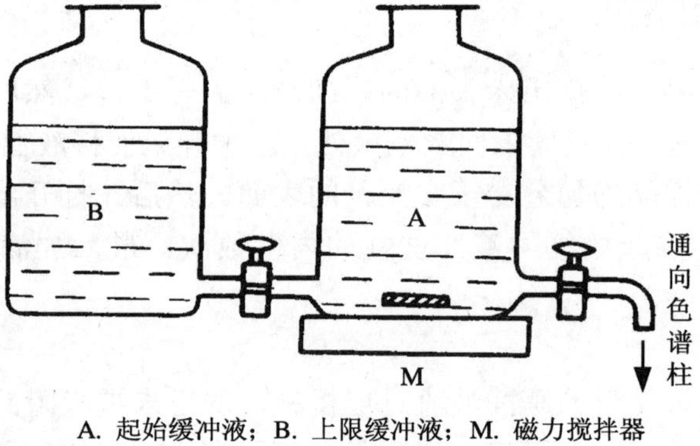

（引自《生物化学产品制备技术（2）》，陈来同，2004）

图 3-9　连续梯度洗脱装置

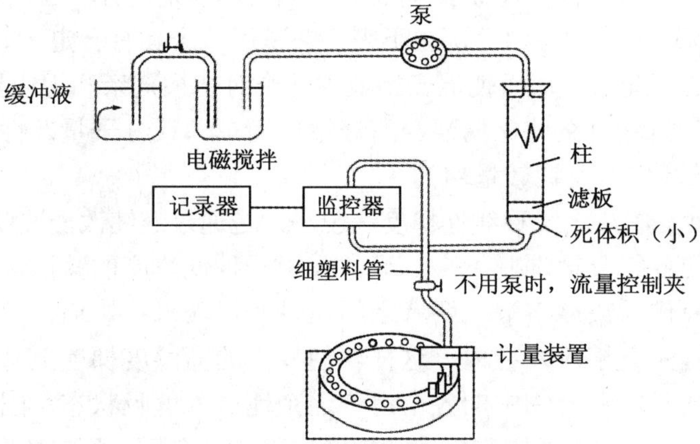

（引自《生物化学产品制备技术（2）》，陈来同，2004）

图 3-10　柱层析整套装置示意图

6. 交换剂的再生和贮存

为了使用过的离子交换剂能再次使用，就需要对其进行再生处理。再生的方法通常是先用 0.5～2 mol/L 高盐溶液洗涤。盐溶液应包含有离子交换剂的相反离子。然后，用 0.2 mol/L 酸、碱反复洗涤以除去脂类、蛋白质等杂质。最后用水洗至中性，就可再次上柱使用。

若离子交换剂需长时间存放，再生以后，可加入适当的防腐剂。阴离子交换剂用的防腐剂为 0.001%的醋酸苯汞，阳离子交换剂常用的防腐剂为 0.02%的叠氮化钠（NaN_3），另外，也可以分别在弱酸弱碱溶液中保存。

二、凝胶层析

凝胶层析法从 20 世纪 60 年代初期开始应用，由于凝胶层析具有操作条件温和、设备简单、操作方便、分离范围广、重复性强，并能达到比较满意的分离效果等优点，因此，发展较为快速，至今已成为生化实验室常规的方法，并且在酶的分离纯化中得以广泛应用。

（一）基本原理

凝胶层析又称分子排阻层析、分子筛层析或凝胶过滤。它是指混合物随流动相经固定相（凝胶）的层析柱时，混合物中各组分按其分子大小不同而被分离的技术。固定相（凝胶）是一种不带电荷的具有三维空间的多孔网状结构的物质，凝胶的每个颗粒的细微结构就如一个筛子，小的分子可以进入凝胶网孔，而大的分子则排阻于凝胶颗粒之外，因而具有分子筛的性质。又因整个层析过程一般不变换洗脱液，好像过滤一样，故也称凝胶过滤。

当含有分子大小不同的混合物样品（粗酶液）加到层析柱中时，这些物质随洗脱液的流动而移动，但大小分子（指分子量）流速不同。相对分子质量很大的溶质，不能进入到凝胶颗粒的细孔中，只能沿凝胶颗粒间的孔隙随洗脱液移动，故阻滞作用小，流程短，移动速度快，先流出层析柱；而相对分子质量小的溶质，能够进入到凝胶颗粒的内部细孔中，故阻滞作用大，流程长，移动速度慢。因此，分子质量小的物质比分子质量大的物质较晚流出层析柱，从而使酶液中各组分可以按分子质量从大到小的顺序先后流出层析柱，达到酶的分离纯化目的（图 3-11）。

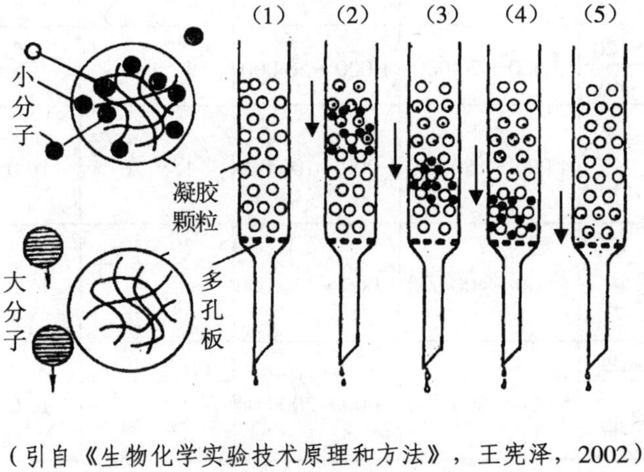

（引自《生物化学实验技术原理和方法》，王宪泽，2002）

图 3-11　凝胶层析原理示意图

（二）凝胶的种类

凝胶的种类很多，常用的有葡聚糖凝胶、琼脂糖凝胶和聚丙烯酰胺凝胶等。

（1）葡聚糖凝胶。是以葡聚糖（葡萄糖通过 α-1,6 糖苷键结合而成的线性高分子）为单体，以 1,2-环氧氯丙烷为交联剂，聚合而成的高分子聚合物。国外的商品名为 Sephadex。不同型号的 Sephadex，性能有所不同（表 3-3）。凝胶颗粒大小一般分为粗、中、细和超细四类。颗粒越细，分离效果越好，因为它容易达到平衡，但流速慢。颗粒越粗，流速越快，会使区带扩散，使洗脱峰变得平和宽。在一般柱层析中，使用干颗粒直径在 70 μm 左右较合适。

表 3-3　Sephadex 型号与性能

型号	干胶直径/μm	分子量分级范围		床体积/（ml/g 干胶）	得水值/（ml/g 干胶）	最少溶胀时间/h	
		肽及球形蛋白质	葡聚糖（线性分子）			室温	沸水浴
Sephadex G-10	40～120	～700	～700	2～3	1.0±0.1	3	1
Sephadex G-15	40～120	～1 500	～1 500	2.5～3.5	1.5±0.2	3	1
Sephadex G-25 粗级	100～300	100～5 000	100～5 000	4～6	2.5±0.2	6	2
Sephadex G-25 中级	50～150						
Sephadex G-25 细级	20～30						
Sephadex G-50 粗级	100～300	1 500～30 000	500～10 000	9～11	5.0±0.3	6	2
Sephadex G-50 中级	50～150						
Sephadex G-50 细级	20～80						
Sephadex G-50 超细	10～40						
Sephadex G-75	40～120	3 000～70 000	1 000～50 000	12～15	7.5±0.5	24	3
Sephadex G-75 超细	10～40						
Sephadex G-100	40～120	4 000～150 000	1 000～100 000	15～20	10.0±1.0	48	5
Sephadex G-100 超细	10～40						
Sephadex G-150	40～120	5 000～400 000	1 000～150 000	20～30	15.0±1.5	72	5
Sephadex G-150 超细	10～40			18～22			
Sephadex G-200	40～120	5 000～800 000	1 000～200 000	30～40	20.0±2.0	72	5
Sephadex G-200 超细	10～40			20～25			

（引自《生物化学实验》，李如亮，1998）

葡聚糖凝胶在干燥的状态下是坚硬的白色粉末，不溶于水和盐类溶液。因其具有大量的羟基，故有很大的亲水性，在水中就会吸水膨胀，吸水后机械强度大大降低。葡聚糖凝胶对碱和酸具有较好的稳定性，在中性条件下，可在 120℃加压保存。长久不用时，应加防腐剂以防长霉。由于葡聚糖凝胶具有以上优点，因此被广泛应用于酶和其他物质的分离纯化。

（2）琼脂糖凝胶。琼脂糖凝胶都是由经过纯化的琼脂糖制备的，其中仅含有较少的带电基团。利用琼脂糖热溶液冷却时可凝胶化的优点，可较方便地制成珠状物。采用不同浓度的琼脂糖溶液成球后可得到不同孔径的球状凝胶。琼脂糖凝胶有两种牌号：一种是 Bio-Gel A 系，是美国 Bio Rad 公司的产品，现为交联琼脂糖凝胶，适用 pH 为 4～13；另一种是 Sepharose 系，是目前生化分离专用介质中型号最多、应用最广的最大系列产品。表 3-4 为 Sepharose 系列型号及性能。

表 3-4　Sepharose（琼脂糖）系型号及性能

型号	分子量分级范围/Da	粒径/μm	pH 稳定范围	耐压/MPa	建议流速/（cm/h）	备注
Sepharose2B	7×10^4～4×10^7	60～200	4～9	0.004	10	传统分离介质，适用于蛋白质、大分子复合物、多糖
Sepharose4B	6×10^4～2×10^7	45～165	4～9	0.008	11.5	
Sepharose6B	1×10^4～4×10^6	45～165	4～9	0.02	14	
SepharoseCL-2B	7×10^4～4×10^7	25～75	3～13	0.005	15	适合含有有机溶剂的分离，适合蛋白质、多糖
SepharoseCL-4B	6×10^4～2×10^7	25～75	3～13	0.012	26	
SepharoseCL-6B	1×10^4～4×10^6	25～75	3～13	0.02	30	
Sepharose6（制备级）	5×10^3～5×10^6	20～40	3～12	0.4	30	适用于蛋白质、多糖、核酸、病毒
Sepharose12（制备级）	1×10^3～3×10^5	20～40	3～12	0.7	30	
SepharoseFF6	1×10^4～4×10^6	平均 90	2～12	0.1	300	BioProcess 介质，适用于巨大分子分离
SepharoseFF4	6×10^4～2×10^7	平均 90	2～12	0.1	250	

（引自《酶制剂生产技术》，孙俊良，2004）

（3）聚丙烯酰胺凝胶。商品名为 Bio-Gel P，是丙烯酰胺与 N,N′-亚甲基双丙烯酰胺共聚而成的亲水性凝胶。该凝胶非特异吸附性很小，结构稳定，可在 120℃消毒 30 min 后色谱性能保持不变。但在浓酸或浓碱的作用下，酰胺键会水解成为羧基，使凝胶带上电荷，成为离子交换基团，从而影响凝胶的层析效果。所以，聚丙烯酰胺凝胶应在 pH 为 2～11 时使用。商品聚丙烯酸胺凝胶有多种型号（表 3-5），在酶的分离纯化过程中应根据欲分离物质的分子质量的大小选择合适的型号。

表 3-5 Bio-Gel P 聚丙烯酰胺类凝胶

型号	水合网目	水合质点直径/μm	分子量分离范围/Da	得水值/（ml/g 干胶）	床体积/（ml/g 干胶）	最少溶胀时间/h	
						20℃	100℃
Bio-Gel P-2	50～100	150～300	3 000～60 000	7.2	14.4	12	3
Bio-Gel P-2	100～200	75～150					
Bio-Gel P-2	200～400	40～75					
Bio-Gel P-2	＜400	＜40					
Bio-Gel P-4	50～100	150～300	800～4 000	2.4	4.8	4	2
Bio-Gel P-4	100～200	75～150					
Bio-Gel P-4	200～400	40～75					
Bio-Gel P-4	＜400	＜40					
Bio-Gel P-6	50～100	150～300	1 000～6 000	3.7	7.4	4	2
Bio-Gel P-6	100～200	75～150					
Bio-Gel P-6	200～400	40～75					
Bio-Gel P-6	＜400	＜40					
Bio-Gel P-10	50～100	150～300	1 500～20 000	4.5	9.0	4	2
Bio-Gel P-10	100～200	75～150					
Bio-Gel P-10	200～400	40～75					
Bio-Gel P-10	＜400	＜40					
Bio-Gel P-30	50～100	150～300	2 500～40 000	5.7	11.4	12	3
Bio-Gel P-30	100～200	75～150					
Bio-Gel P-30	＜400	＜40					
Bio-Gel P-60	50～100	150～300	3 000～60 000	7.2	14.4	12	3
Bio-Gel P-60	100～200	75～150					
Bio-Gel P-60	＜400	＜40					
Bio-Gel P-100	50～100	150～300	5 000～100 000	7.5	15.9	24	5
Bio-Gel P-100	100～200	75～150					
Bio-Gel P-100	＜400	＜40					
Bio-Gel P-150	50～100	150～300	15 000～150 000	9.2	18.4	24	5
Bio-Gel P-150	100～200	75～150					
Bio-Gel P-150	＜400	＜40					
Bio-Gel P-200	50～100	150～300	30 000～200 000	14.7	24.4	48	5
Bio-Gel P-200	100～200	75～150					
Bio-Gel P-200	＜400	＜40					
Bio-Gel P-300	50～100	150～300	60 000～400 000	18.0	36.0	48	5
Bio-Gel P-300	100～200	75～150					
Bio-Gel P-300	＜400	＜40					

（引自《生物化学实验》，李如亮，1998）

（三）凝胶特性的参数

用于表示凝胶特性的参数主要有以下几项：

（1）排阻极限。凝胶过滤介质的排阻极限是指不能扩散到凝胶网格内部去的最小分子的分子质量。例如，Sephadex G-50 的排阻极限是 30 000，也就是说，分子质量大于这一数值的分子不能进入凝胶网格内，并为凝胶所阻滞。

（2）分级范围。它指出了当溶液通过凝胶柱时，能够被凝胶粒子阻滞并且分离的溶质分子质量范围。例如，Sephadex G-50，它的分级范围为 1 500～300 000。

（3）水滞流量。市售的凝胶层析一般都是脱水干燥的颗粒。使用前都要经过溶胀处理。凝胶在充分溶胀后，1 g 干凝胶所能吸收的水分量就是水滞流量。例如，Sephadex G-50 的水滞流量为（5.0±0.3）g。市售凝胶型号中的数字就是根据这个水滞流量乘以 10 得来的。

（4）凝胶颗粒的大小。凝胶颗粒一般为球形。球体大小可用筛目来表示，也可用球体直径（μm）来表示。凝胶颗粒大小会影响分辨率和流速。粒径大的凝胶，操作中流速快，分离效果差；相反颗粒越小分辨率越高，流速就会越慢。因此，通常选用 100～200 目（50～150 μm）的颗粒进行层析分离。

（5）床体积。表示 1 g 干凝胶充分溶胀后所具有的体积。床体积可用来估计装满一定体积的层析柱所需干凝胶的量。Sephadex G-50 的床体积为 9～11 ml/g 干凝胶。

（6）空体积。表示填充柱中凝胶粒子周围的总空间，可用平均分子质量为 2 000 000 的可溶性蓝色葡聚糖来测定。

（四）凝胶层析的操作

凝胶层析的基本操作与离子交换层析大致相同。所要注意的事项有以下方面：

（1）凝胶的选择。一般应根据样品中组分和所要分离物质的要求，选取分离范围与欲分离物质的分子质量相近的凝胶介质为好。若分离样品中物质的分子质量分布较广或组分较复杂，应选用分离范围较广的凝胶进行分离；如样品中组分比较简单，应选择分辨率较高的凝胶进行分离；如样品处理量较多，应选用粒径较大，流速较快的凝胶；如样品要求精细分离，就应选用粒径较细，分辨率高的凝胶。

若用于除去酶分子中的盐分和其他小分子物质，经常选用 Sephadex G-25 或 G-50，生物胶 P-6 或 P-10，其中以 Sephadex G-25 最常用；若用于精细分离，多选用 Sephadex G-100 或 G-200。在一般柱层析中，使用干颗粒直径在 70 μm 左右较合适。

（2）溶胶。葡聚糖凝胶多以干粉形式保存，使用前需用水或洗脱缓冲液充分溶胀。将干燥的凝胶加入水或缓冲液中，搅拌，静止，然后倾去上层混悬液，以除去过细的粒子。如此反复数次，直至上层液澄清为止。最后，放在 5～10 倍干凝胶体积的水或缓冲液中充分溶胀，G-75 以下凝胶浸泡 1 d，但 G-100 以上型号，至少浸泡 3 d，也可以通过加热来缩短浸泡时间充分溶胀凝胶，还可起到除去颗粒内部气泡和杀菌作用。

（3）装柱。装柱是凝胶层析的重要环节。充分溶胀后的凝胶，应在减压排气后，进行装柱操作。装柱时，最好将搅拌均匀的凝胶，一次性倒入柱中，不能产生分层（断层）

现象，不能有气泡或裂纹。将柱管对着光照方向观察，若层析柱床不均匀，必须重新装柱。也可用蓝色葡聚糖-2000 配成 2 mg/ml 的溶液过柱检验其均匀性。

柱的长度是决定分离效果的重要因素。一般选用细长的柱作凝胶过滤。进行脱盐时，柱高 50 cm 比较合适；分级分离时，多采用 90～100 cm 长。

（4）加样。加入样品时，样品浓度可大些，但黏度要低，并且在酶的制备性分离纯化中，加入样品的体积为床体积的 10%左右，最多不能超过 30%。若用于酶的分子量等方面的分析测定，加样量一般为 3～5 ml。

（5）洗脱。采用的洗脱液应与干凝胶溶胀时以及装柱平衡时所用的液体完全一致，否则，会影响分离效果。不相同时，可通过平衡操作来达到。所使用的洗脱液的体积一般为凝胶床体积的 120%左右，洗脱流出液应分步收集。

（6）再生与保存。由于凝胶过滤时，凝胶本身无变化，所以层析剂不必再生处理，可重复使用。多次使用后，凝胶颗粒可能逐渐沉积压紧，流速变慢。这时只需将凝胶自柱内倒出，重新填装。或使用反冲法，使凝胶松散冲起，然后自然沉降，形成新的柱床，这样流速会有所改善。如果因使用次数过多混入杂质而影响滤速，也可以通过反冲层析柱来除去杂质。

对于使用过的凝胶，如果短时间不用，可以加入防霉剂来保存，如 0.02%的叠氮化钠。如长时间不用，则可用不同浓度的酒精浸泡，最后用 95%的酒精脱水，用 60～80℃的温度烘干即可保存。

（五）凝胶层析的优点与用途

凝胶层析具有以下优点：①分离条件温和，因此不易引起生物样品的变性失活；②每次分离操作之后，层析剂无须再生就可重复利用；③工作范围广，分离的分子质量范围可从几百到数百万；④设备简单，分离机理简单，易于操作；⑤样品回收率高，几乎可达 100%。

凝胶层析主要有脱盐与分级分离两大用途，在酶的分离纯化中得以广泛应用。脱盐是分离大小两类不同的分子，即无机盐与生物大分子的分离；分级分离是将分子大小相近的物质分开，通常为大分子间的分离，在酶的分离纯化中可以用此方法将目的酶与杂蛋白进行分离，也可用于酶分子量的测定。由于凝胶层析上样量小，且上样量的体积越小，分辨率越高，因此，凝胶层析通常用于经过浓缩的样品，特别是用于层析过程中下游最终精细纯化步骤。

三、亲和层析

亲和层析也称亲和吸附层析，是利用生物活性物质之间的专一亲和吸附作用而进行的层析方法。是近年来发展的纯化酶和其他高分子的一种特殊的层析技术。

利用这种不同的生物专一性作为分离的基础，其提纯的效率远大于其他层析，甚至从粗抽提液中经亲和层析一步就能提纯几百至几千倍，回收率可达到 75%～95%。在温和条件下操作简便，分离快速，尤其对分离含量极少而又不稳定的活性物质最有效。

（一）基本原理

生物大分子具有能和某些相对应的专一分子可逆结合的特性，例如，酶蛋白与辅酶、酶活性中心与专一性底物或抑制剂等的结合往往是专一的，而且是可逆的。生物分子间形成专一的可逆性结合的能力称为亲和力。

亲和层析就是利用生物分子间所具有的专一亲和力而进行的层析技术。此法必须要有适当的配基以备共价结合在一定的载体上。通常将一对可逆结合的生物分子中能与载体相偶联上的一方称为配基。酶的底物、底物类似物及酶的竞争性抑制剂与酶有较高的亲和力，可作为配基固定在不溶性载体，可选择地将酶吸附而同杂质分离。

亲和吸附依靠于溶质和载体之间特殊的化学作用，这不同于依靠范德华力的传统吸附及离子交换静电吸附。亲和吸附具有更高的选择性，吸附剂由载体与配位体两部分组成。载体与配位体之间以共价键或离子键相连，但载体不与溶质反应。亲和吸附层析原理如图 3-12 所示，大致可分为以下三步：①配基固定化：选择合适的配基与不溶性的支撑载体偶联，或共价结合成具有特异亲和性的分离介质；②吸附样品：亲和吸附介质选择性吸附酶或其他生物活性物质，杂质与层析介质间没有亲和作用，故不能被吸附而被洗涤去除；③样品解析：选择适宜的条件，使被吸附的亲和介质上的酶或其他生物活性物质解吸。

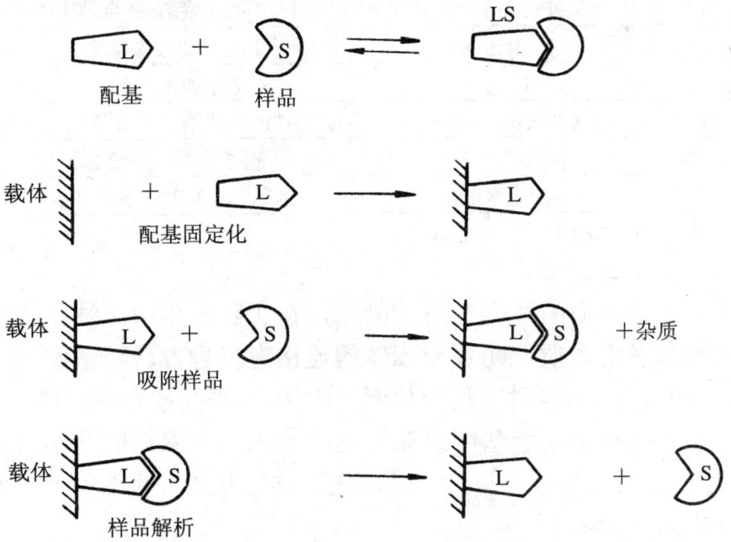

（引自《生物分离原理及技术》，欧阳平凯，2004）

图 3-12　亲和吸附层析的原理

（二）亲和吸附介质

用于亲和层析的理想载体常选用均一的珠状颗粒，特别是琼脂糖和交联葡聚糖，但也使用合成的聚丙烯酰胺凝胶、纤维素衍生物、聚苯乙烯和多孔玻璃珠等。选作配基的分子必须具有适当的化学基团，该基团不参与配基与生物分子的特异结合，但是却可以用来连接配基与载体。因此，配基的选择应根据对纯化的生物分子结构和特性的了解。

将亲和配基共价偶联在载体的表面，即可制得亲和吸附介质。一般凝胶过滤介质均可作为亲和配基的载体来制备亲和吸附介质。表 3-6 列出了部分商品化的亲和吸附介质及其可分离纯化的目标产物。

表 3-6 商品化的亲和吸附介质及其能纯化的目标产物

亲和吸附介质	配基	目标产物	制造商
Blue Sepharose CL-6B	Cibacron Blue F3G-A	NAD、ATP 相关酶，白蛋白，干扰素等	Pharmacia
Protein A- SepharoseCL-4B	Protein A	IgG，免疫复合体	Pharmacia
ConA-Sepharose	ConA	糖蛋白，多糖	Pharmacia
AMP-Sepharose	AMP	NAD 相关酶	Pharmacia
Lysine Sepharose 4B	L-lysine	纤溶酶原，纤溶酶原激活剂	Pharmacia
Heparin Sepharose CL-6B	Heparin	限制性核酸内切酶，脂蛋白，脂肪酶，凝固蛋白等	
Affi-Gel Blue	Cibacron Blue F3G-A	NAD、ATP 相关酶，白蛋白，干扰素等	Bio-Rad
Affi-Gel Protein A	Protein A	IgG，免疫复合体	Bio-Rad
Affi-Prep Protein A	Protein A	IgG，免疫复合体	Bio-Rad
TSK gel Chelate-5PW	IDA	各种蛋白质	Toyo Soda
TSK gel Blue -5PW	Cibacron Blue	NAD、ATP 相关酶，白蛋白，干扰素等	Toyo Soda
TSK gel ABA -5PW	p-氨基苄脒	胰蛋白酶，脲激素	Toyo Soda
TSK gel Boronate -5PW	m-氨基苯硼酸	糖蛋白，多糖，转移 RNA	Toyo Soda

（引自《生物分离工程》，孙彦，2005）

由于商品化的吸附介质的种类有限，因此，在实际应用中，往往需要利用凝胶过滤介质合成所需的亲和吸附介质。配基与载体的连接有多种方法，最常用的方法是将多聚糖载体先活化，即在 pH 11 条件下用溴化氰（CNBr）进行预处理，使多聚糖的羟基与溴化氰反应生成活泼的氨基甲酸脂基团或亚氨碳酸基团（多聚糖的两相邻羟基与溴化氰反应时）。该基团可在弱碱性条件下与具有游离脂肪族氨基或芳香族氨基的配基相偶联，形成氨基碳酸盐和异脲衍生物。

亲和层析中常用辅酶、竞争性抑制剂等小分子物质作为配基。如果这种小分子配基直接与载体连接，那么载体的空间位阻就会影响配基与其亲和物的结合，产生所谓的无效吸附。因此，常在配基与载体之间加入一个“手臂”（带有各种手臂的一系列载体已有商品供应）。引入手臂的途径很多，如用 $NH_2(CH_2)_xNH_2$ 型的二胺（$x = 2 \sim 6$）或ε-氨基己酸置换被溴化氰活化的多聚糖载体，然后再用常规的有机合成法使其与配基（含有氨基或羧基）结合。倘若配基本身就有相当于手臂的部分，则通过溴化氰直接连接到载体上即可。连接配基的载体按通常柱层析法装柱并用与加样时相同的缓冲液平衡。缓冲液的组分、pH 和离子强度应最适于配基与其亲和分子的相互作用。一旦加入的亲和分子被结合后，就可以用另外的缓冲液洗去柱上非特异吸附的杂质。最后，把柱上特异亲和的生物分子洗脱下来。

（三）亲和层析的操作

亲和层析操作如图 3-13 所示，一般分进料吸附、杂质清洗、目标产物洗脱和层析柱再生 4 个步骤。操作过程是：首先选择一个固定支持物作为载体，再选择一个能与酶专一结合的化合物作为配基，将两者偶联制成亲和吸附剂，然后装入层析柱中，当含有目标产物的料液连续通入层析柱，直至目标产物在柱出口穿透为止，用同溶解原料的溶液组成相同的缓冲液清洗层析柱，清洗后只有与配基有专一亲和力的酶才能结合在柱上，而未被吸附的杂蛋白都从柱上洗掉。然后，再利用可使目的酶与配基解离的溶液（洗脱液）洗脱目的酶，从而达到纯化的目的。最后，利用清洗液再生层析柱，以备后用。

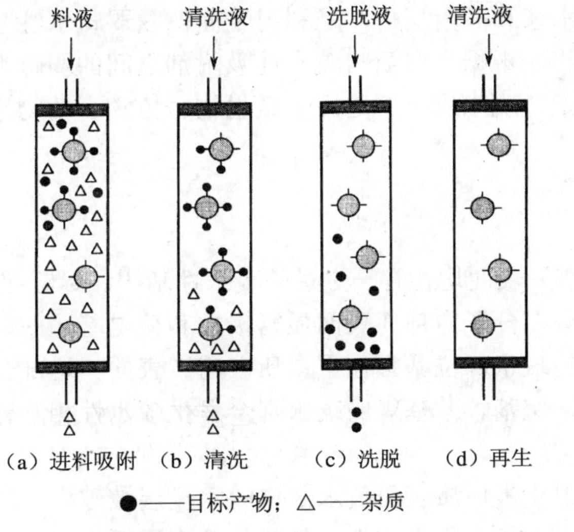

（引自《生物分离工程》，孙彦，2005）

图 3-13　亲和层析操作示意图

亲和层析的洗脱方法有两种：一种是特异性洗脱，另一种是非特异性洗脱。特异性洗脱是利用含有与亲和配基或酶具有结合作用的小分子化合物溶液为洗脱剂，通过洗脱剂与亲和配基或酶的竞争性结合，使酶脱附。非特异性洗脱是采用较多的洗脱方法，是通过调节洗脱液的 pH、离子强度、离子种类或温度来使被吸附的大分子构象有所改变，从而降低了酶与固相配基之间的亲和力。这种洗脱方法有时改变一种因素就可以了，有时则要改变多种因素才能达到洗脱的目的。例如以卵类黏蛋白为配基，在 pH 7～8 的条件下，胰蛋白酶与配基亲和吸附，而以 pH 2～3 的缓冲液可将胰蛋白酶洗脱出来。再如谷氨酸-天氡氨酸转氨酶从吸附剂吡哆胺磷酸-琼脂糖上洗脱时，须同时改变 pH 及离子强度才更有效。

当酶的亲和力很大时，利用通常的方法不能洗脱被吸附的酶时，也可用极端的 pH（如 pH 1.5）或利用盐酸胍或尿素等变性剂溶液使酶发生结构变化，失去与配基的结合作用。不过，在这种情况下洗脱液应迅速中和、稀释或透析，以恢复天然酶的构型。由于这些变性剂容易使酶或固定化配基发生失活或不可逆变性，须慎重使用此种方法。

在酶的亲和层析过程中，为了防止酶变性失活，亲和层析剂免受损害，一般应在低温（0～10℃）的条件下进行操作。

四、疏水层析

疏水层析也叫疏水亲和吸附层析，是利用表面偶联弱疏水性基团（疏水性配基）的疏水性吸附剂为固定相，根据蛋白质与疏水性吸附剂之间的弱疏水性相互作用的差别进行分离纯化的层析技术。疏水层析广泛用于微生物、植物、动物来源的酶类或其他蛋白质大分子的分离纯化。

（一）基本原理

亲水性蛋白质（酶）表面均含有一定量的疏水性基团。尽管在水溶液中蛋白质（酶）具有将疏水性基团折叠在分子内部而表面显露极性和荷电基团的趋势，但总会有一些疏水性基团或极性基团的疏水部位暴露在蛋白质（酶）表面。这部分疏水基团可与亲水性固定相表面偶联的短链烷基、苯基等弱疏水基会发生疏水性相互作用，被固定相（疏水性吸附剂）所吸附。

在高浓度盐溶液中，蛋白质表面疏水部位的水化层被破坏，发生局部可逆性变性，裸露出疏水部位，疏水性相互作用增大，便能与疏水层析的固定相有效地结合在一起。因此，疏水亲和吸附层析通常在高浓度盐溶液（如 1 mol/L $(NH_4)_2SO_4$ 或 2 mol/L NaCl）的条件下进行。通过逐步降低流动相的离子强度，即可将结合于固定相的物质，按其结合能力大小，依次进行解吸附。也就是疏水作用弱的物质，用高浓度盐溶液洗脱时，会先被洗下来。当盐溶液浓度降低时，疏水作用强的物质才会随后被洗下来。

（二）疏水性吸附剂

各种凝胶过滤介质经偶联疏水性配基后均可用作疏水性吸附剂。常用的疏水性配基主要有苯基、短链烷基（C_3～C_8）、烷氨基、聚乙二醇和聚醚等。常见的商品化疏水性吸附剂见表 3-7。目前，用于分离提纯酶的疏水性吸附剂多为含有苯基、丁基的疏水性吸附剂。

表 3-7　常见的商品化疏水性吸附剂

吸附剂	配基	基质	粒度/μm
Phenyl Superose	苯基	高交联琼脂糖	13
Octyl Sepharose CL-4B	辛基	交联琼脂糖	45～165
Phenyl Sepharose FF	苯基	高交联琼脂糖	45～165
Butyl Sepharose FF	丁基	高交联琼脂糖	45～165
Octyl Sepharose FF	辛基	高交联琼脂糖	45～165
Phenyl Sepharose HP	苯基	高交联琼脂糖	34
TSK gel Butyl Toyopearl 650	丁基	亲水性聚乙烯醇	40，90
TSK gel Phenyl5-PW	苯基	亲水性聚乙烯醇	10
TSK gel Ether5-PW	聚醚	亲水性聚乙烯	10
SepaBeads FP-BU13	丁基	聚乙烯	13
SepaBeads FP-OT 13	辛基	聚乙烯	13
SepaBeads FP-DA 13	苯基	聚乙烯	13

（引自《生物分离工程》，孙彦，2005）

（三）疏水层析的操作

疏水层析的基本操作与其他层析大致相同。所要注意的事项有以下方面：

1．层析柱的制备

进行疏水层析时，所使用层析柱之规格包括柱体积大小、直径粗细、柱高度（h）与其直径（d）的比值等，均与普通层析的相似。在被分离物质样品量较大时，宜选用体积较大的层析柱，$h:d$ 的比值应≤3。

2．平衡

疏水层析柱装柱完毕后，通常要用含有高浓度盐（如 1 mol/L $(NH_4)_2SO_4$ 或 2 mol/L NaCl）的缓冲液进行平衡。

3．加样与洗脱

加样前，在样品溶液中要补加适量的盐类。通常加 1 mol/L $(NH_4)_2SO_4$ 或 2 mol/L NaCl，使样品中的酶局部变性，并能与固定相很好地相互吸附。加盐的样品溶液要混匀，放置片刻后即可上柱，当把此样品溶液徐徐加入固定相（使酶与固定相之间作用0.5～1 h）后，先用平衡缓冲液洗涤，再用降低盐浓度的平衡缓冲液洗脱。

4．再生

洗脱后的层析柱欲重复使用时，需对其固定相进行再生处理，即用8 mol/L 尿素溶液或含 8 mol/L 尿素的缓冲溶液洗涤层析柱（以除去固定相吸附的杂质），接着用平衡缓冲液平衡。采用此程序处理过的疏水层析柱，可重复使用。

第三节　酶的电泳分离技术

带电粒子在电场中向着与其本身所带电荷相反的电极移动的过程称为电泳。酶分子是带有电荷的两性生物高分子，其所带电荷的性质和数量完全随溶液环境（pH 和离子强度等）而变化。在电场存在下的一定 pH 缓冲液中，带有正电荷的酶分子在电场作用下向负极方向移动，而带有负电荷的酶分子向正极方向移动。这便是酶的电泳过程。

由于不同酶的等电点不同，在同一 pH 缓冲液中所带电荷性质及电荷量不同，加上各种蛋白质分子的分子量不同，在同一电场作用下移动的方向和速度不同，因此，利用电泳技术可对酶进行分离、纯化。

电泳的方法多种多样，根据所用支持物的不同，可以分为纸电泳、薄层电泳、薄膜电泳、凝胶电泳、等电聚焦电泳等。在酶工程领域中，电泳技术主要用于小批量酶的分离纯化、酶的纯度鉴定、酶的分子质量测定及酶的等电点测定等。现主要针对酶工程领域中采用较多的聚丙烯酰胺凝胶电泳（PAGE）和等电聚焦电泳两种电泳技术分述如下。

一、聚丙烯酰胺凝胶电泳（PAGE）

凝胶电泳是以各种具有网状结构的多孔凝胶作为支持体的电泳技术。凝胶电泳与其他电泳的主要区别在于凝胶电泳同时具有电泳和分子筛的双重作用，具有很高的分辨力。

凝胶电泳的支持体主要有聚丙烯酰胺凝胶和琼脂糖凝胶等。在酶学领域中，最常用的是聚丙烯酰胺凝胶。

聚丙烯酰胺凝胶电泳（polyacrylamide gel electrophoresis，PAGE）是在1959年由Omstei和 Darvis 所创造，至1964年他们从理论上进一步阐述，在技术上也作了改进，该方法操作简单，分辨率高。如用醋酸纤维素薄膜电泳只能将血清蛋白分离成为 5～8 个组分，而聚丙烯酰胺凝胶电泳则能使之分离成为 30 个以上的组分，因此，这个方法被迅速推广，成为生物学研究的常规技术。

（一）基本原理

PAGE 是一种以聚丙烯酰胺凝胶为支持介质的区带电泳。聚丙烯酰胺凝胶具有三维网状结构，由单体丙烯酰胺（acrylamide，Acr）和交联剂 N,N-甲叉双丙烯酰胺（N,N-methylene-bis acrylamide，Bis）聚合交联而成。

1．凝胶的聚合

Acr 和 Bis 在有自由基存在时，即可聚合成凝胶。所用的催化剂主要有两种：①可以用过硫酸铵（AP）和四甲基乙二胺（TEMED）为化学聚合催化剂，在 TEMED 的催化下，过硫酸铵形成氧的自由基，氧的自由基引发单体与交联剂的聚合作用；②用核黄素作为光聚合催化剂，光聚合可以用日光、日光灯、电灯等作为光源，在痕量的氧存在的条件下，核黄素经光解作用形成无色基，无色基再氧化生成自由基，从而引发聚合反应。一般光聚合用于制备大孔胶，化学聚合用来制备小孔胶。

2．凝胶孔径

聚丙烯酸胺凝胶孔径的大小取决于反应体系中凝胶总浓度和交联度。总浓度通常用 *T*%表示，即 100 ml 凝胶溶液中含的 Acr 和 Bis 的总克数；交联度通常用 *C*%表示，即交联剂（Bis）单体占交联剂总量的百分数。

通常凝胶的孔径、透明度和弹性随着凝胶浓度的增加而降低。分离不同分子量生化物质的混合物时，只有选择适宜浓度的凝胶才能奏效。常用于分离血清蛋白的标准凝胶是指浓度为 7.5%的凝胶。用此胶分离大多数生物体内的蛋白质，电泳结果一般都令人满意。当分析一个未知样品时，常常先用 7.5%的标准凝胶或用 4%～10%的梯度凝胶试验，以便选择到理想浓度的凝胶。当分离物的分子量已知时，可参考表 3-8 选择适宜的凝胶浓度。

表 3-8　选择聚丙烯酰胺凝胶浓度参考值

样品	分子量范围	适宜的凝胶浓度（*T*%）
蛋白质（酶）	$<10^4$	20～30
	（1～4）$\times10^4$	15～20
	4×10^4～1×10^5	10～15
	1×10^5～5×10^5	5～10
	$>5\times10^5$	2～5
核酸（RNA）	$<10^4$	15～20
	10^4～10^5	5～10
	1×10^5～2×10^6	2～3.6

3．电泳效应

聚丙烯酰胺凝胶电泳分为连续性电泳和不连续性电泳两个系统。连续性电泳系统的凝胶浓度一致，凝胶中的 pH 及离子强度与电泳槽液的相同。不连续电泳系统存在 4 个不连续性：凝胶层的不连续性；缓冲液离子成分的不连续性；pH 的不连续性；电位梯度的不连续性。凝胶层的不连续性具体体现在含有 3 种性质不同的凝胶（表 3-9 和图 3-14）。

表 3-9　不连续电泳三层凝胶的性质

类型	Tris-HCl	凝胶浓度	凝胶孔径
样品胶	pH 6.7	3%	大（大孔凝胶）
浓缩胶	pH 6.7	3%	大（大孔凝胶）
分离胶	pH 8.9	7.5%	小（小孔凝胶）

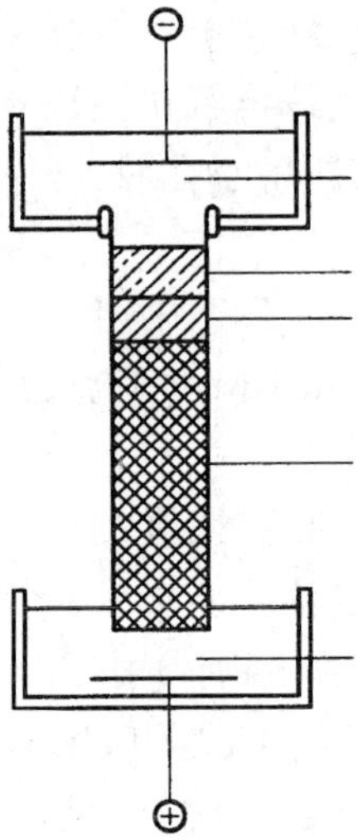

（引自《生物分离工程》，孙彦，2005）

图 3-14　不连续凝胶电泳示意图

由于上述 4 种不连续性，电泳时会产生 3 种物理效应，即样品的浓缩效应、电荷效应以及凝胶的分子筛效应。

（1）浓缩效应。当电泳刚开始时，由于三种胶中都含有 Tris-HCl 缓冲液，几乎都能离解成快离子 Cl^-（在电场中移动速度最快），电泳槽中含有甘氨酸，在样品胶和浓缩胶中 pH 为 6.7～6.8 时，甘氨酸只有 0.1%～1%离解为负离子，此为慢离子（在电场中移动速度最慢）。电泳开始后，因快离子有最大的有效迁移率，很快超过蛋白质和甘氨酸离子，而使其后面形成一个低电导即高电势梯度的区域。这种高电势梯度使酶蛋白组分和慢离子在快离子后面加速移动，致使高、低电势梯度区之间形成一个快速移动的界面，由于酶蛋白的有效迁移率介于快、慢离子之间，蛋白质离子后有甘氨酸离子向前推，前有 Cl^- 阻挡，蛋白质就聚集在 Cl^- 和甘氨酸离子之间，被浓缩成一狭窄的中间层。

另一方面，酶蛋白分子在大孔胶中受到的阻力小，移动速度快，进入小孔胶时，遇到的阻力大，速度减慢。由于凝胶层的不连续性，在大孔胶与小孔胶的界面处就会使样品浓缩区带变窄。

（2）电荷效应。在一定的 pH 环境中，各种离子所带电荷不同，其迁移率也不同，不同酶蛋白分子的等电点不同，其所带的表面电荷也各不相同，因此它们会因表面电荷多少的不同有不同的迁移率。经电泳后，各种酶蛋白根据其迁移率的大小依次排列成一条条的区带。浓缩胶和分离胶中均存在这种电荷效应。

（3）分子筛效应。酶蛋白在电场作用下泳动，受到两种作用力，即静电的引力和介质的阻力。在聚丙烯酰胺凝胶电泳中静电的引力与其他电泳一样，主要取决于酶蛋白颗粒的自身带电性状，但所受到的介质的阻力则决定于凝胶孔径的大小。酶蛋白分子通过凝胶时，受到的阻力与分子大小成正相关，所以分子大小不同的酶蛋白即使所带电荷相同，自由迁移率相等，但在电泳一段时间后，也能彼此分开，这就是分子筛效应。

在凝胶电泳过程中，相对分子质量大的酶蛋白受凝胶阻滞作用大，电泳速度慢，而相对分子质量小的酶蛋白的电泳速度快。经过一定时间的电泳后，根据酶蛋白相对分子质量的不同，凝胶中会形成含有不同酶蛋白的区带，实现酶蛋白组分之间的相互分离。

（二）影响凝胶聚合的因素

聚丙烯酰胺凝胶是电泳支持介质，其质量直接影响分离效果。影响聚丙烯酰胺凝胶聚合的因素有以下方面。

1．试剂质量

丙烯酰胺是形成凝胶溶液中的最主要成分，其纯度的好坏直接影响凝胶的质量。丙烯酰胺和 Bis 中可能混杂有能影响凝胶形成的杂质，如丙烯酸、线性高聚丙烯酰胺、金属离子等，这些物质也能影响凝胶的聚合质量，影响电泳的结果，应予以充分注意。对丙烯酰胺，宜选择质量好，达到电泳纯级的产品。过硫酸铵容易吸潮，而潮解后的过硫酸铵会渐渐失去催化活性，因此，过硫酸铵溶液需新鲜配制。

2．凝胶浓度

每 100 ml 凝胶溶液中含有单体和交联剂的总克数称凝胶浓度，常用 *T*%表示。可供选择的凝胶浓度范围为 3%～30%，凝胶浓度增加后聚合速度将加快，因此，可适当减少催化剂的用量。凝胶浓度的大小，还会影响凝胶的质量和网孔的大小。凝胶网孔的大小与总浓度相关，总浓度越大，孔径相对变小，故在用聚丙烯酰胺凝胶电泳分离酶时，应根据需要选择凝胶浓度。凝胶浓度过大，凝胶透明度差，而且因其硬度及脆度较大，容易破碎；而凝胶浓度太低时，形成的凝胶稀软，不易操作。

3．温度和氧气的影响

聚丙烯酰胺凝胶聚合的过程也受温度的影响，温度高聚合快，温度低聚合慢，一般以 23～25℃为宜。大气中的氧能淬灭自由基，使聚合反应终止，所以在聚合过程中要使反应液与空气隔绝，最好能在加激活剂前对凝胶溶液脱气。

（三）聚丙烯酰胺凝胶电泳的优点与用途

以聚丙烯酰胺凝胶为支持介质进行电泳，可根据被分离物质分子大小及电荷多少来有效地分离酶和其他蛋白质。与其他凝胶相比，聚丙烯酰胺凝胶具有以下优点：

（1）电渗作用比较小，样品分离重复性好。聚丙烯酰胺凝胶是由丙烯酰胺和 N,N-甲叉双丙烯酰胺聚合而成的大分子。凝胶是带有酰胺侧链的碳-碳聚合物，没有或很少带有离子的侧基，因而电泳时几乎无电渗作用，不易和样品相互作用，只要 Acr 纯度高，制作条件一致，则样品分离重复性好。

（2）凝胶孔径可调。根据被分离物的分子量选择合适的浓度，通过改变单体（Acr）及交联剂（Bis）的浓度调节凝胶的孔径大小。在聚合前可调节单体的浓度比，形成不同程度网孔结构，其空隙度可在一个较广的范围内变化，可以根据要分离物质分子的大小，选择合适的凝胶成分，使之既有适宜的网孔，又有比较好的机械性质。

一般说来，含丙烯酰胺 7%～7.5%的凝胶，机械性能适用于分离分子量范围在 1 万～100 万的物质，1 万以下的蛋白质则采用含丙烯酰胺 15%～30%的凝胶，而分子量特别大的可采用含丙烯酰胺 4%的凝胶，大孔胶易碎，小孔胶则难从管中取出。因此，当丙烯酰胺的浓度增加时可以减少双丙烯酰胺，以改进凝胶的机械性能。

（3）电泳分辨率高。尤其在不连续凝胶电泳中，集浓缩、分子筛和电荷效应为一体，因而较醋酸纤维素薄膜电泳、琼脂糖凝胶电泳等有更高的分辨率。

（4）化学稳定性和热稳定性好。该凝胶与被分离物不起化学反应，在一定范围内，对 pH 和温度变化也较稳定。

（5）机械强度高，透明有弹性。该凝胶无色透明，有弹性，机械性能好，易观察，可用检测仪直接测定。

因此，PAGE 应用广泛，可用于酶、蛋白质、核酸等生物大分子的分离纯化、少量的制备及定性、定量检测，还可用于其分子量、等电点的测定等。PAGE 的基本操作详见本章实训四。

需要指出的是，生化实验室中的常用的板式凝胶电泳装置的处理量很小，不适于分离制备。以制备为目的的凝胶电泳多采用圆柱形凝胶柱，电泳分离后将凝胶切成圆片，就可分别溶解回收各个纯化的组分。但这种操作过于烦琐，回收率也不高，并且容易引起酶蛋白变性。采用图 3-15 所示的连续洗脱法较为方便易行。如图所示，当酶泳动到凝胶末端时，通入洗脱液分别回收各个组分。这种方法不仅操作简便，凝胶还可重复使用。但缺点是回收的酶经过了洗脱液的稀释，浓度很低。

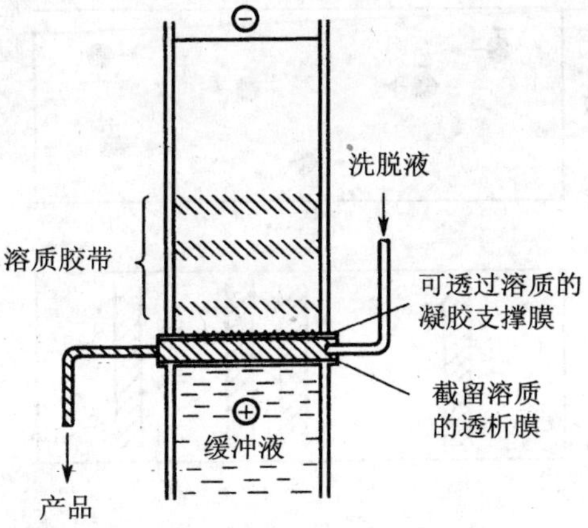

（引自《生物分离工程》，孙彦，2005）

图 3-15　改进型柱式凝胶电泳装置和操作示意图

二、等电聚焦电泳

等电聚焦电泳是 1966 年由瑞典科学家 Rible 和 Vestcrberg 建立的一种高分辨率的蛋白质分离分析技术。它利用蛋白质分子或其他两性分子等电点的不同，在一个稳定、连续的线性梯度中进行蛋白质的分离。

（一）基本原理

等电聚焦电泳是在电泳槽中放入载体两性电解质，当通以直流电时，利用两性电解质形成的一个由阳极到阴极逐步增加的 pH 梯度，使不同的酶或蛋白质聚焦于与其等电点相当的 pH 位置而进行分离的电泳技术。当酶放进此体系时，靠近阳极侧的酶处于酸性环境中，带正电荷向负极移动；靠近阴极的酶处于碱性环境中，带负电荷向正极移动。最终都聚焦于与其等电点相当的 pH 位置上，形成不同的酶区带。

一般的区带电泳利用溶质迁移率的差别进行分离，而等电点聚焦利用酶、蛋白质和氨基酸等两性电解质具有等电点，在等电点的 pH 值下呈电中性，不发生泳动的特点进行电泳分离。在此种电泳设备中，首先调配连续的 pH 梯度，然后使蛋白质在电场作用下泳动到等于各自等电点的 pH 值区域，从而形成具有不同等电点的蛋白质区带。图 3-16 为等电点聚焦原理示意图。

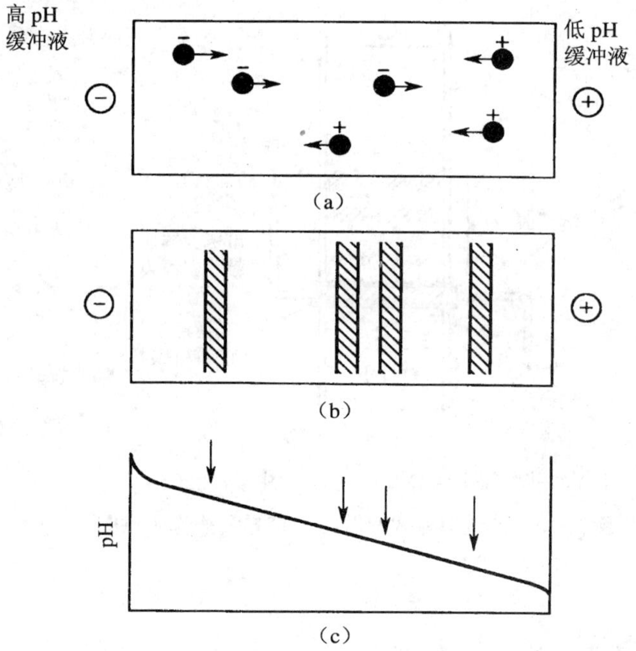

（a）蛋白质的泳动；（b）电泳结束后，蛋白质达到各自的等电点区域；

（c）电泳中的 pH 梯度，箭头表示各组分对应的等电点

（引自《生物分离工程》，孙彦，2005）

图 3-16　等电点聚焦的原理

（二）pH 梯度的建立

等电聚焦电泳操作的关键是调配稳定的连续 pH 梯度。一般采用氨基酸混合物或聚氨基羧酸的缓冲溶液调配 pH 梯度，前者的生物相容性好，但形成的 pH 梯度稳定性较差；后者的聚合物含有许多正负电荷，并且与蛋白质的等电点范围相同，缓冲能力强，pH 梯度较稳定，称为载体两性电解质。

商品化的载体两性电解质有 Ampholine（Amersham Bio-sciences 公司）、Pharmalyte 等产品。Ampholine 为数百至数千种组分的混合物，各个组分具有不同的等电点。因此，在电场作用下，Ampholine 与蛋白质相似，泳动到其等电点的 pH 值区域，分布到整个电泳槽或电泳柱中，自然形成稳定的 pH 梯度。pH 梯度的范围取决于 Ampholine 的组成，即其自身的等电点范围。一般 Ampholine 产品有三种 pH 梯度范围，如 pH = 4～6、pH = 8～10 和 pH = 9～11 等。也有某些产品的 pH 值范围较宽，在 pH = 3～10。

（三）支持 pH 梯度的介质

为了使等电点聚焦电泳具有稳定的 pH 梯度，避免对流引起梯度的破坏和已经分离的组分的再混合，必须采用某些支持 pH 梯度的介质。这些介质主要有以下两类：

（1）梯度溶液。如果等电点聚焦电泳在没有固体支持物的溶液系统中进行，这种电泳成为自由电泳。为了稳定 pH 梯度，防止对流和避免已分离组分再度混合，则需要采用密度梯度溶液。密度梯度溶液由重溶液和轻溶液在梯度混合器中混合而成。常用的密度梯度溶液是蔗糖溶液，配制时，重溶液用质量浓度为 50%蔗糖溶液，轻溶液为水。配制成的密度梯度溶液的最大密度差为 0.3 g/cm^3。蔗糖浓度不能过高。否则，黏度太大、不适用。在高 pH 值的条件下，蔗糖可能被分解，要改用甘油、右旋糖酐、蔗糖聚合物、乙二醇、甘露醇等作为密度梯度介质。

（2）凝胶。等电点聚焦电泳广泛采用凝胶作为支持 pH 梯度的介质。最常用的是聚丙烯酰胺，也可以采用葡聚糖凝胶等作为支持介质。

（四）等电点聚焦电泳的操作过程

（1）pH 梯度支持介质的制备。如果采用自由电泳，则在密度梯度混合器中制备密度梯度溶液，在重溶液和轻溶液中各加入 2.5%～5%的两性电解质载体，样品加在重溶液中，混合后慢慢导入聚焦层析柱。如果采用凝胶支持系统，则将两性电解质载体和样品在凝胶聚合之前加到混合液中，然后聚合。样品也可以在凝胶制备好以后，在电泳前加在凝胶表面。

（2）电泳。装置好凝胶柱和电极缓冲液，调节好电压。自由聚焦电泳，开始时电压在 400 V 左右，然后逐步升高至约 800 V；凝胶聚焦电泳，开始时 200～400 V，后升至 400～800 V。接通电源，进行电泳，直至电流下降至稳定。一般自由聚焦电泳需 24～72 h，凝胶聚焦电泳需 12 h 左右。

（3）分离组分的检测。电泳结束后，根据支持介质的不同采用不同的检测方法。自由聚焦电泳可以将层析柱内溶液放出，分部收集后进行测定。凝胶电泳则在电泳结束后，取出凝胶，可用表面微电极直接测定不同部位的 pH 值，以确定被分离组分的等电点；也可将凝胶各小段切开后，对各组分进行进一步分离；或将取出的凝胶进一步进行 SDS 凝胶电泳，使各组分在按等电点不同进行分离的基础上进一步按照分子量的大小进行分离。必要时可以在检测之前采用透析、膜分离等方法除去两性电解质载体。

为使等电点聚焦电泳在蛋白质的分离制备方面获得应用价值，人们开发了多种等电点聚焦分离装置，图 3-17 所示的线圈型装置即为其中之一。将 Ampholine 装入长软管中，并将软管在水平方向上卷成线卷状，软管两端加电压，使溶质发生电泳。电泳结束后，将软管剪成数段，分别收集各段软管中的溶液，即可回收分离的各个组分。

除线圈型装置外，人们还提出了许多类型的等电点聚焦装置，如波形板、琼脂糖凝胶柱和蔗糖密度梯度柱等，并有商业化产品，但均未能获得普及应用。其中最主要的原因是 Ampholine 等两性电解质价格昂贵，并且难以反复利用。

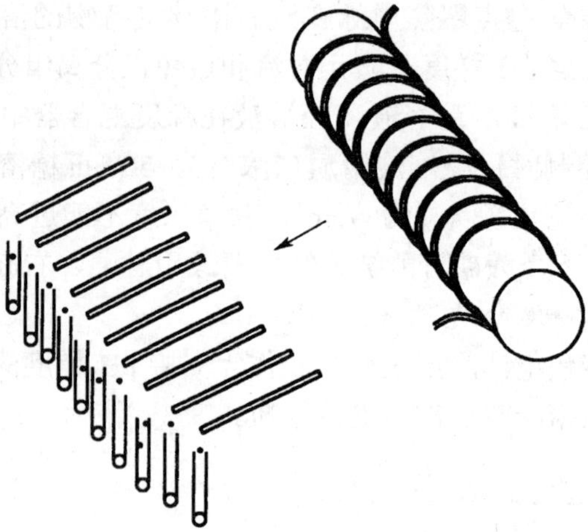

（引自《生物分离工程》，孙彦，2005）

图 3-17　线圈型等电点聚焦装置示意图

（五）等电点聚焦电泳的特点

等电点聚焦电泳具有以下显著的特点：

（1）具有很高的分辨率。可将等电点仅相差 0.01～0.02 pH 单位的酶或蛋白质分开。

（2）显现的区带窄。一般电泳由于受扩散作用的影响，随着时间和泳动距离加长，区带越走越宽，而等电点聚焦能抵消扩散作用，使区带越走越窄。

（3）聚焦力强。不管样品混合液加在电泳系统的什么部位，由于电聚焦作用，各组分都可聚焦到其等电点位置，很稀的样品也可进行分离。

（4）可直接并准确测出等电点。其精确度可达 0.01 pH 单位。

然而，等电点聚焦电泳也存在一些缺点：

（1）要求用无盐溶液，而在无盐溶液中有些酶和蛋白质可能会发生沉淀。

（2）电泳后样品中的各组分都聚焦于其等电点，不适用在等电点发生变性的某些酶蛋白质。

（3）载体两性电解质对产品会产生一定的污染。

第四节 酶的结晶技术

结晶是溶质以晶体形式从溶液中析出的过程。酶的结晶是酶分离纯化的一种手段。它不仅为酶的结构与功能等的研究提供了适宜的样品，而且为较高纯度的酶的获得和应用创造了条件。

酶在结晶之前，酶液必须经过纯化达到一定的纯度。如果酶液纯度太低，不能进行结晶。通常酶的纯度应当在 50%以上，方能进行结晶。总的趋势是酶的纯度越高，越容易进行结晶。但是浓度过高时，会形成许多小晶核，结晶小，不易长大。所以结晶时酶液浓度应当控制在稍微过饱和的状态。

需指出的是，不同的酶对结晶时的纯度要求不同。有些酶在纯度达到 50%时就可能结晶，而有些酶在纯度很高的条件下也无法析出结晶。所以酶的结晶并非达到绝对纯化，只是达到相当的纯度而已。为了获得更纯的酶，一般要经过多次重结晶。每经过一次重结晶，酶的纯度均有一定的提高，直至恒定为止。酶结晶的方法很多，现把主要的方法简介如下。

一、盐析结晶法

盐析结晶是指在适当的温度和 pH 等条件下，于接近饱和的酶液中缓慢增加某种浓度的中性盐，使酶的溶解度慢慢降低，达到稍微过饱和状态，而析出酶晶体的过程。

盐析结晶通常采用的中性盐是硫酸铵，有时也采用硫酸钠等其他中性盐。盐析结晶时，一般是把饱和盐溶液慢慢滴加到浓酶液中，在稍微呈现浑浊时，让其在一定温度条件下（通常在 0～10℃）放置一段时间，慢慢析出结晶。再缓慢而又均匀地补加少量饱和盐溶液，直至结晶完全。

盐析结晶还可以采用抽提法，即将酶液先经过硫酸铵盐析得到酶的沉淀，再用较高饱和度的冰冷的硫酸铵溶液抽提，使一部分酶溶解，分离得到的上清液在室温下放置一段时间，慢慢析出酶结晶。剩下的沉淀依次用较低饱和度的冰冷硫酸铵溶液抽提。首次抽提所使用的硫酸铵溶液的饱和度应稍高于酶盐析沉淀时硫酸铵饱和度的上限。假如某种酶在 45%～60%饱和度的硫酸铵溶液中盐析沉淀，则抽提时所使用的硫酸铵饱和度应依次为 65%、61%、58%、55%、52%等。

二、有机溶剂结晶法

有机溶剂结晶是在接近饱和的酶液中慢慢加入某种有机溶剂，使酶的溶解度降低，而析出酶晶体的过程。

在有机溶剂结晶的过程中，首先要将经过纯化的酶液浓缩至接近饱和状态，将酶液的 pH 调节到酶稳定性较好的范围，用冰浴降温至 0℃左右。然后一边搅拌一边慢慢加入有机溶剂，当酶液稍微出现浑浊时，将其在冰箱中放置 1～2 h，离心除去沉淀。再将上清液置于冰箱中，让其慢慢析出结晶。

常用的有机溶剂有乙醇、丙酮、丁醇、甲醇、异丙醇、甲基戊二醇等，如 L-天冬酰胺酶可以采用加入甲基戊二醇的方法进行结晶。有机溶前结晶的优点是含盐少，结晶时间较短，但操作要在低温条件下进行，以免引起酶的变性失活。

三、透析平衡结晶法

透析平衡结晶是将酶液装进透析袋，对一定浓度的盐溶液进行透析，使酶液逐步达到过饱和状态而析出结晶的过程。

透析平衡结晶之前，酶液需要经过纯化达到一定的纯度，并要浓缩到一定浓度，以减少透析时间。透析平衡结晶可以用于少量样品的结晶，也可以用于大量样品的结晶，是常用的结晶方法之一。例如，过氧化氢酶、亮氨酰-tRNA 合成酶、己糖激酶、胰蛋白酶等都采用此法得到结晶。

四、等电点结晶法

等电点结晶是通过缓慢改变浓酶液的 pH，使之逐渐达到酶的等电点，而使酶析出结晶的过程。在结晶过程中，调节酶液的 pH 时一定要缓慢而且均匀，以免引起局部过酸或者过碱而影响结晶。

为了取得较好的结晶效果，可以采用透析平衡等电点结晶法或气相扩散等电点结晶法，使酶液的 pH 慢慢接近其等电点，而得到酶的结晶。

透析平衡等电点结晶是将浓酶液装在透析袋中，对一定 pH 的缓冲溶液进行透析，使酶液的 pH 慢慢改变，逐渐接近酶的等电点，而使酶结晶析出。

气相扩散等电点结晶是将酶液装在容器中，与装有挥发性酸或挥发性碱的容器一起置于一个较大的密闭容器中，挥发性酸（如干冰、乙酸等）或挥发性碱（如氨水等）先挥发到气相中，再慢慢溶解到酶液中，使酶液的 pH 值慢慢接近酶的等电点而结晶析出。

除上述结晶方法外，还可以采用温度差结晶法、金属离子复合结晶法等进行酶的结晶。温度差结晶法是利用酶在不同的温度条件下溶解度不同的特性，通过改变温度使酶的浓度达到过饱和状态而结晶析出。金属离子复合结晶法是在酶液中加进某些金属离子，使之与酶结合生成复合物而结晶析出。

本章实训

实训一　酶的透析分离技术

一、目的要求

了解透析的基本原理；掌握酶液透析分离的基本操作技术。

二、实验原理

透析是一种膜分离技术，是利用小分子物质的扩散作用和半透膜两侧溶质浓度差为传质推动力，从溶液中分离出小分子物质而截留大分子物质的过程。

透析时，样品液装在透析袋内，袋外是水或者缓冲液，在一定的温度下，透析一段时间后，样品液中的小分子物质不断地从透析袋内透出到袋外。

透析在酶的分离纯化过程中极为常用。通过透析可以除去酶液中的盐类、有机溶剂、低分子量的抑制剂等小分子物质。

三、材料用具

（一）材料

透析袋（膜）、样液（0.2% α-淀粉酶和30%硫酸铵混合液）。

（二）试剂

1．0.01 mol/L 醋酸或稀 EDTA 溶液。

2．0.01 mol/L pH 6.8 的磷酸盐缓冲液：先称取一定量的磷酸氢二钠和磷酸二氢钾，用去离子水分别溶解，配制成 3 L 浓度为 0.1 mol/L 的溶液，然后将这两种溶液边按一定比例混合，边用酸度计检测，调配成 pH 6.8 的磷酸盐缓冲液备用。

3．纳氏试剂：将 HgI_2 11.5 g 及 KI 8 g 溶于去离子水中，稀释至 50 ml，加入 6 mol/L NaOH 50 ml，静止后取清液贮存于棕色瓶中。

4．碘液：称取 2 g KI 溶于 5 ml 蒸馏水中，再加入 1 g 碘，待碘完全溶解后，加蒸馏水 295 ml，混匀贮于棕色瓶中。

5．1%淀粉溶液。

（三）器具

磁力搅拌器、大烧杯（≥500 ml）、恒温水浴锅、试管、移液管、白瓷板、纱绳、玻璃棒等。

四、实验方法

（一）操作流程

酶液透析的操作流程见图 3-18。

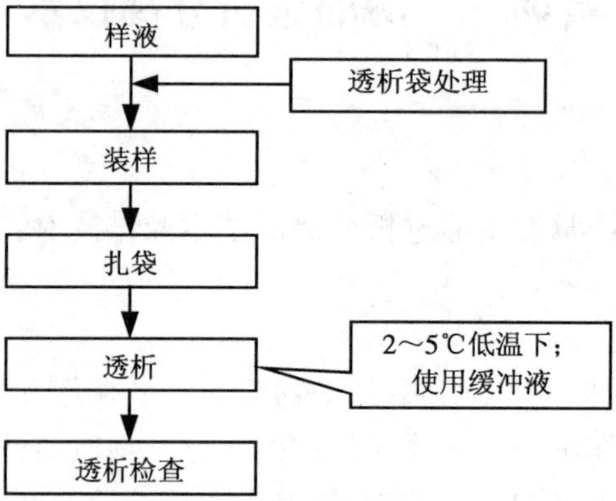

图 3-18　酶液透析操作流程

（二）操作要点

1．透析袋的处理

新购的透析袋因含有增塑剂（也是防干裂剂）甘油、硫化物以及重金属离子，使用前必须除去。方法是分别用蒸馏水、0.01 mol/L 醋酸或稀 EDTA 溶液浸泡，洗后再用。

2．透析袋的检查

取一段长 13～15 cm 长的透析袋将透析袋一端扎紧，装入蒸馏水，轻轻挤压，检查膜有无水渗出。若有水渗出，说明有小孔，不能使用；若无漏孔，倒掉水即可供装样使用。

3．装样

将淀粉酶-硫酸铵混合液 10～15 ml 灌入至透析袋长度的 1/2～2/3，不能灌满。处理液含盐分越多吸入的水分越多，袋涨得越大，易涨破，留出空袋应越长。然后排除袋中的空气，再扎紧袋口。

4．透析

如图 3-19 所示，取一个大烧杯，加入 20 倍以上样品体积的 0.01 mol/L 的 pH 6.8 的磷酸盐缓冲溶液，将装好样品的透析袋悬于大烧杯中部，底部放一个搅拌子（磁棒），用磁力搅拌器缓慢搅拌以促进溶液交换。透析过程中需更换洗脱溶液数次，使小分子由高浓度向低浓度的扩散作用继续进行，直至达到透析平衡为止。如果待透析的液体体积大、含盐量又高时，除选用直径最大的透析袋外，还可先对流动的自来水透析一段时间，将大部分盐去掉后再改用缓冲液透析，可节省电或能源、缓冲液等。

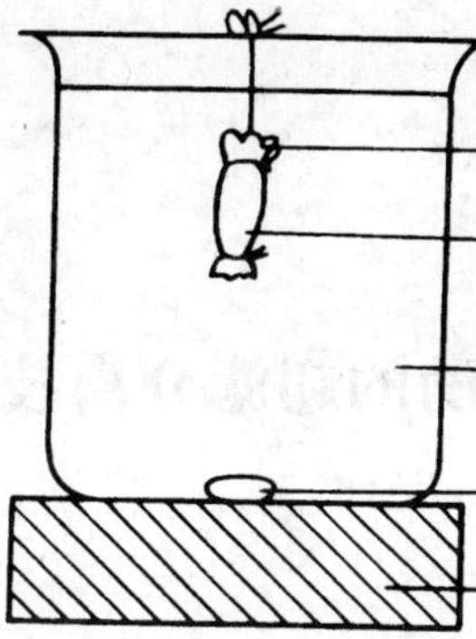

（引自《生物化学产品制备技术》，陈来同，2004）

图 3-19 透析袋透析的简单装置

5．透析效果的检查

（1）淀粉酶检测。透析 1 h 后，检查透析液中是否渗出淀粉酶。检查方法是：从烧杯中取 1 ml 透析液加入到装有 2 ml 0.01 mol/L 的 pH 6.8 的磷酸盐缓冲溶液和 1 ml 淀粉溶液的试管中，在 37～40℃的水浴中保温 15～20 min 后取出，加入碘液 1 滴，观察试管溶液的颜色。若呈深蓝色，说明没有淀粉酶渗出；反之，说明透析袋孔径过大，有淀粉酶渗出，需更换透析袋。

（2）铵盐检测。每次更换透析液（缓冲液）时，要检查透析液中是否含有铵盐。检查方法是：取透析液 2 滴加入到白瓷板穴中，然后加入纳氏试剂 1 滴，如呈黄红色沉淀，表明尚有铵盐存在，需继续更换透析液进行透析。

五、注意事项

1．除用纳氏试剂检测外，也可用电导仪检查透析效果。开始透析时，透析液的电导率会越来越大，当更换了几次透析液后，电导率变得越来越小。新加透析液透析几小时后，电导率若几乎未再改变，表示袋内几乎无盐或无小分子出来时，透析可结束。

2．正式分离纯化酶时，若透析液中的酶在室温下易失活，整个透析装置应放在低温（2～5℃）下进行。

3．若不用纳氏试剂或电导仪检测，也可凭经验判断。一般更换 4～5 次透析液（间隔时间不少于 2 h）基本可以。

六、实训建议

本实训宜安排至少 2 学时的集中时间，由 2～3 人一组合作进行；对本实训中跨时长的部分内容（如透析过程中透析液的更换等），应结合其他实训或课堂教学穿插开展。

七、实训思考

1. 透析时为何要更换透析溶液数次？
2. 如何提高透析的速度？

实训二　酶的超滤分离技术

一、目的要求

了解超滤的原理与作用；掌握超滤分离的基本操作技术。

二、实验原理

超滤也是一种膜分离技术，是利用有选择通透性的微孔膜，在液压作用下，小溶质分子随溶剂透过膜转移到膜的另一侧，而大溶质分子（酶）则被截留下来，因此大、小溶质分子得以分离。超滤时的操作压力一般控制在50～700 kPa，压力可由压缩气体或泵压来维持。

超滤这种技术广泛应用于酶和其他蛋白质分子的纯化分离和浓缩，特别适用于液体酶制剂的生产。本实验利用中空纤维式超滤装置进行酶液的分离（浓缩）。

三、材料用具

（一）材料

α-淀粉酶或其他酶液。

（二）试剂

1．碘液：称取2 g KI溶于5 ml蒸馏水中，再加入1 g碘，待碘完全溶解后，加蒸馏水295 ml，混匀贮于棕色瓶中。

2．1%淀粉溶液。

3．1%氢氧化钠或1%次氯酸钠。

4．0.01 mol/L的pH 6.8的磷酸盐缓冲溶液（参照本章实训一配制）。

（三）器具

实验型中空纤维式超滤装置、大烧杯（≥500 ml）等。

四、实验方法

（一）操作流程

酶液超滤分离的操作流程见图3-20。

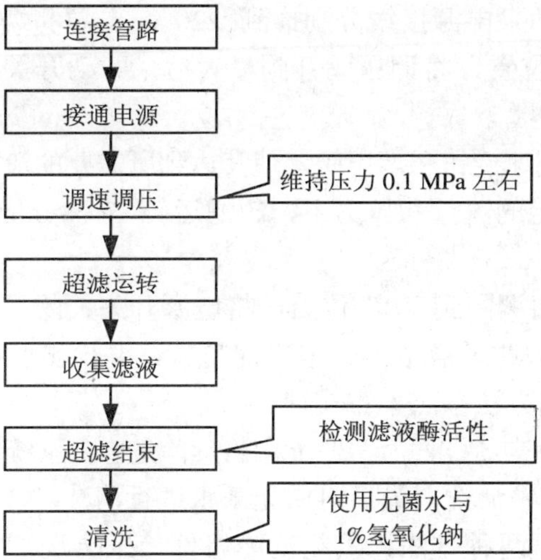

图 3-20　酶液超滤分离操作流程

（二）操作要点

本实验使用中空纤维式超滤装置进行超滤分离（浓缩）。具体操作步骤如下：

1. 样液准备。将 400 ml 左右的淀粉酶溶液装入 500 ml 烧杯（原液杯）中，另准备一个 500 ml 的空烧杯（超滤液杯）作为盛装超滤液使用。

2. 连接管路。按图 3-21 所示，将装置管路连接完毕后，将蠕动泵的进口管和超滤器回流管插入原液杯中，将超滤液出口管插入超滤液杯中。

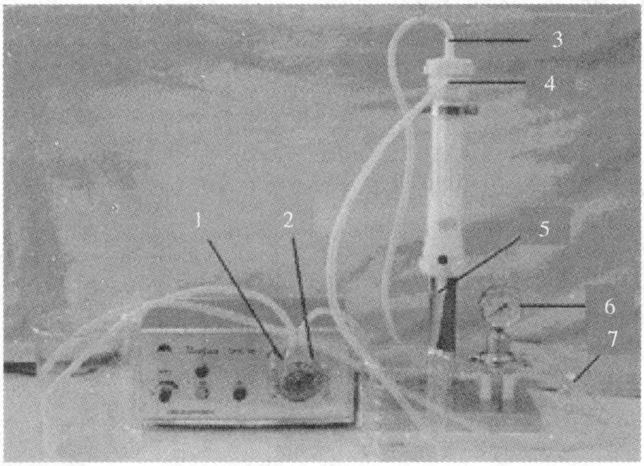

1. 蠕动泵进口；2. 蠕动泵出口；3. 透过液出口；4. 超滤液出口；
5. 超滤器进口；6. 隔膜压力表；7. 调压阀

图 3-21　实验型中空纤维式超滤装置

3. 接通电源。将蠕动泵电源接线分别插到 220 V 电源和蠕动泵电源插座上，将蠕动泵调速旋钮调到“0”的位置，将调压阀开到最大后，开动开关，电源指示灯亮起，即表明电源与泵体接通。

4. 调速调压。旋转调速旋钮和调压阀，使其达到所需要的流量和压力（≤0.1 MPa）。

5. 超滤运转。在恒定的流量和压力下，超滤运转 5～8 min，分别收集超滤浓缩液和透过液。

6. 停机。将调速旋钮调回到“0”位后，将电源开关关闭，电源指示灯熄灭。

7. 检测。用碘液检测透过液中是否渗出淀粉酶，并检测、比较超滤浓缩液和样液中淀粉酶活性的强弱（检测方法参照本章实训一）。

8. 清洗。超滤过程完毕后，一定要用无菌水清洗整个系统。先用无菌水清洗，再用1%氢氧化钠或1%次氯酸钠清洗，最后再用无菌水进行清洗。

清洗操作常采用以下两种方法：①超滤膜组件等压清洗：将调压阀开到最大，泵的转数调到最大，系统压力为零，等压循环。用无菌水或化学药剂清洗都用此法。②超滤膜组件反洗方法：将原超滤液出口改为进液口；将原进液口改为排污口。进行操作，反洗压力不超 0.05 MPa，反洗用水洁净程度不低于超滤水。

五、注意事项

1. 要正确连接管路，否则，无超滤效果。

2. 调压要适宜。压力过小，超滤效果效果差，压力过大，超滤时，管路接口易脱出或漏液。

3. 超滤过程完毕后，要及时并反复清洗干净，否则，会影响超滤仪器的使用寿命与今后的超滤效果。

六、实训建议

本实训宜安排 2 学时的集中时间，由 3～4 人一组合作进行。

七、实训思考

使用中空纤维式超滤装置进行超滤分离（浓缩）有何优缺点？

实训三　凝胶过滤法脱盐技术

一、目的要求

了解凝胶过滤法分离纯化物质和脱盐的基本原理；掌握凝胶柱层析填充物的溶胀、

装柱、平衡、洗脱等操作技术。

二、实验原理

凝胶过滤也称凝胶层析，其分离纯化物质的原理是：凝胶具有网状结构，小分子物质能进入其内部，而大分子物质却被排阻在外部，当混合溶液通过凝胶层析柱时，溶液中的物质就按不同的相对分子质量被分开了。目前，常用的凝胶有葡聚糖凝胶、聚丙烯酰胺凝胶、琼脂糖凝胶，其中，最常用的是葡聚糖凝胶。

葡聚糖凝胶的商品名称为 Sephadex，它是葡萄糖通过 α-1,6-糖苷键形成的葡聚糖长链，与交联剂环氧氯丙烷以醚键相互交联而成的具有三维空间的多孔网状结构物（图 3-22），呈珠状颗粒。在合成凝胶时，控制环氧氯丙烷的用量，可以制成网孔大小不同的葡聚糖凝胶，即不同规格的凝胶。葡聚糖凝胶从 G-10 到 G-200 有多种类型。G 后的数字代表每克干胶充分溶胀后吸水的克数乘以 10，也反映了凝胶网孔的相对大小，G 后的数字越小，其溶胀后的网孔越小。一般 G-10～G-50 适用于蛋白质（酶）与小分子或无机盐的分离，G-75～G-200 适用于分子质量大于 10 000 Da 的蛋白质（酶）的相互分离。

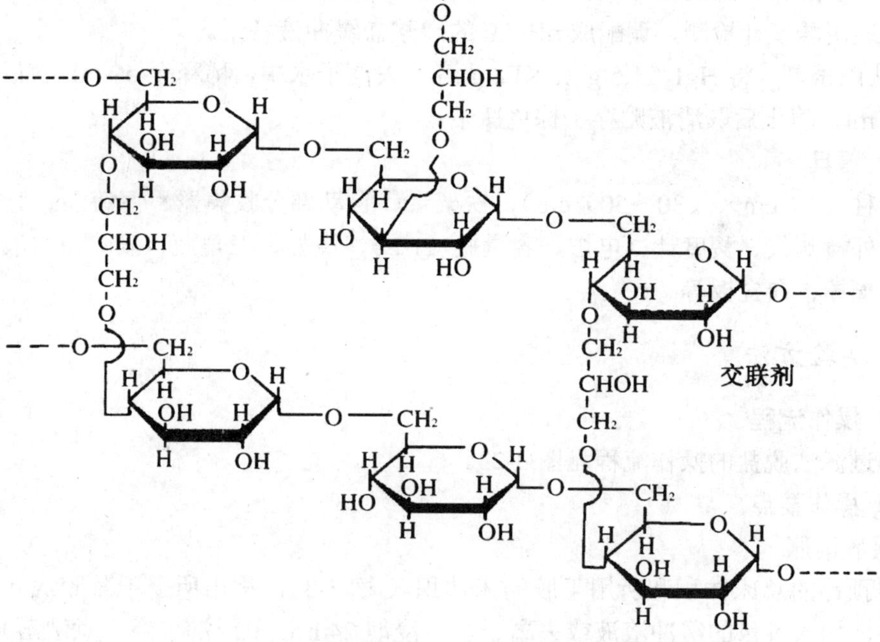

图 3-22　葡聚糖凝胶的多孔网状结构示意图

若酶溶液中含有无机盐离子，用葡聚糖凝胶过滤法可使酶与无机盐分离。本实验用 G-25 使酶与$(NH_4)_2SO_4$ 分离，当酶的盐溶液进入葡聚糖凝胶时，小分子的$(NH_4)_2SO_4$ 扩散进入 G-25 的网孔中，而大分子的酶因颗粒直径大，不能进入网孔中，被排阻在凝胶颗粒（固定相）的外面。加入洗脱液（流动相）洗脱时，因大分子的酶从凝胶颗粒的间隙随洗脱液向下流动，首先被洗脱下来，而小分子的$(NH_4)_2SO_4$可以扩散进出凝胶颗粒的网孔之中（进入网孔中的分子不能随洗脱液流动），随洗脱液移动时受到阻滞力较大，在层析柱中移动较慢，需要较大的洗脱体积才能从柱中洗出，这样酶与$(NH_4)_2SO_4$很容易地分离开，从而达到对酶样品脱盐的目的。

三、材料用具

（一）材料

样液：0.2% α-淀粉酶和 2.0%硫酸铵混合液。

（二）试剂

1．10%磺柳酸。

2．Sephadex G-25（粒度粗，50～100 目）。

3．0.1 mol/L pH 7.0 的磷酸盐缓冲液：先称取一定量的磷酸氢二钠和磷酸二氢钾，用去离子水分别溶解、配制成 3 L 浓度为 0.1 mol/L 的溶液，然后将这两种溶液边按一定比例混合，边用酸度计检测，调配成 pH 7.0 的磷酸盐缓冲液备用。

4．纳氏试剂：将 HgI_2 11.5 g 及 KI 8 g 溶于去离子水中，稀释至 50 ml，加入 6 mol/L NaOH 50 ml，静止后取清液贮存于棕色瓶中。

（三）器具

层析柱（1.6 cm×（30～50）cm）、铁架台、自动部分收集器、恒流泵、紫外分光光度计或紫外检测仪、酸度计、电炉、容量瓶（1 L）、烧杯、三角瓶、滴管、移液管、电子天平、玻璃棒、白瓷板等。

四、实验方法

（一）操作流程

凝胶过滤法脱盐的操作流程见图 3-23。

（二）操作要点

1. 凝胶溶胀

根据预计的总床体积和所用干胶的床体积（表 3-3），称出所需干凝胶放入大三角瓶或烧杯中，加入过量的缓冲溶液或去离子水，浸泡 24 h 以上或沸水浴中煮沸溶胀 2～3 h，冷却至室温。用倾泻法将不易沉下的较细的颗粒倾去。

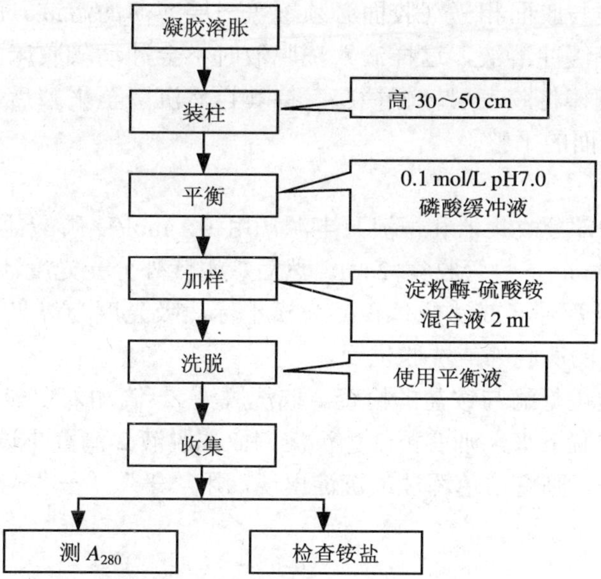

图 3-23　凝胶过滤法脱盐操作流程

2. 装柱

装柱是使分离成功的最关键的一步。升高或关闭层析柱的出水口，在柱内先注入 1/4～1/3 柱高的缓冲液。轻轻搅动三角瓶中的凝胶（切勿搅动太快，以免空气进入），使之形成均一的凝胶浆，并立即缓慢并连续不断地沿玻璃棒倒入柱中，让其沉降约 3 cm 高时，然后降低或打开柱的出水口，让缓冲液慢慢地流出。随着下面水的流出，上面陆续不断地添加凝胶，直至凝胶完全沉降至所需的柱高为止，然后在凝胶表面上放一片滤纸，以防将来在加样时凝胶被冲起。柱要一次装完，不能间歇，并始终保持凝胶上端有一段液体。

3. 平衡

凝胶装柱完成后，将层析柱进水口与恒流泵的出水口相连。然后打开连接 0.1 mol/L 的 pH 7.0 的磷酸盐缓冲溶液的恒流泵电源，开始用缓冲溶液流动平衡凝胶层析柱。开始时，流速控制在低于 1 ml/（2～3）min，在平衡过程中逐渐增加到层析时的速度即 4 ml/10 min。一般用 3～5 倍总床体积的缓冲溶液流过柱即可平衡。

4. 加样

吸去柱床表面以上的溶液，面上留下一些液体从柱的出口流出。等到凝胶床面上的液体正好流干时，小心地用滴管将 2 ml 0.2% α-淀粉酶和 2.0%硫酸铵混合液加到凝胶床面上。先使滴管尖端接触离柱床表面约 1 cm 高处的内壁，随加随沿柱内壁转动一周，然后迅速移至中央，使样品尽可能快地覆盖住全胶面，打开下口，以便使样品均匀地渗入柱内，当样品液下降至与胶面相平（胶面必须覆盖一层薄薄的溶液）时，关闭下口。待其正好流干时再加少量缓冲溶液，这样滴入洗脱液时不会冲动凝胶床面。加样前，如果胶面不平整，可用玻璃棒将胶表层轻轻搅起，待其自然沉降至平整后，方可加样，加样过程中注意不要破坏胶面的平整。

5. 洗脱

连接并开启自动部分收集器和恒流泵电源，用 0.1 mol/L 磷酸盐缓冲液进行洗脱。流速控制在 3～4 ml/10 min，每管收集 2 ml。然后，用紫外分光光度计于 280 nm 处测定每管吸光度（A_{280}）。以管号（或洗脱体积）为横坐标，吸光度为纵坐标作出洗脱曲线，并分辨淀粉酶和硫酸铵的洗脱峰或洗脱位置。

也可以边收集边进行酶与铵盐的检查。取洗脱液 2 滴加入白瓷板穴中，加入纳氏试剂 1 滴，如有铵盐洗脱下来，则有黄红色沉淀。取洗脱液 2 滴置小试管中，加入磺柳酸 1 滴，如有酶洗脱下来，则有白色浑浊或沉淀出现。用“＋”、“－”号记录检查结果。

五、注意事项

1. 层析柱大小可根据实际需要选择，一般来说，细长的柱分离效果较好。若样品量多，最好选用内径较粗的柱，但此时分离效果稍差。柱管内径太小时，会发生管壁效应，即柱管中心部分的组分移动慢，而管壁周围的移动快。柱越长，分离效果越好，但柱过长，实验时间长，样品稀释度大，分离效果反而不好。

2. 装好的层析柱凝胶要均匀，不能有断层、纹路或气泡，将柱管对着光照方向观察，若层析柱床不均匀，必须重新装柱。

3. 各接头不能漏气，连接用的小乳胶管不要有破损，否则造成漏气、漏液。操作过程中，层析柱内液面不断下降，则表示整个系统有漏气之处，应仔细检查并加以纠正。

4. 始终保持柱内液面高于凝胶表面，否则水分挥发，凝胶变干。也要防止液体流干，使凝胶混入大量气泡，影响液体在柱内的流动，导致分离效果变差，不得不重新装柱。

5. 洗脱用的液体应与凝胶溶胀所有液体相同，否则，由于更换溶剂引起凝胶容积变化，从而影响分离效果。

六、实训建议

本实训宜安排至少 6 学时的集中时间，由 3～4 人一组合作进行；对本实训中跨时长的部分内容（如凝胶溶胀、装柱、平衡等），应结合其他实训或课堂教学穿插开展。

七、实训思考

1. 凝胶层析时，为何要注意控制洗脱的流速？

2. 做好本实验的关键事项有哪些？

实训四　聚丙烯酰胺凝胶电泳（PAGE）分离技术

一、目的要求

学习聚丙烯酰胺凝胶电泳原理；掌握聚丙烯酰胺凝胶盘状电泳的操作技术。

二、实验原理

电泳是指带电颗粒在电场作用下，向与其自身所带电荷电性相反的电极移动的现象。任何物质由于其本身的解离作用或表面上吸附其他带电质点，在电场中便会向一定的电极移动。作为带电颗粒可以是小的离子，也可以是生物大分子。不同的物质，由于其带电性质及颗粒大小和形状不同，因此在一定的电场强度下，它们在支持物上的移动方向和移动速度也不同，故可使它们相互分离。

以聚丙烯酰胺为支持介质的电泳称为聚丙烯酰胺凝胶电泳（Polyacrylamide Gel Electrophoresis，PAGE）。聚丙烯酰胺是由单体丙烯酰胺（简称 Acr）和交联剂 N,N′-甲叉双丙烯酰胺（简称 Bis）在催化剂过硫酸铵（简称 AP）或核黄素和加速剂 N,N,N′N′-四甲基乙二胺（简称 TEMED）的作用下，聚合交联而成的三维网状结构的凝胶（图 3-24）。聚丙烯酰胺凝胶作为支持介质具有一系列优点：①化学性能稳定，一般不与被分离物发生反应；②样品不易扩散；③几乎无电渗作用；④凝胶透明，机械性能好，易于观察。

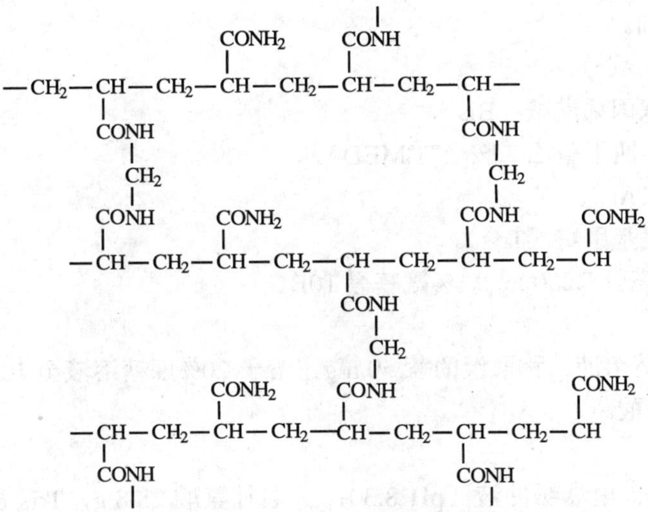

图 3-24　聚丙烯酰胺的三维网状结构

控制凝胶总浓度及交联度可以得到合适性能及孔径的凝胶。在操作时可根据被分离物的分子量大小选择所需凝胶的浓度范围。通常以 7.5%凝胶作标准胶，一般可获得较满意的效果。

聚丙烯酰胺凝胶电泳按其有无浓缩效应可分为连续或不连续系统。在连续系统中，缓冲液 pH 及凝胶浓度相同，带电颗粒在电场作用下主要靠电荷及分子筛效应得以分离；在不连续系统中，缓冲液离子成分、pH、凝胶浓度及电位梯度均不连续，带电颗粒在电场中泳动同时有电荷效应、分子筛效应和浓缩效应，具有良好的清晰度及分辨率，在这三种效应的共同作用下，待测物质被很好地分离开来。

为了提高聚丙烯酰胺凝胶电泳的分辨率，通常采用不连续聚丙烯酰胺凝胶系统，即在分离胶上面有一层浓缩胶。目前，聚丙烯酰胺凝胶电泳（PAGE）被广泛应用于蛋白质、酶、核酸等生物大分子的分离、小量制备、定性定量分析及纯度鉴定等诸多领域。本实验采用不连续 PAGE 法分离果蔬多酚氧化酶谱带。

三、材料用具

（一）材料

果蔬多酚氧化酶粗酶溶液。提取方法是：取 100 g 梨或其他果实，去皮后将果肉切成细块状，与 0.1 mol/L pH 7.0 的冷磷酸盐缓冲液一起打浆 0.5 min，把浆液置于冰箱中冷浸提 2 h。然后，用双层纱布榨汁、过滤，将滤液于 12 000 r/min，4℃下离心分离 20 min，收集上清液即为粗酶液。

（二）试剂

1．1 mol/L HCl。

2．丙烯酰胺（Acr）。

3．N,N-甲叉双丙烯酰胺（Bis）。

4．N,N,N′N′-四甲基乙二胺（TEMED）。

5．过硫酸铵（AP）。

6．三羟甲基氨基甲烷（Tris）。

7．1%考马斯亮蓝 R250 或 0.1%氨基黑 10B。

8．40%蔗糖。

9．蔗糖-溴酚蓝溶液：称取溴酚蓝 50 mg，溶于 20%蔗糖溶液至 100 ml。

10．7%三氯乙酸。

11．7%乙酸。

12．甘氨酸-Tris 电泳缓冲液（pH 8.3）：称取甘氨酸 28.8 g，Tris 6.0 g，加去离子水 900 ml 溶解，调 pH 至 8.3 后，定容至 1 000 ml。临用时稀释 10 倍。

13．电泳储备液：

A 液：取 1 mol/L HC1 48 ml，Tris 36.6 g，TEMED 0.23 ml，混匀。用稀 HCl 调 pH 至 8.9，加去离子水至 100 ml。

B 液：取 1 mol/L HCl 48 ml，Tris 5.98 g，TEMED 0.46 ml，混匀。用稀 HCl 调 pH 至 6.7，加去离子水至 100 ml。

C 液：取 Acr 28.0 g，Bis 0.735 g，加去离子水溶解后定容于 100 ml。

D 液：取 Acr 10.0 g，Bis 2.5 g，加去离子水溶解后定容至 100 ml。

E 液：取核黄素 4.0 mg，加去离子水溶解后定容至 100 ml。

F 液：40%蔗糖。

G 液：即甘氨酸-Tris 电泳缓冲液（pH 8.3），临用时将原液稀释 10 倍。

H 液：取过硫酸铵（AP）1.4 g，加去离子水溶解后定容至 100 ml。

以上储备液除 H 液外可提前配制，置于棕色瓶冰箱（4℃）中保存备用，其中 A、B、C、D 液可用 2 个月，但 H 液最好当天用当天配制。

（三）器具

圆盘电泳槽、电泳仪（600 V）、玻璃管（内径 0.5 cm，长 9～12 cm，两端切口磨光）、封口膜（石蜡膜）、遮光纸、日光灯、真空泵、真空干燥器、移液管、移液器、微量进样器、长针头注射器、干净空棕色药瓶、三角瓶、洗耳球、试管、吸水纸等。

四、实验方法

（一）操作流程

PAGE 的操作流程见图 3-25。

（二）操作要点

1. 准备工作

将试剂储备液从冰箱中取出，放置室温。用封口膜或透明胶将玻璃管一端仔细包裹 2～3 层（以不漏液体为准）。

2. 灌胶

（1）制备分离胶（小孔胶）

按终体积 20 ml，A∶C∶F∶H = 1∶2∶1∶4 的比例，分别量取 A 液 2.5 ml、C 液 5.0 ml 和 F 液 2.5 ml 置于一小三角瓶或大试管中，混匀，在真空干燥器中抽气 5～10 min，以抽出液体中的气泡。然后，按比例添加 H 液 10.0 ml，轻轻混匀（勿重新带入空气）。用细长头滴管取少量混合分离胶液加至准备好的玻璃管内，加胶高度至距上端口 2 cm 左右为宜。将玻璃管垂直固定，沿管壁轻轻地向表面加一层水以隔绝空气，使胶面平整。此时可见水与胶之间有一界线，但很快消失。置于日光灯下（10 cm 远）光聚合 30～60 min，当再次看到水与凝胶之间的界线时，表示聚合完成。用吸水纸吸去表面的水。

（2）制备浓缩胶（大孔胶）

按终体积 8 ml，B∶D∶E∶F＝1∶2∶1∶4 的比例，分别量取 B 液 1.0 ml、D 液 2.0 ml 和 E 液 1.0 ml 置于一小三角瓶或试管中，混匀，在真空干燥器中抽气 5～10 min。之后，按比例添加 F 液 4.0 ml，轻轻混匀。用滴管取少量混合浓缩胶液加至玻璃管中的分离胶上面至 1 cm 高度，小心地向表面加一层水，置于日光灯下（10 cm 远）光聚合 20～30 min，聚合后的大孔浓缩胶呈乳白色。用吸水纸吸去表面的水。

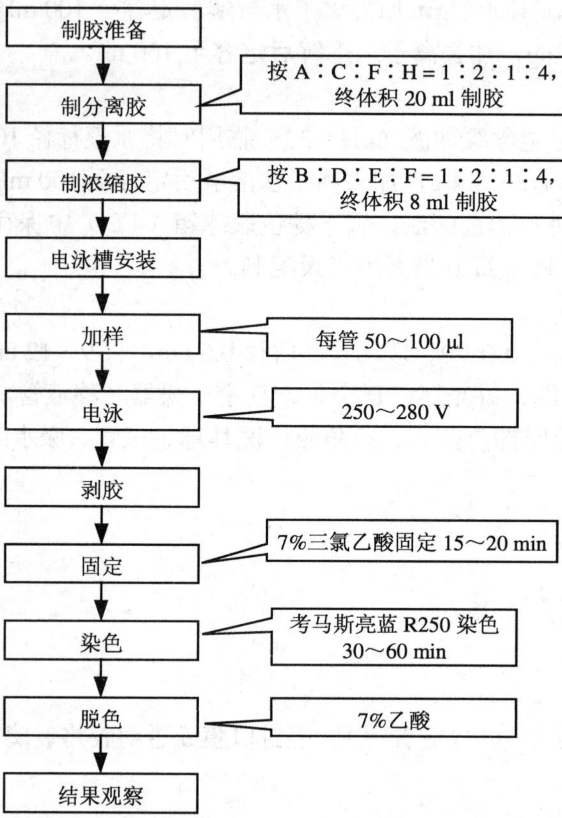

图 3-25　聚丙烯酰胺凝胶电泳（PAGE）操作流程

3．电泳槽安装

将制备好的凝胶玻璃管固定在圆盘电泳槽上，去掉玻璃管下端的封口膜。向电泳槽下槽加入适量甘氨酸-Tris 电泳缓冲液（pH 8.3）。向上槽加入少量电泳缓冲液观察是否漏液体，然后继续加缓冲液至浸没过玻璃管上端口及电泳槽上盖的电极。用弯头滴管排除玻璃管下端口的气泡，连接好电泳仪。

4．加样

取待检测的酶液 100 μl 加于白瓷板凹穴内，用 100 μl 蔗糖-溴酚蓝稀释。用移液器或微量进样器取 50～100 μl 稀释好的样品通过缓冲液小心地沿管壁加到大孔浓缩胶表面。将所有玻璃管内均加完样品后即可开始电泳。

5．电泳

按上槽接负极、下槽接正极的方式接到稳压电泳仪上进行电泳。电泳开始时，调整电压为 150～200 V（此时电流 1～2 mA/管），待溴酚蓝移至大孔胶与小孔胶界面时，加大电压为 250～280 V（此时电流 2.5～3 mA/管）。当溴酚蓝移至近凝胶下端口时，电泳结束（2～3 h）。切断电源，分别回收上、下槽电泳缓冲液。

6．剥胶

取下玻璃管置于冰水中 5～10 min，用装有长针头的注射器吸满水，将长针头插到凝胶与管壁之间，沿玻璃管内壁慢慢地边注水边进入，并试着用左手转动玻璃管，右手向前推针，边推边注水，可多次反复进行。当看到胶条松动时，用洗耳球小心地将胶条压出，装于试管中。

7．固定、染色与脱色

为防止样品扩散应尽快将胶条固定并染色，可选用以下方法：

（1）方法一：向装有胶条的试管中加入 7%三氯乙酸固定 15～20 min，用 0.25%考马斯亮蓝 R250 室温染色 30 min。用水冲去表面多余染液，以 7%乙酸浸泡脱色。

（2）方法二：向装有胶条的试管中加入 7%三氯乙酸固定 15～20 min，用 0.1%氨基黑 10B 室温染色 30～60 min（或 40～50℃水浴 15～20 min）。用水冲去表面多余染液，用 7%乙酸浸泡脱色。

脱色后若见到凝胶条上分离出数条谱带，表明该酶尚未被纯化到均一状态。脱色后的胶条可于 7%乙酸中保存。

五、注意事项

1. Acr 和 Bis 单体具有神经毒性，并刺激皮肤，应注意防护。

2. 分离胶聚合时间应控制在 30～60 min，聚合过快使凝胶太脆易断裂，主要是 AP 或 TEMED 过量引起；聚合过慢甚至不聚合，可能是 AP 或 TEMED 用量不足或已失效。

3. 电泳时如果电泳槽盖上有冷凝水，则表示电压或电流过大，体系发热，可引起蛋白质变性、凝胶底部断裂等，应注意调整。特别是进入分离胶后应通过控制电压，调节电流不超过 5 mA/管。为防止发热，最好将电泳槽放置在 4℃左右的层析柜中进行电泳。

4. 溴酚蓝在碱性溶液中呈蓝色，在酸性溶液中呈黄色，所以固定时间可以以凝胶条上溴酚蓝指示剂蓝色变黄色而定。

5. 电极缓冲液可重复使用若干次，但上下槽缓冲液不可以混淆，因下槽缓冲液中已混进催化剂及氯离子（快离子），如将它当做上槽液就会影响电泳效果。为节约试剂，可将下槽缓冲液弃去，上槽缓冲液作为下槽缓冲液，可连续使用 2～3 次。

6. 若利用此技术进行酶的纯化需收集酶液时，不能进行固定、染色与脱色。

六、实训建议

本实训宜安排至少 6 学时的集中时间，由 3～4 人一组合作进行；对本实训中跨时长的部分内容（如电泳、染色与脱色等过程），应结合其他实训或课堂教学穿插开展。

七、实训思考

1. 为什么要在样品中加入少许溴酚蓝和一定浓度的蔗糖溶液？
2. 欲使样品得到较好的分离效果，进行聚丙烯酰胺凝胶电泳时应注意哪些关键步骤？

实训五　层析法制备超氧化物歧化酶（SOD）

【方法一】离子交换层析法制备 SOD

一、目的要求

通过对超氧化物歧化酶（SOD）的制备，学习并掌握沉淀分离、透析分离、离子交换层析的基本原理及操作方法。

二、实验原理

离子交换层析是在以离子交换剂为固定相、液体为流动相的系统中进行的。超氧化物歧化酶是一种弱酸性蛋白质，等电点在 4～6，pH＞7.0 时带负电，能被阴离子交换剂吸附，根据离子交换剂对蛋白质的结合力的差异，用具有一定离子强度流动相进行洗脱，就可以把超氧化物歧化酶和其他杂蛋白分开。然后经透析，冷冻干燥即可得成品。

三、材料用具

（一）材料

新鲜牛血或猪血。

（二）试剂

柠檬酸钠、pH 7.8 的磷酸钾缓冲液、95%乙醇、氯仿、丙酮、DEAE-纤维素或 DEAE-Sephadex A-50。

（三）器具

层析柱、高速冷冻离心机、自动部分收集器、恒流泵、紫外可见分光光度计或核酸蛋白检测仪、恒温水浴锅、超滤浓缩器等。

四、制备方法

（一）工艺流程

离子交换层析法制备 SOD 的流程见图 3-26。

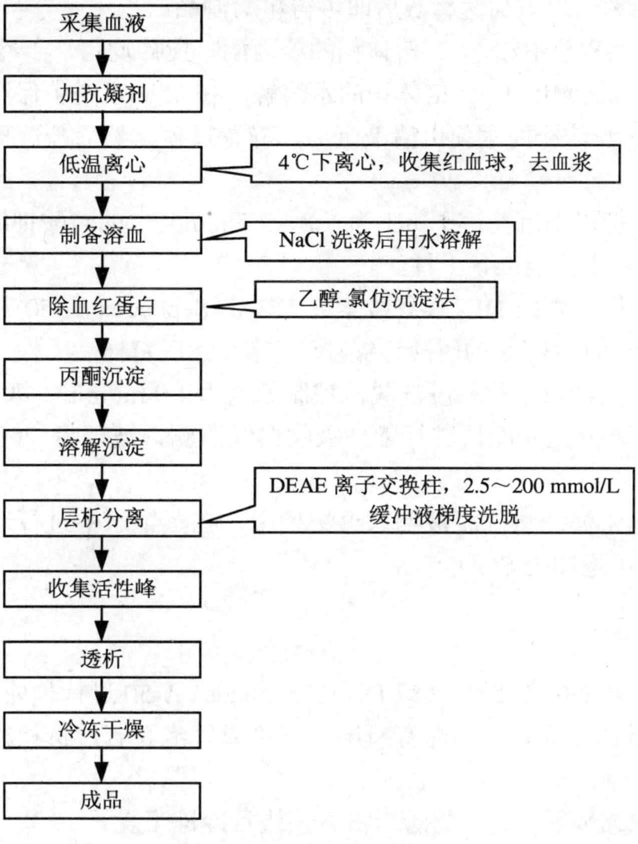

图 3-26　离子交换层析法制备 SOD 流程

（二）操作要点

1. 抗凝牛血的制备。在牛血中加入等量的抗凝剂 38 g/L 柠檬酸钠。

2. 制备溶血液。将抗凝牛血在 4℃离心，收集出红细胞（血球），血浆可用于制备凝血酶。用 2 倍体积的 0.9% NaCl 洗涤红细胞 2～3 次，得到压紧的红细胞，加入等量的水，在 0～4℃下搅拌使之溶血。

3. 除去血红蛋白。在溶血液中加入预冷过的 0.25 倍体积的 95%乙醇及 0.15 倍体积的氯仿，在 4℃下不断搅拌 15～20 min，使血红蛋白变性、沉淀，然后加入 0.1 倍体积的水，搅拌均匀。在 4℃下，≥12 000 r/min 冷冻离心分离 10 min（下同），收集乙醇-氯仿相（上清液），弃去沉淀。

4. 丙酮沉淀。将乙醇-氯仿提取液置于室温下平衡，每 1 000 ml 中加入 300 g 无水 K_2HPO_4，使盐析液分成两相，上相液主要是乙醇，下相液主要是 K_2HPO_4 的水溶液和氯仿，SOD 存在于上相液。收集上相液，在 4℃条件下加入预冷至−20℃的 0.75 倍体积的丙酮使 SOD 沉淀，在 4℃下高速离心后即可得粗酶制品。

也可以直接在上清液中加入 2 倍体积的冷丙酮，搅拌均匀，于冷处静置 20 min，冷冻离心收集沉淀。沉淀物用 1～2 倍体积的水溶解，在 55℃水浴中保温 15 min，冷冻离心收集上清液。再用 2 倍冷丙酮使上清液沉淀，静置过夜。然后冷冻离心收集沉淀，上清液可回收丙酮。

5. 溶解沉淀。把以上沉淀溶于 pH 为 7.8，2.5 mmol/L 的磷酸钾缓冲液中，用冷冻离心法除去杂质，收集上清液准备上柱。

6. 离子交换层析。先把 DEAE-纤维素或 DEAE-Sephadex A-50 装入 3 cm×40 cm 的柱中，用 2.5 mmol/L 的 pH 7.8 的磷酸钾缓冲液平衡，然后将样品上柱，用 2.5～200 mmol/L 的 pH 7.8 的磷酸钾缓冲液进行梯度洗脱，控制流速为 1.0 ml/min，每 5 min 为一管。用核酸蛋白检测仪或紫外分光光度计进行紫外吸收曲线监测，波长为 260/280 nm，收集具有 SOD 的活性峰。

7. 透析和冷冻干燥。将洗脱液倒入透析袋中，在蒸馏水中进行透析然后将透析液经超滤浓缩后，冷冻干燥即为 SOD 产品。

五、注意事项

1. 实训前应先对 DEAE-纤维素或 DEAE-Sephadex A-50 进行预处理。

2. 装好的层析柱要均匀，不能有断层、纹路或气泡。若层析柱床不均匀，必须重新装柱。

3. 如无超滤浓缩装置，也可将透析液直接进行冷冻干燥。

六、实训建议

本实训宜安排至少 6 学时的集中时间，由 3～4 人一组合作进行；对本实训中跨时长的部分内容（如层析柱的制备与平衡、透析、冷冻干燥等），应结合其他实训或课堂教学穿插开展。

七、实训思考

1. 丙酮沉淀时，为何要使用冷丙酮？

2. 层析柱装好后，为何要用缓冲液进行平衡？

【方法二】金属螯合亲和层析法制备 SOD

一、目的要求

通过对超氧化物歧化酶（SOD）的制备，学习并掌握盐析分离、透析分离、亲和层析的基本原理及操作方法。

二、实验原理

亲和层析法是把对 SOD 具有识别能力的配体 Cu^{2+}以共价键的方式固化到含有活化基团基质如壳聚糖上，然后装入层析柱，欲分离的 SOD 粗酶液通过该柱时，由于静电引力、结构互补效应等作用使其被吸附，而无亲和力或非特异吸附的物质则被起始缓冲液洗涤出来。然后，适宜地改变起始缓冲液的 pH，或增加离子强度，或加入抑制剂等，即可把 SOD 解离下来。显然，通过这一操作程序可把 SOD 和杂蛋白分开。

三、材料用具

（一）材料

大蒜。

（二）试剂

壳聚糖螯合吸附剂、硫酸铜、硫酸铵、磷酸二氢钾、磷酸氢二钾、磷酸二氢钠、磷酸氢二钠、氯化钠等。

（三）器具

组织捣碎机、层析柱、高速冷冻离心机、自动部分收集器、恒流泵等。

四、制备方法

（一）工艺流程

亲和层析法制备 SOD 的流程见图 3-27。

（二）操作要点

1. 粗酶液的提取。将大蒜与 pH 7.8 磷酸钾缓冲液按重量体积比为 1∶1.5 一同进行组织捣碎，在 4℃环境中浸提 3 h，四层纱布过滤，即得粗酶液。

2. 盐析。粗酶液加硫酸铵至 55%饱和度，4℃环境中静置过夜，12 000 r/min 离心 20 min，取上清液加硫酸铵固体粉末至 95%的饱和度，静置 3 h 后离心 20 min，收集沉淀，并用少量 0.05 mol/L 的磷酸钠缓冲液（pH 7.8）溶解、透析备用。

3. 亲和层析柱的制备。取以壳聚糖为基质合成的螯合吸附剂装柱，用浓度为 0.1 mol/L $CuSO_4$ 灌柱至饱和。螯合柱用含 0.5 mol/L NaCl 的 0.05 mol/L 的磷酸钠缓冲液（pH 7.8）

进行平衡后备用。

4. 亲和层析。取样品上柱后，以含 0.5 mol/L NaCl 的 0.05 mol/L 的磷酸钠缓冲液（pH 7.8）进行洗脱，控制流速为 1.0 ml/min。每 5 min 为一管，并以核酸蛋白检测仪进行监测，收集酶活性部分。

5. 透析和冷冻干燥。将活性部分在 4℃环境中透析 12～24 h，冷冻干燥即得成品。

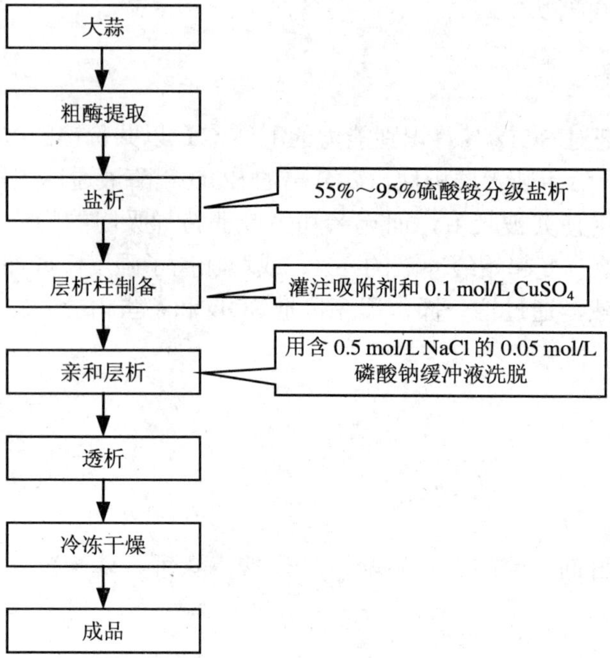

图 3-27　亲和层析法制备 SOD 流程

五、注意事项

1. 装好的层析柱要均匀，不能有断层、纹路或气泡。否则，必须重装。

2. 如无超滤浓缩装置，也可将透析液直接进行冷冻干燥。

六、实训建议

本实训宜安排至少 6 学时的集中时间，由 3～4 人一组合作进行；对本实训中跨时长的部分内容（如盐析、透析、冷冻干燥等），应结合其他实训或课堂教学穿插开展。

七、实训思考

亲和层析柱制备时，用 $CuSO_4$ 灌柱有何作用？

实训六　胰蛋白酶的制备

一、目的要求

通过对胰蛋白酶的制备，学习并掌握盐析分离、透析分离、层析分离、结晶等操作方法。

二、实验原理

胰蛋白酶是存在于动物胰脏中的一种蛋白水解酶，在医药上有广泛用途。胰蛋白酶在外科手术中用于消肿和消炎，消除坏死组织，促进创口愈合。在工业上应用也较广，用于脱毛、脱丝胶、制造水解蛋白和蛋白胨、加酶洗涤剂等。因此，开发利用这种蛋白酶具有很重要的现实意义。

胰蛋白酶在猪胰中有较高的含量，该酶可以被 CM-C 吸附。目前，提取胰蛋白酶主要有两种途径：一条是从动物胰脏中直接提取；另一条是利用提取胰岛素后的猪胰残渣来制取这种酶。本实验利用新鲜动物胰脏（猪胰）为原料，通过硫酸浸提、盐析、CM-C 柱层析、结晶等步骤制备胰蛋白酶。

三、材料用具

（一）材料

动物胰脏。

（二）试剂

硫酸、氢氧化钠、硫酸铵、盐酸、氯化钠、氯化钙、柠檬酸钠、柠檬酸、硼酸、四硼酸钠、乙酸钡、CM-C（羧甲基纤维素）等。

（三）器具

搪瓷缸、搅拌机、绞肉机、烧杯、量筒、酸度计、层析柱（3 cm×40 cm）、天平、温度计、高速冷冻离心机、自动部分收集器、恒流泵、冷冻干燥机等。

四、制备方法

（一）工艺流程

胰蛋白酶的制备流程见图 3-28。

（二）操作要点

1．预处理。把新鲜动物胰脏（或冷冻胰脏）放阴凉处，剪去脂肪和结缔组织，用清水洗净胰脏，切成小块，用绞肉机绞碎（可反复绞两次）。

2．提取。将绞碎的胰糜移入搪瓷缸中，加入2倍体积的自来水，在搅拌下加入1 mol/L硫酸溶液，调节pH至3.0，间歇搅拌18～20 h，然后用双层纱布压滤提取液，收集滤液备用。

滤渣再加1～15倍自来水，用1 mol/L硫酸调节pH至3.0，搅拌提取1～2 h，然后过滤渣再重复提取一次。合并3次滤液，用试纸测试pH，用5 mol/L的硫酸或5 mol/L氢氧化钠调节pH至2.5，静置5～6 h，在4℃条件下，用菊形滤纸自然过滤，除去杂质，收集滤液。

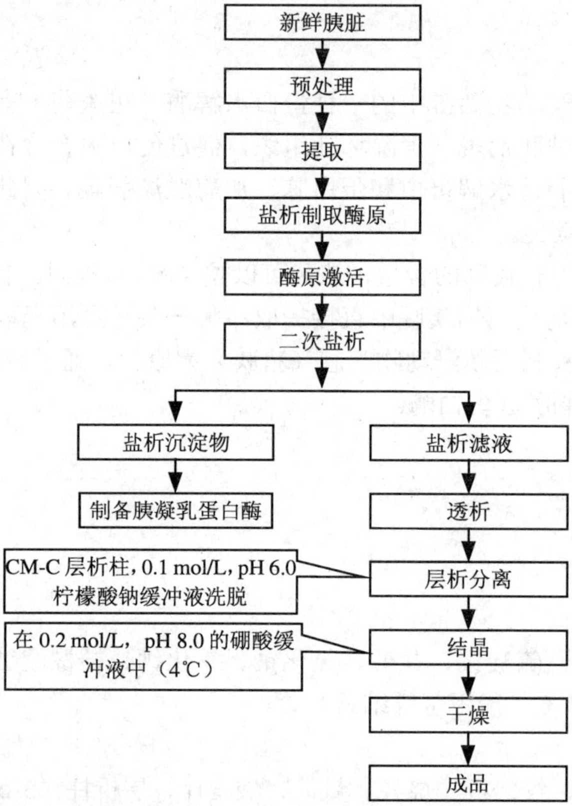

图3-28　胰蛋白酶的制备流程

3．盐析制取酶原。将收集的滤液移入另一搪瓷缸中，在搅拌下缓慢加入硫酸铵至75%饱和度，静置过夜，次日离心出盐析物。盐析物用吊布吊干，也可用布氏漏斗抽滤至干，滤饼即为粗酶原混合物，不用时可于4℃保存。

4．酶原激活。把滤饼用10倍体积的4℃冷水溶解，不断搅拌使完全溶解，加入氯化钙，用氢氧化钠溶液调节混合液pH至8.0，然后加入2～3 mg结晶胰蛋白酶，放4℃处18～24 h使酶原激活。激活后，立即过滤除去不溶物，收集滤液。滤液中含有大量胰蛋白酶和胰凝蛋白酶。

5．二次盐析。把以上滤液用 5 mol/L 的硫酸调 pH 至 2.5，搅拌下加入硫酸铵粉末使其达 40%饱和度。放 4℃处过夜，次日，过滤收集滤液，弃去含有胰凝乳蛋白酶的盐析物（可另用于胰凝乳蛋白酶的制备）。

6．透析。将盐析滤液加入 1～2 倍体积 4℃的 0.001 mol/L 盐酸中，调节 pH 至 3.0，在 4℃条件下，用 0.001 mol/L 盐酸透析除盐（可用 5%乙酸钡溶液检查透析外液没有硫酸根离子为止），收集透析酶液。

7．柱层析。先将透析的酶液再用 0.01 mol/L pH 5.0 的柠檬酸钠缓冲液透析平衡，离心除去杂物，将上清液上 CM-C 柱（先用柠檬酸钠缓冲液平衡好），用柠檬酸钠缓冲液洗涤，流速 40 ml/h（柱 3 cm×40 cm），先洗去黄色液（主要为无活性物质和色素），直到洗出液呈无色，且无明显蛋白质时，用 0.1 mol/L pH 6.0 柠檬酸钠缓冲液进行洗脱，收集该洗脱液。

8．结晶、干燥。用 1 mol/L 氢氧化钠调节 pH 为 8.0（调节应准确），在 4℃条件下静置过夜，当有大量沉淀产生时，加入 1/4 倍体积经预冷至 4℃的 0.2 mol/L pH 8.0 的硼酸缓冲液，使其沉淀分散。然后，放置使其结晶，等大量沉淀出现后，用离心机分离出沉淀，吊干，经冷冻干燥，即可得到胰蛋白酶产品。

五、注意事项

1．动物胰脏最好冷冻后再绞碎，这样便于进行。

2．调节 pH 值一定要准确，方能保证产品的产量及质量。

3．加氯化钙激活剂时，因酶原溶液中有硫酸铵，会产生硫酸钙沉淀，使钙离子发挥不了激活剂作用。因此，加入的氯化钙除要反应掉溶液中全部硫酸铵外，还应多加一些，以让其剩余浓度在 0.1 mol/L 左右。

4．制备的胰蛋白酶应在避光、阴凉处密封保存。

5．CM-C 的处理：将新购置的 CM-C 粉浸泡于蒸馏水中，用浮选法除去过细部分，用 0.5 mol/L 氢氧化钠和 0.5 mol/L 氯化钠混合溶液处理 30 min，用水洗至无色，再用 0.5 mol/L 盐酸处理 20 min，用蒸馏水洗至中性，再用 0.5 mol/L 氢氧化钠和 0.5 mol/L 氯化钠混合溶液处理 30 min，用水洗至 pH 为 8.0，上柱前再用所需缓冲液平衡。

6．胰蛋白酶活性的测定可参照第五章实训四的测定方法进行。

六、实训建议

本实训宜安排至少 8 学时的集中时间，由 3～4 人一组合作进行；对本实训中跨时长的部分内容（如盐析、透析、结晶、干燥等），应结合其他实训或课堂教学穿插开展。

七、实训思考

1．添加硫酸铵进行盐析时，为何要边加边搅拌？

2．检查透析外液中的硫酸根离子除用乙酸钡外，还可用何种物质检查？

实训七　鸡蛋溶菌酶的制备

一、目的要求

通过对鸡蛋溶菌酶的制备，学习并掌握盐析分离、透析分离、层析分离等操作方法。

二、实验原理

溶菌酶又名胞壁质酶或 N-乙酰胞壁质聚糖水解酶，它是一种碱性球蛋白，分子量为 14 300～14 700，最适 pH 为 6.6，等电点为 10.7～11.0。在酸性条件下热稳定性强，是一种化学性质稳定的酶，在干燥条件下可长期在室温下存放。

溶菌酶是一种国内外都很紧缺的生物活性物质，在生物工程、临床医药、食品等行业具有广泛的用途。它有良好的消炎、杀菌作用，对革兰氏阳性球菌的杀菌作用显著。在食品上，卵清溶菌酶是无毒的蛋白质，能选择性地使目标微生物细胞壁溶解，而对其他物质无反应。它是一种天然防腐剂，可利用它来代替有害的化学防腐剂（如苯甲酸及其钠盐），以达到保存食品的目的。近年来，溶菌酶已成为基因工程及细胞工程必不可少的工具酶。随着生物工程的发展，提取溶菌酶具有十分重要的意义。

溶菌酶广泛存在于鸟类和家禽的蛋清里，蛋壳膜上也有存在。鸡蛋清富含溶菌酶（约含 0.3%），因此，鸡蛋清是提取溶菌酶的最好原料，用蛋壳膜也可以提取，但产量较低。

用鸡蛋清或蛋壳膜提取溶菌酶的方法较多，主要有食盐直接结晶法、亲和层析法、聚丙烯酸沉淀法、离子交换树脂吸附法和超滤法等。本实验利用鸡蛋为原料，采用离子交换树脂吸附法提取溶菌酶。

三、材料用具

（一）材料

新鲜的蛋清或鸡蛋。

（二）试剂

724 树脂（聚丙烯弱酸型阳离子树脂）、D-201 树脂（大孔树脂）、磷酸氢二钠、磷酸二氢钠、硫酸铵、氯化钠、氢氧化钠、盐酸、乙醇、丙酮等。

（三）器具

搪瓷盆、提取锅、搪瓷桶、尼龙窗纱、水浴锅、离心机、砂芯漏斗、分光光度计、烧杯、容量瓶、温度计、酸度计（或用精密 pH 试纸代替）、试管、移液管、搅拌机、电动搅拌器等。

四、制备方法

方法一　从蛋清制备溶菌酶

（一）工艺流程

从蛋清制备溶菌酶的流程见图 3-29。

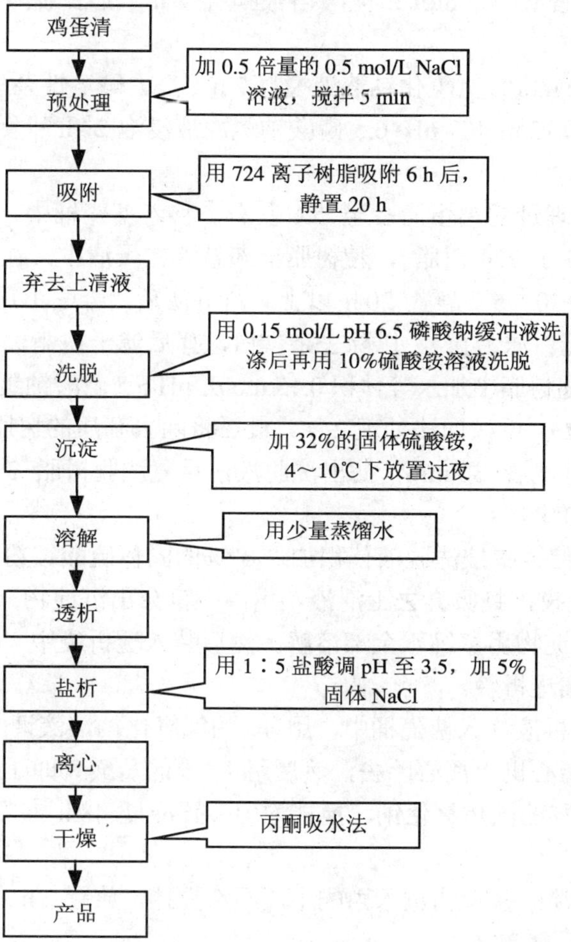

图 3-29　从蛋清制备溶菌酶的流程

（二）操作要点

1．原料预处理。取新鲜或冷冻鸡蛋清（冷冻蛋清要让其自然融化）用试纸检查 pH 为 8～9，然后过铜筛，除去杂物。处理的蛋清倾入搪瓷缸中，然后在搅拌的条件下加 0.5 倍量的 0.5 mol/L 氯化钠溶液，继续搅拌 5 min 备用。

2．724 离子树脂的处理。

（1）将树脂放在大桶内，先用清水浸泡并用浮选法除去细小颗粒，漂洗干净，滤干。

（2）用 80%～90%工业乙醇浸泡 24 h，洗去树脂内的醇溶性有机物，然后抽干。

（3）用 40～50℃的热水浸泡 2 h，洗涤数次，洗去树脂内的水溶性杂质和乙醇。然后抽干。

（4）用 4 倍树脂量的 2 mol/L 盐酸溶液搅拌 2 h，洗去酸溶性杂质，水洗至中性，抽干。

（5）用 4 倍量 2 mol/L 氢氧化钠溶液搅拌 2 h，洗去碱溶性杂质，水洗至中性，抽干。

（6）用 4 倍量 0.15 mol/L pH 6.5 磷酸钠缓冲液浸泡 24 h 平衡树脂，然后滤出树脂即可使用。

3．吸附。将处理过的鸡蛋清冷至 5℃左右，移入搪瓷桶中，在搅拌下加入已处理好的 724 树脂（按 14%加 724 树脂），使树脂全部悬浮在蛋清中，在 0～5℃条件下，搅拌吸附 6 h 左右，然后在 0～5℃静置 20 h 以上。待分层后，弃去上层清液，下层树脂用清水反复洗几次（洗至无白沫为止），以除去杂蛋白，择后滤干树脂，移入另一搪瓷缸中。

4．洗脱。在上述树脂中加入等体积 0.15 mol/L pH 6.5 磷酸钠缓冲液，搅拌洗脱 20 min，滤除洗脱液（含杂质），再按同法处理 2 次。最后将除去杂质的树脂，加入等量浓度为 10%的硫酸铵溶液，搅拌洗脱 30 min，滤出洗脱液，重复洗脱树脂 3 次，滤出洗脱液，一起将洗脱液倒入沉淀缸中。

5．沉淀。在沉淀缸中按洗脱液体积加入 32%的固体硫酸铵粉末，搅拌使其完全溶解，在 4～10℃处放置过夜，虹吸弃去上清液，用离心机分出沉淀物。

6．透析。将沉淀物用蒸馏水全部溶解，然后装入透析袋中，在 10℃水中透析过夜，以除去硫酸铵，收集透析液。

7．盐析。将透析液移入搪瓷桶中，用 4%的氢氧化钠溶液调 pH 至 8.5～9.0，如有白色沉淀，应立即于离心机上离心除去，然后用 1∶5 的盐酸（即 1 份盐酸加 5 份水）调 pH 至 3.5，最后加入 5%的固体氯化钠，搅拌均匀，置冷处 48 h 左右，于离心机上收取溶菌酶盐析物。

8．干燥。将沉淀的盐析物倒入丙酮中，不断搅拌，放置 2 h 左右，滤除丙酮（回收），沉淀物干燥即得溶菌酶产品。

方法二　从鸡蛋壳制备溶菌酶

（一）工艺流程

从蛋壳制备溶菌酶的流程见图 3-30。

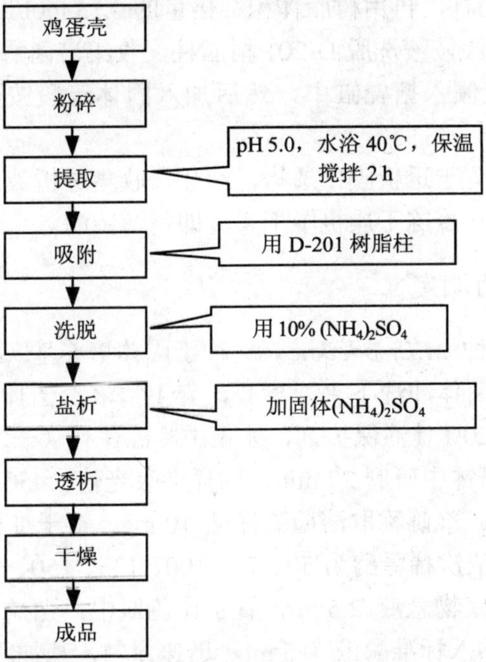

图 3-30　从蛋壳制备溶菌酶的流程

（二）操作要点

1．D-201 树脂的处理。

（1）将树脂放在大桶内，先用清水浸泡并用浮选法除去细小颗粒、漂洗干净、滤干。

（2）用 80%～90%工业乙醇浸泡 24 h，洗去树脂内的醇溶性有机物，然后抽干。

（3）用 40～50℃的热水浸泡 2 h，洗涤数次，洗去树脂内的水溶性杂质和乙醇，然后抽干。

（4）用 4 倍树脂量的 2 mol/L 盐酸溶液搅拌 2 h，洗去酸溶性杂质，水洗至中性，抽干。

（5）用 4 倍量 2 mol/L 氢氧化钠溶液搅拌 2 h，洗去碱溶性杂质，水洗至中性，抽干。

（6）用 4 倍量 0.15 mol/L pH 6.5 磷酸钠缓冲液浸泡 24 h 平衡树脂，然后，滤出树脂即可使用。

2．原料粉碎。取鸡蛋壳晾干，粉碎成末。

3．提取。将蛋壳粉移入搪瓷缸中，然后加入等量的去离子水，在搅拌的条件下用 10%

盐酸调 pH 为 5.0，水浴加热至 40℃，保温搅拌 2 h，趁热过滤，滤渣再提取 2 次，合并滤液。

4. 吸附。将以上滤液通过 D-201 树脂柱（30 cm×200 cm），流速控制在 200～250 ml/min，然后用去离子水洗涤树脂柱，再用树脂体积 2 倍量的 0.15 mol/L pH 6.5 磷酸缓冲液洗涤。

5. 洗脱。用 10%硫酸铵液洗脱 D-201 树脂柱，收集溶菌酶洗脱液。

6. 盐析。将洗脱液倾入搪瓷缸中，然后加入固体硫酸铵至近饱和时，溶菌酶沉淀析出。

7. 透析。收取沉淀置于透析膜中透析，纯化，收集透析液。

8. 干燥。将透析液在冷冻干燥机中干燥，即得溶菌酶。

五、溶菌酶活力的测定

1. 底物的制备。菌种 *M.Lysodeikticu* 接种于固体培养基（LB 培养基）上，于 35℃培养 48 h。用蒸馏水将菌体冲洗下来，离心，弃上清液。菌体用生理盐水洗几次，将菌体用少量水悬浮，添加 20%甘油保护剂，冰箱中冷冻保存（－28℃），使用时解冻。冰浴解冻的菌液，置于灭菌研钵中研磨 20 min，同样调吸光值（450 nm）在 1.3 左右。

2. 标准酶液的制备。准确称取溶菌酶样品 10 mg，溶于 1 ml 浓度 0.1 mol/L 磷酸缓冲液中（pH 6.24）；然后依次稀释酶为 50、75、100、125、150、175、200、225、250 U/ml。

3. 活力测定。吸取底物悬液 2.5 ml，置于比色皿中，光径 1 cm，测定 ΔOD_{450} 值。此时为零时读数，然后加入标准酶液 0.5 ml，迅速摇匀，从加入酶起计时，每隔 15 s 测一次 ΔOD_{450}，共测 6 次，空白值用浓度为 0.1 mol/L 的磷酸缓冲液（pH 6.24）。

根据单位活力定义，在 pH 6.24，波长 450 nm 时，每分钟引起 ΔOD_{450} 下降 0.001 为一个酶活力单位。计算公式如下：

$$\frac{\Delta OD_{450}}{0.001\times \text{样品量}}=\text{酶活力单位}/\text{mg}$$

式中，ΔOD_{450}——450 nm 处 75 U 时的吸光值与 150 U 时的吸光值的差；

样品量——每 0.5 mg 标准酶液中含溶菌酶的毫克数。

六、注意事项

1. 要选取新鲜的蛋作原料（最好 40 d 的新鲜鸡蛋，蛋清 pH 低于 8.0）。在一般情况下，可将新鲜蛋壳置冰箱或冷库中存放几天再抽提，这样可提高酶的收率与纯度。

2. 注意原料的清洁卫生，防止细菌污染变质，pH 应为 8～9。操作的全过程要在低温下进行（10℃以下），防止原料变质和酶失活。

3. 溶菌酶的等电点为 4.6，在酸性条件下较耐热。因此，在生产中，选择加热和调节 pH 至 4.6 左右的方法，促使 80%以上的蛋白质沉淀，同时可提高酶的比活力 3～5 倍。

4. 724 树脂用过一定时间后，一定要彻底再生，转型处理，方可提高树脂的吸附率。转为钠型后再用 0.15 mol/L pH 6.5 磷酸盐缓冲液平衡过夜，平衡液的 pH 要保持在 6.5。否则，用氢氧化钠溶液调整，用过的树脂可用浓氢氧化钠溶液及浓盐酸直接浸泡，再生和转型后，再用缓冲液平衡。

5. 溶菌酶的洗脱峰较宽，有拖尾现象，可用三氯乙酸检查洗脱液，如沉淀不明显应另行收集，供作下次洗脱用。

6. 用酸碱调节 pH 时，要滴加均匀，同时立即搅拌，防止局部浓度过高使酶失活。

七、实训建议

本实训宜安排至少 8 学时的集中时间，由 3～4 人一组合作进行；对本实训中跨时长的部分内容（如层析柱的处理、盐析、透析、干燥等），应结合其他实训或课堂教学穿插开展。

八、实训思考

1. 操作中若混入蛋黄和其他杂质，对酶的收率和树脂对产物的吸附力各有何影响？
2. 在上述两个实验中，724 离子树脂和 D-201 离子树脂的使用能否互换？

实训八 胃蛋白酶的制备

一、目的要求

通过对胃蛋白酶的制备，学习并掌握有机溶剂沉淀分离和结晶技术。

二、实验原理

胃蛋白酶是动物胃液中最主要的蛋白酶。它以酶原的形式存在于胃黏膜的主细胞中，在基底部的黏膜中含量最为丰富。药用胃蛋白酶是胃液中多种蛋白水解酶的混合物，含有胃蛋白酶、组织蛋白酶和胶原蛋白酶等。胃蛋白酶在医药中用作助消化剂，临床上用于治疗胃蛋白酶或消化机能减退引起的消化不良、食欲不振等。

胃蛋白酶广泛存在于哺乳类动物的胃液中，药用胃蛋白酶系从猪、牛、羊等家畜的胃黏膜中提取。胃蛋白酶分子量为 34 500，pI 为 1.0，最适 pH 为 1.5～2.0（1.8），可溶于 70%乙醇和 pH 4 的 20%乙醇中，对热较稳定，在酸性溶液中较稳定。生产上，可根据胃蛋白酶的这些特性，采用有机溶剂沉淀分离、结晶等技术制备胃蛋白酶。

三、材料用具

（一）原料

剥取新鲜的胃黏膜为原料。

（二）试剂

工业盐酸、乙醚、乙醇、丙酮、苯甲酸、苯甲酸钠等。

（三）器具

提取锅（或搪瓷夹层反应锅）、绞肉机、沉淀脱脂器、搪瓷盘（或铝盘）、分液漏斗、温度计等。

四、制备方法

（一）工艺流程

胃蛋白酶的制备流程见图 3-31。

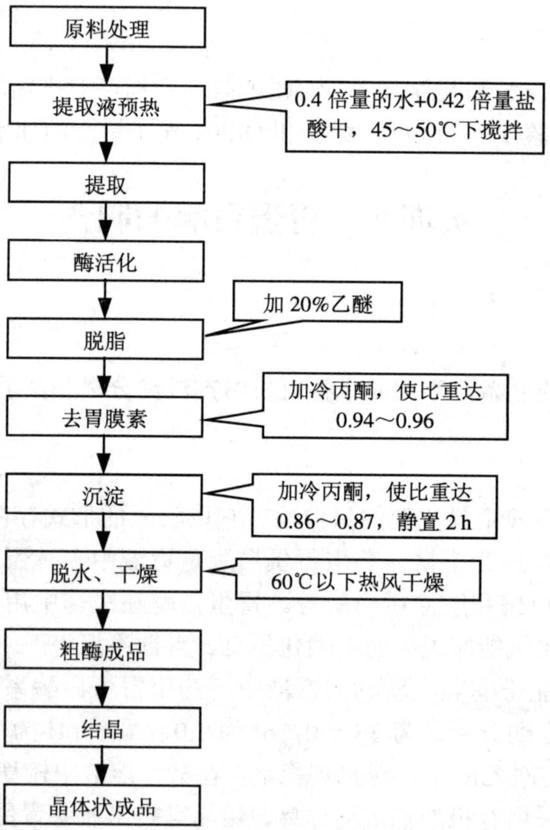

图 3-31　胃蛋白酶的制备流程

（二）操作要点

1. 原料处理。剥取新鲜的胃黏膜（如暂不提取，可冷冻保存），洗净后用绞肉机绞成浆状。

2. 预热。在提取锅中，加入胃黏膜的0.4倍量的水、0.42倍量的工业盐酸，预热至45～50℃搅拌，使盐酸均匀分散。

3. 提取。将新鲜或解冻的胃黏膜和0.1%～0.2%苯甲酸钠（或苯甲酸）倒入反应锅中，以110 r/min转速不断搅拌，并迅速升温，在5～10 min内，使内温升至45℃，胃黏膜在15 min 内基本消化完毕，20 min 内差不多全部消化完毕，几乎看不到未消化块，此时测定pH为2.3～2.4。

4. 酶活化。提取 20 min 后，搅拌转速减慢，为 50 r/min；以利于胃酶活化。保持内温46～48℃活化4 h，其中每隔30 min测一次内温，随时调节温度为46～48℃。

5. 脱脂。活化完毕立即降温至30℃，加入20%乙醚进行搅拌脱脂，静置分层一夜。

6. 去胃膜素。第二天放出胃酶液，置于搪瓷缸中。在激烈搅拌中缓慢地加入冷丙酮，待胃酶液颜色变白，黏稠度减低，开始起丝时，搅拌放慢，加丙酮速度加快，使比重达0.94～0.96，此时有少量絮状胃膜素上浮，放置15～20 min，捞取另行处理。

7. 丙酮沉淀。母液继续加冷丙酮，使比重达0.86～0.87，静置2 h，得黏稠胃酶沉淀。

8. 脱水、干燥。沉淀加少量冷丙酮脱水两次，用磨浆机或其他研磨方法制成丙酮粉，脱水一次，布氏漏斗抽干，分摊于搪瓷盘内，厚度不超过 1 cm，60℃以下热风干燥，经常翻动，干燥15 h，取出放冷，密封储藏备用。

9. 结晶。可将干燥得到的胃蛋白酶粗粉，溶于20%酒精中，加硫酸调 pH 至 3.0，移至冰箱，5℃放置 20 h 后过滤，加硫酸镁至饱和进行盐析。盐析物再于 pH 3.8～4.0 酒精中溶解。过滤，滤液用硫酸调 pH 至 1.8～2.0，即析出针状胃蛋白酶。沉淀再次溶于 20% pH 4.0 的酒精中，过滤，滤液用硫酸调 pH 至 1.8，在 20℃放置，可得板状或针状结晶。

五、注意事项

1．采集原料时，所取部位和剥取黏膜直径大小与收率有关。一般以剥取直径 10 cm、深23 mm的胃基底部黏膜最适宜，每只猪平均剥取黏膜约100 g。

2．冷冻胃黏膜用水淋解冻会使部分黏膜流失，影响收率，用自然解冻法可提高收率。

3．激活提取过程中，刚开始加温升温快，很快达到45℃，消化20 min，活化4 h就能使消化、活化完全。

4．胃酶粉碎最好使用粉碎机，因球磨时间长摩擦生热，致使部分酶活力受到破坏。

5．该工艺中酶原要保护好，生产室温不宜超过 25℃，生产中使用 10℃以下的丙酮并尽量缩短接触时间，否则，会造成胃蛋白酶单位效价高低相差悬殊。

6．胃蛋白酶活性的测定可参照第五章实训四的测定方法进行。

六、实训建议

本实训宜安排至少 8 学时的集中时间，由 3～4 人一组合作进行；对本实训中跨时长的部分内容（如盐析、透析、冷冻干燥等），应结合其他实训或课堂教学穿插开展。

七、实训思考

制备胃蛋白酶过程中所进行的两次丙酮沉淀的目的有何不同？

复习思考题

1. 酶的精制手段主要有哪些？最常用的有哪些？
2. 酶的膜分离技术的原理是什么？膜分离主要包括哪些分离技术？
3. 酶的超滤装置主要有哪些类型？超滤有何优缺点？
4. 酶的层析分离主要有哪些方法？其原理有何不同？
5. 常用于层析的离子交换剂、凝胶主要有哪些？
6. 层析分离主要包括哪些基本操作环节？
7. 层析洗脱有哪些方式？各有何优缺点？
8. 如何进行不同层析介质的预处理、再生和保存？
9. 电泳的基本原理是什么？在酶领域中，常用的电泳技术有哪些？各有何优缺点？
10. 酶的结晶方法主要有哪些？各有何优缺点？
11. 查阅资料，任意写出一种纯酶制剂的生产工艺（重点写出分离纯化的工艺流程、操作要点与条件控制）。

第四章　酶的固定化与修饰

【知识目标】

- 了解酶固定化酶及酶的化学修饰在理论和生产实际中的应用。
- 熟悉固定化酶的定义及其性质。
- 掌握酶的固定化和修饰的基本方法。

【能力目标】

- 能熟练操作酶的固定化操作实验和酶分子的修饰实验。

第一节　酶的固定化

自然状态下的酶用于食品和酿造工业已经有几百年的历史，但其稳定性差，而且在催化结束后溶解在含有反应物的溶液中难以回收。为了适应工业化生产的需要，人们模仿生物酶的作用方式，将酶束缚在特殊的相上，把酶包裹于聚合基质或连接于载体分子而限制酶的移动，让其既能保持酶的特有活性，又能长期稳定反复使用，同时又可以实现生产工艺的连续化和自动化。这在生产工艺上是一种变革，因为它使产品的后处理工艺大大简化，节省了成本和“三废”污染。

表 4-1　固定化酶的优缺点

优点	缺点
● 极易将固定化酶与底物，产物分开 ● 可以在较长时间内进行反复分批和装柱连续反应，酶的使用效率提高，成本降低 ● 在大多数情况下，能够提高酶的稳定性 ● 酶反应过程可以严格控制 ● 产物溶液中没有酶的残留，简化了提纯工艺 ● 游离酶更适用于多酶反应，可以增加产物的收率，提高产物的质量	● 固定化时，发生的物理和化学变化会使酶的活性中心受损，酶活性降低 ● 增加了生产的成本 ● 只能用于可溶性底物 ● 与完整菌体相比，不适用于多酶反应，特别是需要辅助因子的反应

固定化酶最初是把水溶性酶和不溶性载体结合起来，使得酶与整体流体分开，成为不溶性的酶的衍生物，所以曾经叫过“水不溶酶”和“固相酶”。在 1971 年第一届国际酶工程会议上，正式建议采用“固定化酶”（immobilized enzyme）的名称，并定义为：被局限在某一特定区域上的、并且保留了它们的催化能力，可以反复、连续使用的酶。和游离酶相比，固定化酶的优缺点见表 4-1。

一、酶的固定化方法

酶的固定化是指借助物理或者化学的方法将酶固定于特殊的相，使得酶与整体流体分开，但是仍然能够进行底物和效应物分子交换并发挥其催化效能的一种技术。酶的固定化方法很多，主要包括吸附法、共价结合法（共价偶联法）、交联法、包埋法等（图 4-1）。

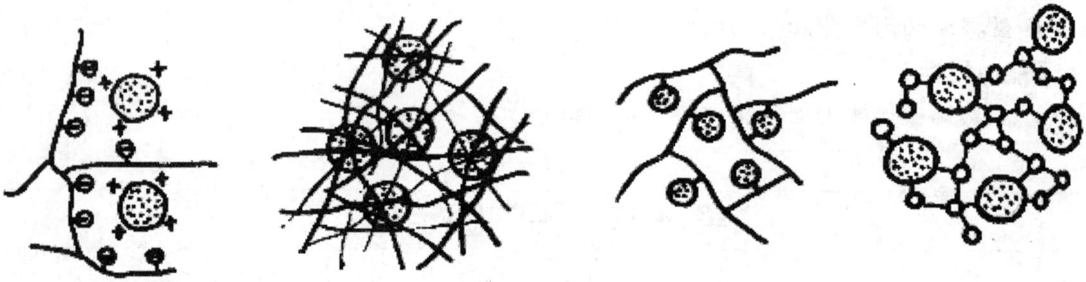

离子吸附法　包埋法　共价结合法　交联法

（引自《酶工程》，施巧琴，2005）

图 4-1　固定化酶的方法

（一）吸附法

吸附法也是通过物理、化学的手段将酶固定于某一不溶性载体上，以制备固定化酶的方法。采用吸附法制备固定化酶或固定化菌体，操作简便，条件温和，不会引起酶变性失活，载体廉价易得，而且可反复使用。但由于靠物理吸附作用，结合力较弱，酶与载体结合不牢固而容易脱落，所以使用受到一定的限制。吸附法又可分为物理吸附法、离子吸附法。

1. 物理吸附法

物理吸附是通过氢键、疏水键等物理作用力将酶固定于不溶性载体的一种固定方法。此类载体很多，无机载体有多孔玻璃、活性炭、酸性白土、漂白土、高岭石、氧化铝、硅胶、膨润土、羟基磷灰石、磷酸钙、金属氧化物、纤维素、葡聚糖、琼脂糖、聚丙烯酰胺等；天然高分子载体有淀粉、白蛋白等。最近，大孔型合成树脂、陶瓷等载体也十分引人注目。

物理吸附法的优点是：酶活性中心不易被破坏和酶高级结构变化少，因而酶活力的丧失很少。但是此法具有酶与载体相互作用力弱、酶容易脱落等缺点。

无机吸附剂在固定化之后，常引起吸附变性，损失活力回收率。有人将糖化酶与阴离子表面活性剂反应后，再用活性炭吸附，酶活力高，且长期稳定。用多孔硅（CPG100，100 nm）固定 α-淀粉酶和糖化酶时，添加钛盐所制备的固定化酶，其活力比用戊二醛交联法制备高 2 倍。这说明无机吸附剂配合其他方法使用，可能更好。

2．离子吸附法

该法是通过离子键将酶分子结合到具有离子交换基的水不溶性固相载体上的固定方法，也称离子结合法。此类载体有 CM-纤维素，DEAE-纤维素，DEAE-葡聚糖凝胶，Amberlite IRA-93、410、900，IRC-50，IR-120，Dowex-50 等。

离子交换吸附剂的吸附容量一般大于物理吸附剂，这类载体一般每克可吸收 50～150 mg 蛋白。第一批商品固定化酶就是将氨基酰化酶吸附于 DEAE-纤维素和 DEAE-葡聚糖做成的。工业生产上用 DEAE-葡聚糖凝胶固定化氨基酰化酶，其制备方法如下：

将 100 L DEAE-Sephadex A-25（预先用 0.1 mol/L pH 7.0 的磷酸缓冲液洗滤）与 1 100～1 700 L 氨基酰化酶（33 400 万单位）水溶液混合。于 35℃搅拌 10h，过滤，所得 DEAE-Sephadex-氨基酰化酶复合物，用水和 0.2 mol/L 乙酰-DL-蛋氨酸溶液洗涤，即得固定化酶，它的活力为 1.67×10^5～2×10^5 U/L，活力回收率达 50%～60%。

其他的商品固定化酶还有如 DEAE-纤维素吸附的 α-淀粉酶、蔗糖酶等。

与物理吸附法相似，离子吸附法具有操作简单，处理条件温和，酶的高级结构和活性中心的氨基酸残基不易被破坏，能得到回收率较高的固定化酶，吸附剂可再反复使用等优点。但载体和酶的结合力比较弱，容易在不适宜的 pH、高盐浓度、高底物浓度以及高温条件下解吸脱落，因此必须控制好吸附与操作条件。

（二）共价结合法（共价偶联法）

这是通过载体基团活化等方式，使载体基团与酶分子上的活性非必需侧链基团（功能团）发生化学反应形成共价键进行偶联的固定化方法，是载体结合法中目前应用和报道最多的方法。参与共价结合的酶的氨基酸残基不应是酶催化活性所必需的，否则往往会造成酶的活力完全丧失。

所用的载体分为三类：天然有机载体（如多糖、蛋白质、细胞）、无机物（玻璃、陶瓷等）和人工合成聚合物（聚酯、聚胺、尼龙等）。天然有机载体的亲水性较好，但是机械性能较差；人工合成聚合物的机械性能较强，但又有疏水结构的缺点。

酶和载体的偶联反应归纳起来有两类，一是将载体有关基团活化，然后与酶有关基团发生偶联反应。二是在载体上接上一个双功能试剂，然后将酶偶联上去。一般常用的偶联基团有 α-氨基或ε-氨基，α、β 或 γ 位的羧基、巯基、羟基、咪唑基、酚基等。

不同的载体有不同的偶联方法，常用的偶联反应有 10 种，分别为重氮反应、异硫氰酸（或异氰酸）反应、溴化氰—亚氨碳酸基反应、芳香烃化反应、叠氮反应、酰氯酰化反应、酸酐反应、缩合反应、巯基—二硫基交换反应、直接法或涂层法。如异硫氰酸（或异氰酸）反应，是含芳香氨基的载体也可先用硫光气处理成异硫氰酸（或异氰酸）盐的衍生物，这样得到的产物极易在温和条件下和酶分子的氨基反应。由于其在中性 pH 条件下会优先和 α-氨基反应，因此可进行选择性偶联。至于异硫氰酸和异氰酸，前者受到较多注意，因为它比较稳定而且较易制备。酰氯酰化反应，则是含羧基载体酸树脂可通过氯化亚砜处理后生成活泼的酰氯衍生物，然后与酶偶联。

与离子结合法或物理吸附法相比，该法反应条件苛刻，操作复杂，因采用了较激烈的反应条件，容易使酶的高级结构发生变化而破坏活性中心，所以操作时需注意。

（三）交联法

该法是通过用双功能或多功能试剂（交联剂），使酶与酶分子之间或酶与微生物细胞之间发生交联的固定化方法。此法与共价结合法一样也是利用共价键固定酶的，所不同的是它不使用载体。

参与交联反应的酶蛋白的功能团有 N 末端的 α-氨基、赖氨酸的 γ-氨基、酪氨酸的酚基、半胱氨酸的巯基和组氨酸咪唑基等。双功能和多功能试剂根据它们的功能基团相同和不同可以分为“同型”和“杂型”两类，前者如戊二醛、苯基二异硫氰、双重氮联苯胺-2-2′-二磺酸；后者如甲苯-2-异氰-4-异硫氰等，其中最常用的是戊二醛。

交联法反应条件比较激烈，许多酶在固定化的过程中失效，回收率一般比较低，但是可以采用一些保护措施或者尽可能降低交联浓度和缩短反应时间将有利于固定化酶比活力的提高。

（四）包埋法

包埋法是将酶或含酶菌体包埋于高分子聚合物中的方法。包埋法可分为网格型和微囊型两种，将酶或酶菌体包埋在高分子凝胶细微网格中的称为网格型；将酶或酶菌体包埋在高分子半透膜中的称为微囊型。

包埋法一般不需要与酶蛋白的氨基酸残基进行结合反应，很少改变酶的高级结构，酶活回收率较高，因此可以应用于许多酶、微生物和细胞器的固定化，但是在包埋时发生化学聚合反应，酶容易失活，必须巧妙设计反应条件。由于只有小分子可以通过高分子凝胶的网格扩散，并且这种扩散阻力还会导致固定化酶动学行为的改变，降低酶活力。因此，包埋法只适合作用于小分子底物和产物的酶，对于那些作用于大分子底物和产物的酶是不适合的。

通常采用惰性的载体材料。载体上酶的活性范围很广，它是由结合上去的酶（通常为载体材料质量的 0.1%～10%）和酶的活力（0.1～500 U/mg）决定的。因此，可以通过调整结合到特定载体上的酶的数量，用来调节反应体积和载体之间的平衡。然而，惰性载体的孔将保留一定数目的产品，并因此需要一些洗脱步骤，这将会导致稀释作用和较高的生产费用。

1．网格包埋法

最常用的包埋剂有聚丙烯酰胺凝胶，其他还有硅橡胶、卡拉胶，还有人用过大豆蛋白、合成纤维。下面以聚丙烯酰胺（PAG）包埋法为例介绍网格包埋技术。

聚丙烯酰胺凝胶是以丙烯酰胺为单体，N,N′-甲叉双丙烯酰胺为交联剂聚合而成。其方法为：将 1 ml 溶于适当缓冲溶液的酶液，加入 3 ml 含 750 mg 丙烯酰胺单体和 40 mg N,N′-甲叉双丙烯酰胺的溶液中，再加 0.5 ml 5%的二甲氨基丙腈和 1%的过硫酸钾，作为加速剂和引发剂，混匀保温（23℃）10 min，即成含酶凝胶。此胶孔径 1.0～4.0 nm，底物和产物可进出凝胶网眼，而酶分子不透出。PAG 的包埋容量一般很大，每克单体可包埋 10～100 mg 蛋白。由于孔径分布范围广，聚丙烯酰胺凝胶包埋可能存在渗漏问题，这一缺点通过升高单体浓度能部分地解决；但单体浓度过高，譬如大于 15%时丙烯酰胺本身将导致酶失活，显著降低包埋酶的活力。

除了聚丙烯酰胺凝胶外，还有某些天然物质（如胶原、淀粉、蒟蒻粉、明胶、K-角叉菜胶、海藻酸和琼脂胶等）也可用于酶的包埋。在制备固定化酶时，可先将这些多聚物溶于含水介质，然后再和酶溶液混合，最后分别通过各种办法使之胶化，形成胶包埋的固定化酶。对于胶原可以添加水不混溶的有机溶剂如丁醇；对于角叉菜胶可以添加氯化钾溶液，然后冷却；对于海藻酸可添加氯化钙溶液，使之作为胶的形式沉淀下来。

2．微囊包埋法

该法是用直径为几微米到几百微米、厚约 25 nm 的半透膜将酶分子进行包埋固定化的方法。微囊型固定化酶颗粒比网格型要小得多，比较有利于底物和产物扩散，但是反应条件要求高，制备成本也高。

微囊包埋法一般有三种制备方法：①界面分离法，是利用某些高聚物在水相和有机相的界面上溶解度极低而形成皮膜将酶包埋；②界面聚合法，是指利用亲水性单体和疏水性单体在界面发生聚合的原理包埋酶；③表面活性剂乳化液膜包埋法，是指在酶的水溶液中添加表面活性剂，使之乳化形成液膜达到包埋目的的一种方法。这种方法不含化学反应，较为简便，并且固定化方法是可逆的，但是此法形成的固定化膜有渗漏的可能。

此外还有脂质体包埋法，由表面活性剂和卵磷脂等形成液膜包埋酶，其特征是底物或产物的膜透过性不依赖于膜孔径大小，而只依赖于对膜成分的溶解度，因此可加快底物透过膜的速度。

包埋法一般不需要与酶蛋白的氨基酸残基进行结合反应，很少改变酶的高级结构，酶活回收率较高，因此可以应用于许多酶、微生物和细胞器的固定化，但是在包埋时发生化学聚合反应，酶容易失活，必须巧妙设计反应条件。由于只有小分子可以通过高分子凝胶的网格扩散，并且这种扩散阻力还会导致固定化酶动学行为的改变，降低酶活力。因此，包埋法只适合作用于小分子底物和产物的酶，对于那些作用于大分子底物和产物的酶是不适合的。

总之，每一种固定化方法都有利有弊（表 4-2），没有一种方法是适用任何酶的固定。选择固定方法时，不仅要考虑各种方法的特点，更重要的是应根据具体情况进行测定后作出分析。

表 4-2　酶的各种固定化方法比较

	吸附法	共价结合法	交联法	包埋法
结合程度	弱	强	强	强
制备难易	易	难	较难	较难
制备费用	低	高	较高	低
酶活回收率	高	低	较高	高
对底物专一性	不变	可变	可变	不变
再生	可能	不可能	不可能	不可能

二、固定化酶的性质

酶被固定化后，处于载体特定的微环境中，酶本身的结构必然受到酶所处环境的影响，载体的物理性质也会影响酶与底物的作用，所以固定化酶表现出来的性质会有所改变。

（一）酶活性的变化

固定化酶的活力在多数情况下比天然酶小，其专一性也能发生改变。例如，用羧甲基作载体固定的胰蛋白酶，对高分子底物酪蛋白表现的活力只及自然酶的 30%，而对低分子底物苯酰精氨酸-对硝基酰替苯胺的活力保持 80%，所以，一般认为高分子底物受空间位阻的影响比低分子底物大。但是在有些情况下，酶在固定化后酶活力升高，原因可能是偶联过程中酶得到化学修饰，改善了酶的性质。

在同一测定条件下，固定化酶的活力要低于等摩尔原酶的原因可能是：①酶分子在固定化的过程中，空间构象会有所变化，甚至影响了活性中心的氨基酸；②固定化后，酶分子空间自由度受到限制（空间位阻），会直接影响到活性中心对底物的定位作用；③内扩散阻力使底物分子与活性中心的接近受阻；④包埋时酶被高分子物质半透膜包围，大分子底物不能透过膜与酶接近。

（二）酶稳定性的变化

在大多数情况下酶经过固定化后稳定性都会有所增加，这是十分有利的。固定化酶的稳定性升高主要表现在以下方面：

首先，固定化增加了耐热性（图 4-2）。作为生物催化剂，酶也和普通化学催化剂一样，温度越高，反应速度也越快。但是，酶是由蛋白质组成的，一般对热不稳定。因此实际上不能在高温条件下进行反应，而固定化酶耐热性提高，使酶的最适温度提高，酶催化反应能在较高温度下进行，加快反应速度，提高酶的作用效率，在实际应用中这是非常有益的。

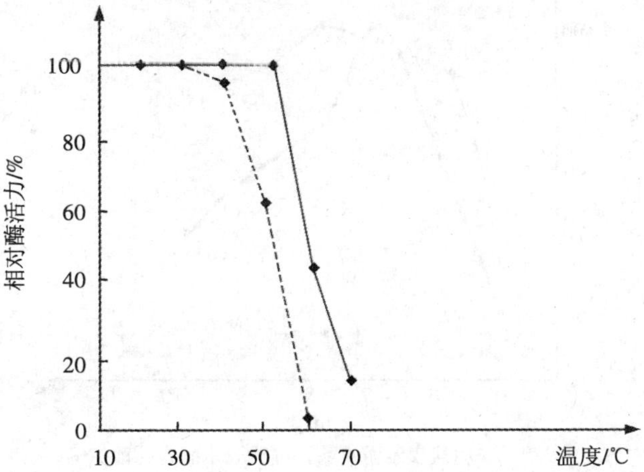

（实线表示固定化酶，虚线表示自然酶）

（引自《酶工程》，罗贵民，2003）

图 4-2　固定化酶的稳定性变化

但是，在少数情况下，酶用某种固定化方法后，其热稳定性反而会下降，如 DEAE-纤维素吸附的蔗糖酶等。

其次，对各种有机试剂及酶抑制剂的抵抗能力提高。提高固定化酶对各种有机溶剂的稳定性，使本来不能在有机溶剂中进行的酶反应成为可能，产生这种现象的原因可能是这些有机溶剂通过增加酶分子的柔顺性来提高其酶活。

此外，固定化酶对蛋白酶稳定性、贮存稳定性和操作稳定性都有影响。

稳定性是关系到固定化酶是否可以应用于生产实践的大问题。在大多数情况下酶经过固定化后其稳定性都有所增加，这是十分有利的。然而，由于目前尚未找到固定化和酶的稳定性之间的规律性，因此要预测怎样固定化才能提高稳定性还有一定困难。

（三）最适 pH 的变化

酶由蛋白质组成，其催化能力对外部环境特别是 pH 非常敏感。酶固定化后，对底物作用的最适 pH 和酶活力—pH 曲线常常发生偏移（图 4-3）。曲线偏移的原因是微环境表面电核性质的影响。一般说来，用带负电荷载体（阴离子聚合物）制备的固定化酶，其最适 pH 较游离酶偏高，这是因为多聚阴离子载体会吸引溶液中阳离子（包括 H^+）使其附着于载体表面，结果使固定化酶扩散层 H^+浓度比周围的外部溶液高，即偏酸，这样外部溶液中的 pH 必须向碱性偏移，才能抵消微环境作用，使其表现出酶的最大活力。反之，使用带正电荷的载体其最适 pH 向酸性偏移。

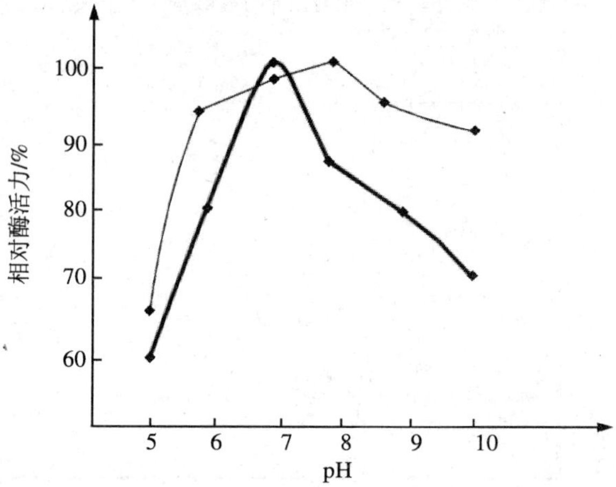

（粗线表示游离酶，细线表示固定化酶）

（引自《酶工程》，罗贵民，2003）

图 4-3　pH 对固定化前后天冬酰胺酶活力的影响

（四）最适温度的变化

酶反应的最适温度是酶热稳定性与反应速度的综合结果。由于固定化后，酶的热稳定性提高，所以最适温度也随之提高，这是非常有利的结果。例如，汤亚杰等以交联法用壳聚糖固定胰蛋白酶最适温度为 80℃，比固定化前提高了 30℃。当然，也有报道最适温度不变或下降的。

（五）动力学常数的变化

固定化酶的表观米氏常数 K_m 随载体的带电性能而变化。当酶结合于电中性载体时，由于扩散限制造成表观 K_m 上升，可是带电载体和底物之间的静电作用会引起底物分子在扩散层和整个溶液之间不均一分布。由于静电作用，与载体电荷性质相反的底物在固定化酶微环境中的浓度比整体溶液的高。

与溶液酶相比，固定化酶即使在溶液的底物浓度较低时，也可达到最大反应速度，即固定化酶的表观 K_m 值低于溶液的 K_m 值；而载体与底物电荷相同，就会造成固定化酶的表观 K_m 值显著增加。简单地说，由于高级结构变化及载体影响引起酶与底物亲和力变化，从而使 K_m 变化。这种 K_m 变化又受溶液中离子强度影响：离子强度升高，载体周围的静电梯度逐渐减小，K_m 变化也逐渐缩小以至消失。例如在低离子浓度条件下，多聚阴离子衍生物——胰蛋白酶复合物对苯甲酰氨酸乙酯的 K_m 比原酶小 96.8%。但在高离子浓度下，接近原酶的 K_m。当酶结合于电中性载体时，由于扩散限制造成酶的表观 K_m 上升。

第二节 酶分子的修饰

天然存在的微生物所产生的酶，在提取、贮藏和应用方面都存在着一定的局限性。例如：酶的稳定性差，不利于工业化大规模提取、分离和贮存；大多数酶作用的最适 pH 为中性，且不抗热，在偏离中性和高温的环境中难以充分发挥作用；酶对人体而言是外源蛋白质，具有免疫原性，能够引起过敏反应，限制了酶在医学上的应用。为弥补酶的缺陷，人们可通过基因工程的方法改变酶的编码基因来改造酶，或通过化学方法对已分离出来的酶进行分子修饰。

通过各种方法使酶分子的结构发生某些改变，从而改变酶的某些特性和功能的技术过程称为酶的修饰。现在已经开发了许多根据颜色、荧光或放射性对肽链化学基团进行反应的有效试剂，对酶的催化部位或结合部位特异性很高的试剂也相继出现。这些试剂有时有高度的专一性，只对少数的或个别的基团进行作用，这使选择性化学修饰的应用价值大为提高。

一、酶分子的化学修饰

酶的化学修饰用的方法很多，但基本原则都是充分利用修饰剂所具有的各类化学基团的特性，或直接、或经过一定的活化过程与酶分子上的某种氨基酸残基产生化学反应，对酶分子结构进行改造。

（一）大分子结合修饰

利用水溶性大分子与酶结合，使酶的空间结构发生某些细微的变化，从而改变酶的特性与功能的方法称为大分子结合修饰法，简称大分子结合法。

大分子结合修饰是目前应用最广的酶分子修饰方法。通常使用的可溶性大分子修饰剂有聚乙二醇（PEG）、右旋糖酐、聚乙烯吡咯烷酮（PVP）、聚丙烯酸（PAA）、聚氨基酸、葡聚糖、蔗糖聚合物（Ficoll）、环糊精、羧甲基纤维素、多聚唾液酸、肝素等。

这些大分子在使用前一般要活化，然后在一定条件下与酶分子的侧链基团以共价键结合，达到对酶分子修饰的目的。其中，相对分子质量在 1 000～20 000 范围内的 PEG 类修饰剂应用最广，因为它是一种既能溶于水，又可以溶于绝大多数有机溶剂的两亲分子，它一般没有免疫抗原性和毒性，其生物相容性好，已经通过美国 FDA 认证。

PEG 分子末端有两个能被活化的羟基，可以通过甲氧基化将其中一个羟基屏蔽起来，成为只有一个可被活化羟基的单甲氧基聚乙二醇（MPEG）。MPEG 可以采用多种不同的试剂进行活化，制成可以在不同条件下对酶分子上不同基团进行修饰的聚乙二醇衍生物。用于酶分子修饰的主要聚乙二醇衍生物有以下几种：MPEG 均三嗪类衍生物、MPEG 的琥珀酰亚胺类衍生物、MPEG 氨基酸类衍生物、PEG 马来酸酐共聚物（PM）、PEG 胺类衍生物等。

酶经过分子结合修饰后，可使酶的空间构象发生改变，使酶活性中心更有利于与底物结合，并形成准确的催化部位，从而使酶活力提高。例如，每分子核糖核酸酶与 6.5 分子的右旋糖酐结合，可以使酶活力提高到原有酶活力的 2.25 倍。

酶经过分子结合修饰也可增加稳定性。例如，木瓜蛋白酶、菠萝蛋白酶、胰蛋白酶、淀粉酶、*α*-淀粉酶、过氧化氢酶、超氧化物歧化酶（SOD）等经过大分子结合修饰，稳定性均显著提高。其中，超氧化物歧化酶经过大分子结合修饰，半衰期延长 70～350 倍。

另外，通过酶分子修饰，使酶蛋白的结构发生改变，可以大大降低甚至消除酶的抗原性，从而保持酶的催化功能。例如，具有抗癌作用的精氨酸酶经聚乙二醇结合修饰，生成聚乙二醇-精氨酸酶后其抗原性被消除；对白血病有显著疗效的 L-天冬酰胺酶经右旋糖酐或者聚乙二醇结合修饰后，都可以使抗原性显著降低甚至完全消除。

（二）金属离子的置换修饰

通过改变酶分子中所含的金属离子，使酶的特性和功能发生改变的方法称为金属离子置换修饰法，简称为离子置换法。金属离子置换法只适用于原来含有金属离子的酶。

一些金属离子是酶活性中心的组成部分，例如，*α*-淀粉酶含有的 Ca^{2+}、谷氨酸脱氢酶含有的 Zn^{2+}、过氧化氢酶中含有的 Fe^{2+}等，若将其除去，酶将失活。

用于酶分子修饰的金属离子，往往是二价金属离子，如 Ca^{2+}、Mg^{2+}、Mn^{2+}、Zn^{2+}、Co^{2+}、Cu^{2+}、Fe^{2+}等。在进行离子置换修饰时，先在酶液中加入一定量的乙二胺四乙酸（EDTA）等金属螯合剂，将酶分子中的金属离子螯合，然后通过透析、超滤或分子筛层析等方法将 EDTA 金属螯合物从酶液中除去。再将其他的金属离子加到酶液中与酶蛋白结合。

酶分子中加入不同的金属离子，则可使酶呈现不同的特性，如酶的活性提高或降低、酶的稳定性增强或减弱等。例如，用 Ca^{2+}将锌型蛋白酶的 Zn^{2+}置换，则酶活力可提高 20%～30%。又如，天然含铁超氧化物歧化酶（Fe-SOD）中的铁离子被锰离子取代后，成为锰型超氧化物歧化酶（Mn-SOD），其对 H_2O_2 的稳定性显著增强，对 NaH_3 的抑制作用的敏感性显著降低。

（三）侧链基团修饰

采用化学法使酶的侧链基团发生改变，从而改变酶分子的特性和功能的修饰方法称为侧链基团修饰。

酶蛋白的侧链基团是指组成蛋白质的氨基酸残基上的功能团，这些功能基团主要是氨基、羧基、巯基、咪唑基、吲哚基、酚羟基、羟基、胍基、甲硫基等。这些基团可以形成各种副键，对于蛋白质空间结构的形成和稳定性起着重要作用。侧链基团一旦改变将引起酶蛋白空间构象的改变，从而改变酶的特性和功能。

酶蛋白侧链基团修饰主要利用一些小分子物质进行修饰。这些小分子化合物称为侧链基团修饰剂。不同的侧链基团所使用的修饰剂各不相同，可根据需要加以选择。常用的侧链基团修饰剂有以下几类：①氨基修饰剂：二硝基氟苯、醋酸酐、琥珀酸酐、二硫化碳、亚硝酸、乙亚胺甲酯、O-甲基异脲、顺丁烯二酸酐等；②羧基修饰剂：乙醇-盐酸试剂、碳化二亚胺、重氮基乙酸盐等；③胍基修饰剂：环己二酮、乙二醛、苯乙二醛等；④巯基修饰剂：二硫苏糖醇、巯基乙醇、硫代硫酸盐、硼氢化钠等还原剂以及各种酰化剂、烷基化剂等；⑤咪唑基修饰剂：烷基化试剂（碘乙酸）、焦碳酸二乙酯等。

酶蛋白侧链基团修饰也可以采用具有双功能团的化合物，如戊二醛、己二胺等进行分子内交联修饰。

酶的侧链基团修饰主要通过酰化反应、烷基化反应、氧化和还原反应、芳香环取代反应等反应进行。

（四）肽链有限水解修饰

有些酶的肽链经有限水解后其性质改变或催化活力提高。利用肽链的有限水解改变酶的特性和功能的方法，称为肽链有限水解修饰。

例如，胰蛋白酶原没有催化活性，用蛋白酶将该酶原水解掉一个六肽，即可表现出胰蛋白酶的活性；用胰蛋白酶将天冬氨酸酶羧基末端的十多个氨基酸残基水解除去，可使天冬氨酸酶的活力提高 4～5 倍或以上。将木瓜蛋白酶用亮氨酸氨肽酶进行有限水解，使其全部肽链的 2/3 被水解除去，该酶的酶活力保持不变，而其抗原性大大降低。

对酶进行有限水解，通常使用专一性较强的蛋白酶或肽酶为修饰剂，有时也可采用其他方法。

二、酶分子修饰的应用

酶分子修饰技术是通过改变酶分子的结构，从而改变酶的特性和催化功能。因此，通过酶分子修饰可以探讨酶的结构与功能的关系，并可通过酶分子修饰提高酶活力，增强酶的稳定性，降低或者消除酶的抗原性，改变酶的动力学特性等，提高酶在医药和食品、轻工、化工、环保、能源等领域的应用价值。

（一）在酶学研究方面的应用

化学修饰在研究酶的结构与功能方面应用得比较多，特别是可逆的化学修饰在酶结构与功能的研究中能提供大量信息。

1．研究酶空间结构

酶分子中氨基酸侧链的反应性与它周围的微环境密切相关，用具有荧光性质的修饰剂修饰酶分子的侧链基团后，通过荧光光谱的研究，可以了解溶液状态下的酶分子的空间构象；研究酶分子的解离、缔合现象。通过荧光偏振技术还可推算出酶分子大小、形态及构象变化。

采用巯基修饰剂进行修饰，可以了解酶分子中半胱氨酸的数目及其分布情况，确定肽链的数目和二硫键的数目；通过双功能试剂交联修饰可以测定酶分子中特定基团之间的距离，在酶的晶体结构分析中，有时需要用化学修饰方法制备含重原子的酶分子衍生物，这将有利于晶体结构分析。

2．研究酶的活性中心

酶分子修饰在研究酶的活性中心的必需基团时经常采用。如果某基团经过修饰后不引起酶活力的显著变化，则可以认为此基团不处在酶的活性中心位置；如果对某基团进行修饰以后，酶活力显著降低或完全丧失，则此基团很可能是酶催化中心的必需基团。

3．研究酶的作用机制

通过酶分子修饰作用，可以了解各种残基及其侧链基团在酶催化过程中的作用。常用的修饰方法有亲和标记法、差异标记法、氨基酸置换法、核苷酸置换法等。

4．确定氨基酸残基的功能

化学修饰和底物保护的组合，可用于研究底物对修饰速度和程度的影响。如果修饰反应的可逆性对应着生物功能的改变，则可以为确定某一残基的可能功能提供一定的证据。如在丙酮酸激酶残基的修饰反应中，伴随着精氨酸残基的修饰，酶分子可逆的失活，底物保护作用说明酶分子在底物磷酸烯醇式丙酮酸的磷酸结合位点具有一个必需的精氨酸残基。化学修饰能够用于酶变构部位必需氨基酸残基的分析和协同相互作用所必需残基的表征。

5．测定酶分子中某种氨基酸的数量

虽然氨基酸分析法也可以用于测酶分子中氨基酸的数量，但是如果只需测定某一种氨基酸的数量时，就可以用定量的化学修饰方法，因为这样既快速又灵敏，如用三硝基苯磺酸测定氨基，用对氯汞苯甲酸测巯基等。

（二）在医药领域的应用

酶在疾病的诊断、治疗和药物的生产方面有广泛用途，然而由于酶在体内不稳定，具有抗原性，半衰期短，严重影响其使用效果。通过酶分子修饰，可以显著提高酶的稳定性，减少或者消除其抗原性，延长其半衰期，大大拓宽酶的应用范围、提高应用价值。

1．降低或者消除酶抗原性

通过酶分子修饰可以显著降低甚至消除酶的抗原性。例如，具有抗癌作用的精氨酸酶经聚乙二醇结合修饰，其抗原性被消除；对白血病有显著疗效的 L-天冬酰胺酶经聚乙二醇结合修饰后，使抗原性显著降低甚至消除。经过聚乙二醇结合修饰的 L-天冬酰胺酶，1994 年已经得到美国 FDA 批准，正式作为治疗急性淋巴性白血病的药物在临床使用。

2．增强医药用酶的稳定性

经过酶分子修饰的医药用酶，可以显著增强其稳定性。例如：

（1）有显著消炎抗菌功效的溶菌酶经过氨基酸置换修饰，分子中第 3 位的异亮氨酸（Ilu_3）置换成半胱氨酸后，该半胱氨酸（Cys_3）可以与第 97 位的半胱氨酸（Cys_{97}）形成二硫键，修饰后的 T4-溶菌酶，其活力保持不变，但对热的稳定性却大大提高；用 O-甲基异脲修饰溶菌酶，使酶分子中的赖氨酸残基上的 ε-氨基与它结合，将氨基屏蔽起来，修饰后酶的稳定性显著增强。

（2）有抗氧化、抗辐射、抗衰老的功能的超氧化物歧化酶，经过大分子结合修饰，形成聚乙二醇-超氧化物歧化酶（peg-SOD），其稳定性显著提高，在血浆中的半衰期可以延长 350 倍。

（3）用亚硝酸修饰 L-天冬酰胺酶，使其氨基变成羟基。经过修饰后，酶的稳定性大大提高，在体内的半衰期延长 2 倍。

（三）在工业方面的应用

通过酶分子修饰，可以显著提高酶的活力，增强酶的稳定性，还可以改变某些酶的动力学特性，使酶在工业上的应用更加适应人们的要求。

1．提高工业用酶的活力

采用适当的修饰方法对酶分子进行修饰，可以使酶的催化活力得到显著提高，例如：

（1）胰蛋白酶可以用于蛋白质水解物、蛋白胨、多肽、氨基酸等的生产，采用大分子结合修饰，使每分子胰凝乳蛋白酶与 11 分子右旋糖配结合，酶活力可提高到原有酶活力的5.1倍。

（2）在糊精、葡萄糖等的生产和淀粉原料的水解等领域广泛使用的 α-淀粉酶，分子中含有钙离子等金属离子，通过金属离子置换修饰，将杂离子型 α-淀粉酶全部置换为钙型 α-淀粉酶，其酶活力可以提高3倍以上，而且稳定性大大增加。因此，在 α-淀粉酶的发酵生产、保存和应用过程中，添加一定量的钙离子，有利于提高 α-淀粉酶的活力和稳定性。

（3）将锌型蛋白酶的锌离子除去，然后加进钙离子，置换成钙型蛋白酶，其酶活力可以提高20%～30%。

2．增强工业用酶的稳定性

酶分子经过修饰，可以显著增强稳定性。例如，木瓜蛋白酶、菠萝蛋白酶、胰蛋白酶、α-淀粉酶、β-淀粉酶等在食品工业中广泛应用。酶经过大分子结合修饰，其稳定性均显著提高；胰蛋白酶通过物理修饰，将酶的原有空间构象破坏后，再在50℃的条件下重新构建的酶的稳定性比天然酶提高5倍。

3．改变酶的动力学特性

有些酶经过分子修饰以后，其动力学特性会发生某些变化，更有利于工业生产。例如，葡萄糖异构酶能催化葡萄糖转化为果糖，在果糖、果葡糖浆的生产中有重要应用价值。经过琥珀酰化修饰后，葡萄糖异构酶的最适pH下降0.5个单位，并增强酶的稳定性，更加有利于果葡糖浆和果糖的生产。

（四）在生物传感器方面的应用

酶的化学修饰在生物传感器方面发挥着越来越大的作用，酶作为一类典型的生物大分子和特殊的催化剂，在生命过程中扮演着极其重要的角色，尤其是在呼吸链中，生物氧化和新陈代谢是靠多种酶的共同作用才完成的，研究酶的直接电化学无论在理论上还是在应用上都具有重要意义。

在理论上，酶与电极之间直接电子传递过程更接近生物氧化还原系统的原始模型，这就为揭示生物氧化还原过程的机理奠定了基础。另外，酶直接电化学的研究可望为推断生物氧化还原系统中电子传递反应的特异性提供一定的依据。从应用方面而言，酶直接电化学的实现可用于研制第三代生物传感器和发展人工心脏用的生物燃料电池。Degani和Heller等提出了通过化学修饰酶形成电子转移中继体便可缩短电子隧道距离，从而实现酶的直接电化学。他们将二茂铁衍生物共价连接到葡萄糖氧化酶（GOD）和氨基酸氧化酶（AOD）上，从而获得了这些酶在铂或金电极上的直接电化学，证明其设想可行。此后又发现了$[Ru(NH_3)5H_2O]^{2+}$也可修饰到酶分子上形成有效电子转移中继体。微酶电极端径小，反应具有高度的专一性和催化性，可以测定多种生化物质和有机物质，现已成为生物传感器研究领域中的热点。由于葡萄糖在生物体内的作用重大，医学领域对发展微型葡萄糖生物传感器研究的需求在不断增加。用铂、碳纤维为基体电极的葡萄糖微型生物传感器报道较多，而用碳糊为基体电极作微酶传感器，制作方法简单，但由于碳糊粒本身体积较大，很难做成端径很小的微电极，所以该类微酶电极报道很少。Shea 等利用碳糊-二甲基二茂铁-葡萄糖氧化酶制作了微酶电极。

以甲苯胺蓝修饰碳糊微电极为基体，将葡萄糖脱氢酶（GDH）用丝素蛋白质酶固定于修饰微电极表面制成生物传感器。这种葡萄糖脱氢酶微电极具有抗干扰能力强、灵敏度高、响应快等优点。该传感器面积小、重现性好，是一种很有发展前途的生物传感器。通过化学交联法将醇脱氢酶（ADH）固定在铂碳电极表面，使用 N-甲基酚嗪甲基硫酸盐（PMS）和铁氰化钾为介体，间接测定酶促反应中生成的还原辅酶Ⅰ，如果电极每天测定 30 次，可以使用两周。这种方法的优点是简单、快速、选择性高，并且线性范围宽。可以在临床、饮料行业应用。

本章实训

实训一　多酚氧化酶的吸附固定化实验

一、目的要求

掌握酶的吸附固定化的方法和原理。

二、实验原理

用多孔玻璃作为载体的吸附方法是一种物理吸附方法，是酶被不溶性载体吸附的一种固定方法。物理吸附法具有酶活性中心不易被破坏和酶高级结构变化少的优点，因此酶的活力损失很少，但是它有酶和载体相互作用力弱、酶易脱落等缺点。

三、材料用具

（一）材料

鲜蘑菇、冰水。

（二）试剂

丙酮、pH 7.0 的磷酸盐缓冲溶液、100～300 目多孔玻璃粉、儿茶酚、氯仿、对氯苯酚。

（三）器具

高速组织捣碎机、冷冻离心机、高真空低温冷冻干燥机、磁力搅拌机，分光光度计。

四、实验方法

（一）操作流程图

多酚氧化酶的吸附固定流程见图 4-4。

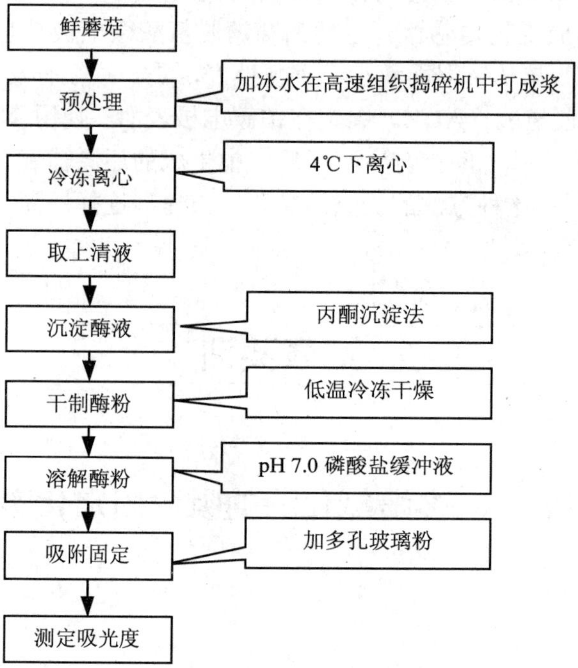

图 4-4　多酚氧化酶的吸附固定流程

（二）操作要点

1．多酚氧化酶的提取：鲜蘑菇加冰水在高速组织捣碎机中打成浆，用冷冻离心机于 10 000 r/min，4℃下离心，取上清液，用丙酮沉淀法提取多酚氧化酶。将所得沉淀经高真空低温冷冻干燥制得酶粉，于－4℃下存放，20 d 活力可保持不变。

2．酶的固定化：取酶粉溶于 pH 7.0 的磷酸盐缓冲溶液中，用 100～300 目多孔玻璃粉为载体，用吸附沉积法将酶固定化。

3．酶活力的测定：以儿茶酚为底物，在试管中加入 4.8 ml 0.025 mol/L 磷酸缓冲液（pH 7.0），0.1 ml 0.15 mol/L 儿茶酚溶液，混匀，加入 0.1 ml 酶液后，在 30℃水浴中保温 5 min 后，测 A_{420} 值的变化，酶活性以每分钟每毫升酶量引起吸光值改变 0.01 为 1 个酶活力单位。同时，按此法测定非固定化酶的活力。然后，比较固定化酶与非固定化酶的活力。

另外，也可在氯仿中测定酶活力，方法是在氯仿介质中，加入底物对氯苯酚，再加入固定化酶，利用磁力搅拌加强异相反应中底物和产物的扩散速度，终止反应后利用分光光度法测定 400 nm 波长下产物的吸光度 *A*，以吸光度 *A* 大小表示酶的活力。

五、注意事项

1．多酚氧化酶易失活，提取酶时宜在低温下进行。

2．提取多酚氧化酶时，可省去丙酮粉制备这一步骤，而直接将果肉组织与一定量的 0.1 mol/L 磷酸钾缓冲液（pH 7.0）匀浆，浸提 2～3 h 后离心，收集上清液作为粗酶提取液。

六、实训建议

本实训宜至少安排 4 学时的集中时间，由 2～3 人一组合作进行；对本实训中跨时长的部分内容（如冷冻干燥等），应结合其他实训或课堂教学穿插开展。

七、实训思考

1．为何用吸光度的大小可表示酶的活力？

2．除用多孔玻璃外，还可以用哪些吸附剂固定多酚氧化酶？

3．在这个实验中，经固定化后酶的活性有什么样的变化？

实训二　酶活性的修饰实验

一、目的要求

掌握酶分子修饰的基本原理与方法。

二、实验原理

酶分子中的许多侧链基团可以被化学修饰。这种修饰可以帮助了解哪些基团是保持酶活性所必需的，哪些基团对维持酶的催化反应并不重要。当化学修饰试剂与酶分子上的某种侧链基团结合后，酶的活性降低或者丧失，表明这种被修饰的残基是酶活性所必需的。反之则表明被修饰的残基为酶活性的非必需基团。

酶分子中有许多基团可被共价化学修饰，如氨基、羧基、巯基、咪唑基、吲哚基、酚羟基、羟基、胍基、甲硫基等。可以用来进行化学修饰的试剂也很多，如 2-硝基苯甲酸（DTNB）和 N-乙酰马来酰亚胺（NEM）是巯基的修饰剂，可以用来鉴定半胱氨酸残基是否是酶活性所必需的。磷酸吡哆醛可以与赖氨酸残基起反应；2,3-丁二酮则可以和精氨酸残基起反应。本实验以胆绿素还原酶为材料，分别以 DTNB，NEM，磷酸吡哆醛和丁二酮为化学修饰剂，研究胆绿素还原酶活性所必需的残基。

三、材料用具

（一）材料

胆绿素还原酶。

（二）试剂

1．2 mmol/L 胆绿素。

2．10 mmol/L NADPH。

3．0.25 mol/L DTNB。

4．0.05 mol/L NEM。

5．20 mmol/L 磷酸吡哆醛。

6．0.115 mol/L 2,3-丁二酮。

7．0.01 mol/L 磷酸盐缓冲液（pH 7.4）。

四、操作要点

在 0.01 mol/L pH 7.4 磷酸盐缓冲液中完成酶活的测定。测定酶活时，总体积为 4 ml，内含 5 μmol/L 胆绿素、100 μmol/L NADPH，酶量固定。根据下列修饰实验的需要，加入不同的修饰试剂，在 37℃暗处保温 30 min 于 450 nm 测定吸光值。

1. DTNB 修饰反应：向不同的反应试管中分别加入 0.00，0.10，0.20，0.30，0.40 mmol/L 的 DTNB。

2. NEM 修饰反应：向不同的反应试管中分别加入 0.00，0.50，1.00，1.50，2.00 mmol/L 的 NEM。

3. 磷酸吡哆醛修饰反应：向不同的反应试管中分别加入 0.00，1.00，2.00，3.00 mmol/L 的磷酸吡哆醛。

4. 2,3-丁二酮修饰反应：向不同的反应试管中分别加入 0.0，10.0，20.0，30.0 mmol/L 的 2,3-丁二酮。

酶活测定结束后，以修饰剂浓度为横坐标，以残存酶活性为纵坐标，分别绘制出修饰剂浓度变化对酶活性的影响。

五、注意事项

1．在量取各种试剂时，一定要精确，否则会影响实验结果的正确性。

2．各试管的保温时间务必一致。

六、实训建议

本实训宜安排4学时的集中时间，由2～3人一组合作进行。

七、实训思考

胆绿素还原酶活性所需的基团有哪些？

复习思考题

1. 为什么要进行酶的固定？酶的固定化方法有哪几种？各有何优缺点？
2. 为什么要进行酶的分子修饰？如何进行酶的分子修饰？
3. 固定化酶的性质有何变化？
4. 酶的分子修饰主要有哪些应用？
5. 酶固定化后，稳定性为何得以提高？
6. 哪些蛋白质侧链基团可以修饰？参与修饰的大分子有哪些？修饰反应的类型有哪些？

第五章　酶制剂的工业化生产实例

【知识目标】

- 了解淀粉酶、蛋白酶、纤维素酶、果胶酶的分类、性质及生产菌种。
- 掌握 α-淀粉酶、β-淀粉酶、葡萄糖淀粉酶、酸性微生物蛋白酶、中性微生物蛋白酶、碱性微生物蛋白酶、纤维素酶及果胶酶的工业化生产工艺及操作要点。

【能力目标】

- 学会 α-淀粉酶、β-淀粉酶、葡萄糖淀粉酶、蛋白酶、纤维素酶、果胶酶活力的测定方法。

第一节　淀粉酶类的生产

淀粉酶属于水解酶类，是催化淀粉、糖原、糊精中糖苷水解的一类酶的统称。此类酶广泛存在于动、植物和微生物中，几乎所有动物、植物和微生物都含有淀粉酶。它是研究较多、生产最早、产量最大和应用最广泛的一类酶。特别是 1960 年代以来，由于淀粉酶在淀粉糖工业生产和食品工业中的大规模应用，它的需要量与日俱增，到目前为止，其产量几乎占到整个酶制剂的 50%以上，销售金额占到 55%～60%。

按照水解淀粉的方式不同，主要的淀粉酶有 α-淀粉酶、β-淀粉酶、葡萄糖淀粉酶、脱支酶、环糊精葡萄糖基转移酶等。表 5-1 和图 5-1 分别显示了淀粉酶的类型、来源、淀粉的结构和各种淀粉酶的作用形式。

表 5-1 淀粉酶类型

淀粉酶类型	系统名称	E.C.编号	作用化学键	主要水解产物	主要来源
α-淀粉酶	α-1,4-葡聚糖-4-葡聚糖水解酶	E.C.3.2.1.1	α-1,4	葡萄糖、麦芽糖、糊精	动物（唾液、肝脏）、植物（麦芽）、细菌、霉菌
β-淀粉酶	α-1,4-葡聚糖麦芽糖水解酶	E.C.3.2.1.2	α-1,4	麦芽糖、糊精	植物（大豆、山芋等）、细菌
糖化酶	α-1,4-葡聚糖葡萄糖水解酶	E.C.3.2.1.3	α-1,4；α-1,6；α-1,3	葡萄糖	动物、霉菌、细菌、酵母
脱支酶	支链淀粉 1,6 葡聚糖水解酶	E.C.3.2.1.9	α-1,6	直链糊精	植物、酵母、细菌
环状糊精生成酶	环状糊精-葡萄糖基转移酶	E.C.3.2.1.19	α-1,4	环状糊精	细菌

（引自《酶技术》，周晓云，1995）

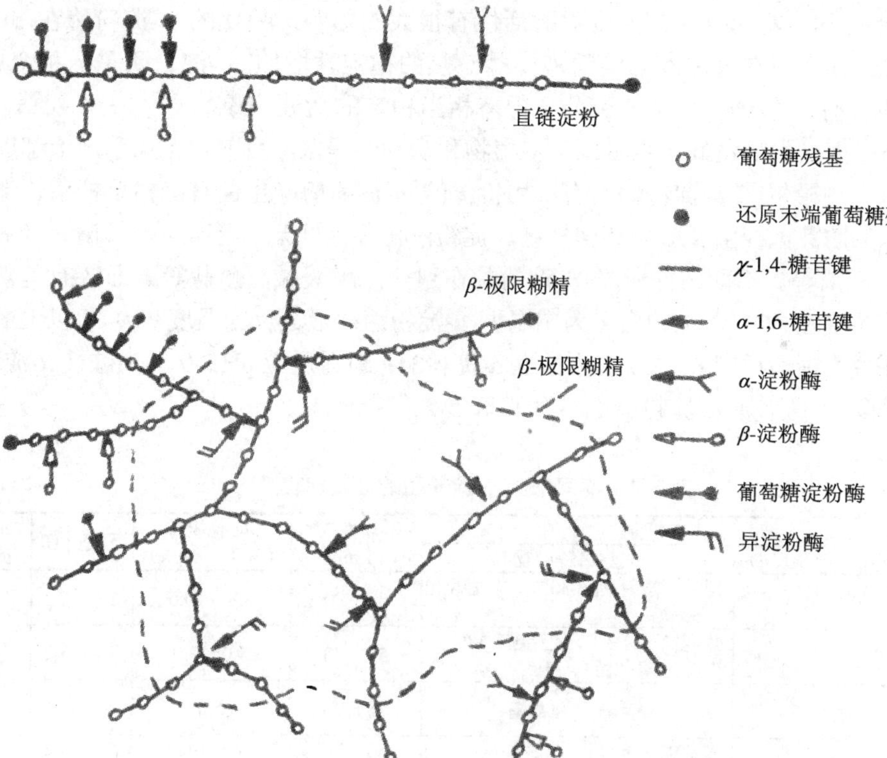

（引自《酶技术》，周晓云，1995）

图 5-1 淀粉的结构与各种淀粉酶作用形式

一、α-淀粉酶的生产

（一）α-淀粉酶的性质

α-淀粉酶（α-1,4-葡聚糖-4-葡聚糖水解酶，E.C.3.2.1.1）是一种内切酶，作用于淀粉与糖原时，可从底物分子内部不规则地切开 α-1,4-糖苷键，不能切开 α-1,6-糖苷键和支链淀粉分支点附近的 α-1,4-糖苷键，但能越过分支点而切开内部的 α-1,4-糖苷键，从而使淀粉黏度减小，因此 α-淀粉酶又称液化酶。它的水解终产物中除含麦芽糖、少量葡萄糖、麦芽寡糖外，还残留一系列具有 α-1,6 键的极限糊精和含多个葡萄糖残基的带 α-1,6 键的低聚糖。因为所产生的还原糖在光学结构上是 α 型的，故将此酶称做 α-淀粉酶。

α-淀粉酶通常在 pH 5.5～8 时稳定，pH 4 以下时易失活，其最适 pH 为 5～6，但不同来源的酶其最适 pH 差别很大。温度对酶活性有很大的影响，纯化的 α-淀粉酶在 50℃易失活，但在 Ca^{2+}存在或在高浓度的淀粉液中酶对热的稳定性增加。α-淀粉酶是一种金属酶，每分子酶至少含有一个 Ca^{2+}，可使酶分子保持相当稳定的活性构象。

α-淀粉酶可由微生物发酵产生，也可从植物和动物中提取。目前，工业生产上都以微生物发酵法进行大规模生产 α-淀粉酶。有实用价值的 α-淀粉酶产生菌有：枯草杆菌、地衣芽孢杆菌、嗜热脂肪芽孢杆菌、凝聚芽孢杆菌、淀粉液化芽孢杆菌、嗜碱芽孢杆菌、米曲霉、黑曲霉、拟内孢霉等。不同菌株所产 α-淀粉酶在耐热，耐酸碱、耐盐等方面各有差别。其中，最适反应温度在 60℃以上的命名为中温型 α-淀粉酶；最适反应温度在 90℃以上的命名为高温 α-淀粉酶；最适反应 pH≤5 的为酸性 α-淀粉酶；最适反应 pH≥9 的为碱性 α-淀粉酶。

几种不同微生物来源 α-淀粉酶的性质见表 5-2。

表 5-2　不同来源 α-淀粉酶的性质比较

酶来源	作用机制		耐热性/℃（15 min）	pH 稳定性（30℃，24 h）	最适 pH	Ca^{2+}的保护作用
	淀粉分解限度/%	主要水解产物				
枯草杆菌（液化型）	35	糊精、麦芽糖（30%）、葡萄糖（6%）	65～80	4.8～10.6	5.4～6.0	+
枯草杆菌（糖化型）	70	葡萄糖（41%）、麦芽糖（58%）、麦芽三糖、糊精	55～70	4.0～9.0	4.8～5.2	−
枯草杆菌（耐热型）	35	糊精、麦芽糖、葡萄糖	75～90	5.0	—	+
米曲霉	48	麦芽糖（50%）	55～70	4.7～9.5	4.9～5.2	+
黑曲霉	48	麦芽糖（50%）	55～70	4.7～9.5	4.9～5.2	+
黑曲霉（耐酸型）	48	麦芽糖（50%）	55～70	1.8～6.5	4.0	+
根霉	48	麦芽糖（50%）	50～60	5.4～7.0	3.6	−

（引自《酶制剂生产技术》，孙俊良，2004）

（二）α-淀粉酶的生产

微生物 α-淀粉酶可以用固体培养，也可用液体深层培养法生产。现以枯草杆菌 JD-32 和枯草杆菌 B.S.209 诱变菌株 B.S.796 生产 α-淀粉酶为例加以介绍。

1. 固体培养枯草杆菌 JD-32 生产法

（1）工艺流程见图 5-2

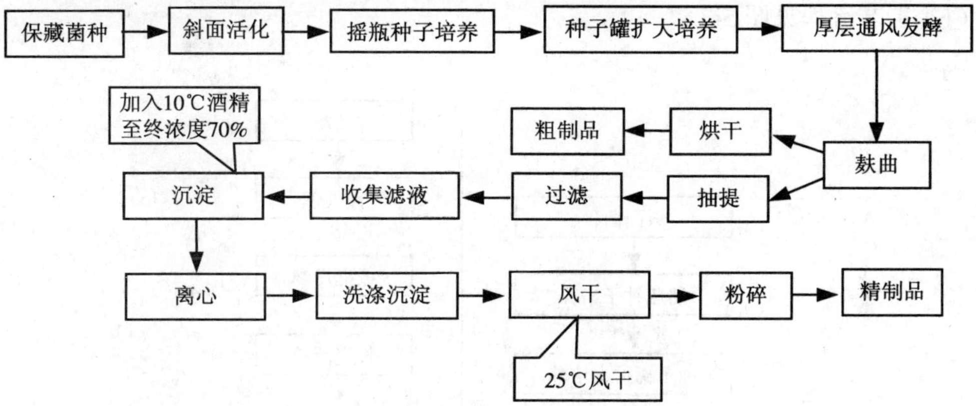

图 5-2　枯草杆菌 JD-32 生产 α-淀粉酶流程

（2）操作要点

① 培养基的配制

斜面培养基：将麸皮 5%、豆饼粉 3%、蛋白胨 0.25%、琼脂 2%（pH 7.1）制成斜面培养基，在 0.1 MPa 蒸汽灭菌 20 min。

种子培养基：将豆饼 1%、蛋白胨和酵母膏各为 0.4%、氯化钠 0.05%配制成种子培养基（pH 7.1～7.2），在 0.1 MPa 蒸汽灭菌 20 min。

发酵培养基：其配方是麸皮 70%、小米糠 20%、木薯粉 10%、烧碱 0.5%，加水使含水量达 60%，常压蒸汽灭菌 1 h。

② 培养方法

斜面培养：从保藏斜面上挑取一环菌体接到试管斜面培养基上，在 35℃培养 48 h。

种子培养：从活化斜面上挑取一环菌体接到摇瓶种子培养基中，35℃摇瓶培养一段时间后，用发酵罐扩大培养。

厚层通风发酵：发酵培养基冷却到 38～40℃接入 0.5%种子，在厚层通风培养室内 38～41℃培养 20 h 左右出曲风干。

③ 提取

麸曲用 1%食盐水浸泡 3 h（用量 3～4 倍），然后过滤，调节滤液 pH 5.5～6.0，加入

10℃的酒精使终浓度为 70%沉淀酶，沉淀经离心，浓酒精洗涤脱水后，25℃下风干粉碎即为成品。

2. 液体深层培养枯草杆菌 B. S. 209 诱变菌株 B. S. 796 生产法

目前，我国液体深层发酵生产 α-淀粉酶的菌株主要是枯草杆菌 BF7658 的突变菌株，如 B.S.209、8a5、86315、K22、B.S.796 等。下面以 B.S.209 诱变菌株 B.S.796 生产法为例进行介绍。

（1）工艺流程见图 5-3

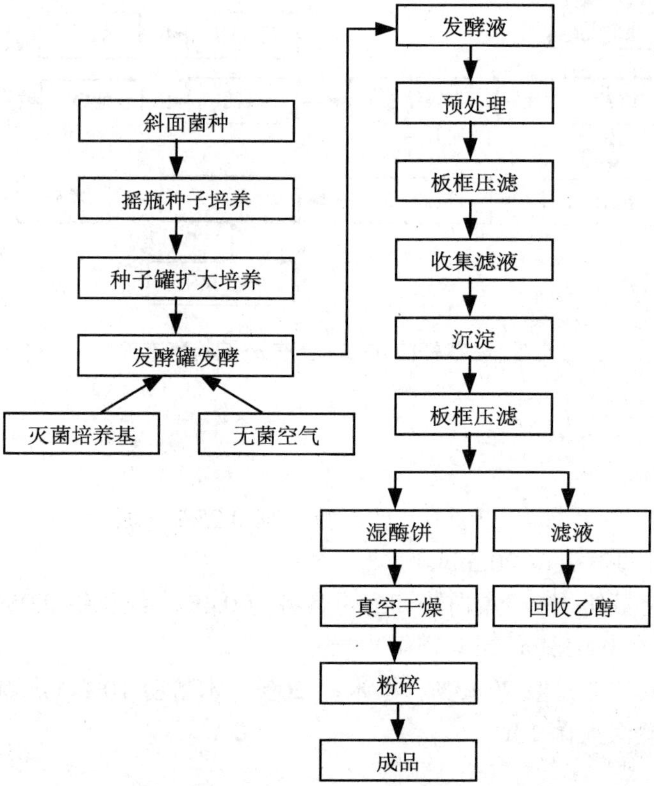

图 5-3　枯草杆菌诱变菌株 B. S. 796 生产 α-淀粉酶流程

（2）操作要点

① 摇瓶种子培养

500 ml 三角瓶内装发酵培养基 50 ml，其组成为麦芽糖 6%、豆粕水解液 6%、$Na_2HPO_4 \cdot 12H_2O$ 0.8%、$(NH_4)_2SO_4$ 0.4%、$CaCl_2$ 0.2%、NH_4Cl 0.15%，pH 6.5～7.0，接种后置旋转式摇床上，（37±1）℃下培养 28 h 左右备用。

② 种子罐扩大培养

采用 130 L 夹套标准式培养罐，转速 360 r/min，37℃培养 12～14 h。

③ 1.5 m^3 发酵罐发酵

1.5 m^3 夹套发酵罐装液量 600～700 L。罐培养基的配置与培养条件如下：

麦芽糖液的制备：取玉米粉或甘薯粉加水 2～2.5 份，调 pH 6.2，加 $CaCl_2$ 0.1%，升温至 80℃，添加 α-淀粉酶 5～10 U/g 原料，液化后速在高压 1～2 kg/cm^2 下糊化 30 min，冷却至 55～60℃，pH 5.0 时添加细菌异淀粉酶 20～50 U/g 原料和植物 β-淀粉酶 100～200 U/g 原料，糖化 4～6 h，加热至 90℃。趁热过滤即为麦芽糖液。

豆粕水解液的制备：取豆粕粉加水 10 份浸泡 2 h，然后在 1 kg/cm^2 下蒸煮 30 min，冷却至 55℃，调 pH 7.5，加蛋白酶 50～100 U/g 原料，作用 2 h，过滤后浓缩至蛋白质含量为 50%，即得豆粕水解液。

罐培养基的配制：用上述麦芽糖液配置成含麦芽糖 6%、豆粕水解液 6%～7%、$Na_2HPO_4 \cdot 12H_2O$ 0.8%、$(NH_4)_2SO_4$ 0.4%、$CaCl_2$ 0.2%、NH_4Cl 0.15%、豆油 1 kg、深井水 500 L，调 pH 6.5～7.0。

罐培养基经消毒灭菌，冷却后接入 3%～5%种子培养成熟液。培养条件为温度（37±1）℃，罐压 0.5 kg/cm^2，风量 1～20 h 为 1∶0.48，20 h 后 1∶0.67，培养时间 28～36 h。

④ 提取

发酵结束后，于发酵罐内添加凝聚剂，pH 6.3～6.5，升温至 40～45℃后放入絮凝剂，维持一定时间进行预处理后，泵入板框压滤机进行过滤，水洗，合并洗液（或经浓缩）放入沉淀缸内加入一定量淀粉，边搅拌边加入酒精，沉淀，湿酶经真空干燥，即为成品酶。

二、β-淀粉酶的生产

β-淀粉酶广泛存在于植物（大麦、小麦、山芋和大豆类）及微生物中。该酶很早以前就被作为糖化剂用在酿酒、制糖工业中，1924 年由 Kuhn 所命名，但微生物的 β-淀粉酶直到 1974 年才被发现。

（一）β-淀粉酶的性质

β-淀粉酶（E.C.3.2.1.2）是淀粉酶类中的一种，又称淀粉 1,4-麦芽糖苷酶。该酶水解淀粉时，不能作用于淀粉分子内部，只能从 α-1,4 糖苷键的非还原性末端顺次切下麦芽糖单位，同时麦芽糖还原性末端 C_1 上羟基构型发生转位反应，变成 β-麦芽糖，因此被称为 β-淀粉酶。β-淀粉酶不能水解淀粉分支处 α-1,6 糖苷键，在达到分支点前 2～3 个葡萄糖残基时就停止不前，因此，水解支链淀粉时，直链部分生成麦芽糖，而分支点附近及内侧因不能水解而残留下来，其水解产物为麦芽糖及 β-极限糊精，麦芽糖至多只有 50%～60%。

一些植物的 β-淀粉酶作用的最适 pH 为 5.0～6.0；微生物 β-淀粉酶最适 pH 为 6.0～7.0。植物的 pH 稳定范围为 5.0～8.0，微生物的为 4.0～9.0。β-淀粉酶对热的稳定性因酶源不同而有差别。一些植物酶 60～65℃很快失活；微生物酶耐热性更差，通常在 40～50℃反应为宜。Ca^{2+}对 β-淀粉酶有降低稳定性的作用，这与对 α-淀粉酶有提高稳定性的效果相反，利用这一差别，可在 70℃，pH 6.0～7.0，有 Ca^{2+}存在时，使 β-淀粉酶失活，以纯化 α-淀粉酶。

（二）β-淀粉酶的生产实例

目前，β-淀粉酶的研究还不及 α-淀粉酶那样深入。对于 β-淀粉酶的生产，以前主要从植物中提取，1974 年发现微生物能产生 β-淀粉酶以来，研究微生物来源的 β-淀粉酶也比较活跃，并且在工业生产中得到应用。

1. 植物 β-淀粉酶的提取

我国麦麸、甘薯产量很高，价格低廉，可以从中提取 β-淀粉酶代替麦芽用于饴糖制造及啤酒外加酶。但是，如果提取方法不当成本就高，尤其是干酶制剂成本更高。

（1）从甘薯中提取 β-淀粉酶

将甘薯磨浆提取淀粉后的新鲜废水，调节 pH 为 3.7～4.5，可沉淀出 80%β-淀粉酶。β-淀粉酶也可以用高岭土或活性白土吸附而廉价回收，也可以向滤去淀粉的废水中加入硫酸铵到饱和度 50%～60%，盐析物经透析加填料烘干后的收率为 50%。但在浓度低的场合，上述办法是不经济的。

（2）麸皮中提取 β-淀粉酶

将麸皮加水 1∶5～7，在 pH 6.0，45℃浸泡一定时间后，向过滤液中加硫酸铵至饱和度 50%～55%进行盐析，分级沉淀经透析加填料进行干燥，酶的收率达 50%。麸皮中的 β-淀粉酶与大麦芽中的酶活力相当（表 5-3），适宜于麦芽糖浆生产。

表 5-3　不同原料中淀粉酶的含量

原料	酶活力/（U/g）	
	α-淀粉酶	β-淀粉酶
米糠	无	无
麸皮	10～20	2 400～2 970
麦芽	400～500	2 300～2 943

（引自《酶制剂生产技术》，孙俊良，2004）

2. 微生物 β-淀粉酶的生产

由于植物 β-淀粉酶的生产成本比较高，微生物来源的 β-淀粉酶就越来越受到关注。目前对产 β-淀粉酶的菌种研究较多的是芽孢杆菌属的多黏芽孢杆菌、巨大芽孢杆菌、蜡状芽孢杆菌、环状芽孢杆菌和链霉菌等。下面以吸水链霉菌 FR1602 或 ATCC21772 生产 β-淀粉酶为例加以介绍。

（1）工艺流程见图 5-4

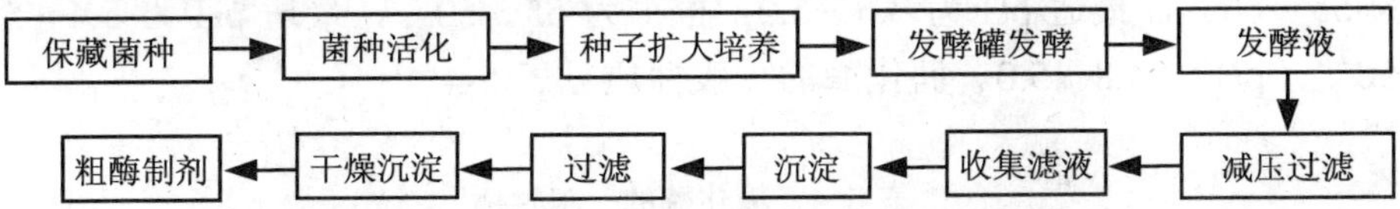

图 5-4 吸水链霉菌 FR1602 生产 β-淀粉酶流程

（2）操作要点

① 培养基的配制

种子培养基：玉米粉 2%、小麦胚芽 1%以及少量其他物质，pH 为 7.0。

发酵培养基：玉米淀粉 3%、脱脂乳 1%、磷酸二氢钾 0.2%、硫酸镁 0.05%、硫酸锰 0.01%，并加入少量消泡剂。

② 培养方法

将菌种接于 9 L 种子培养基中，于 28℃通气和搅拌培养 24 h，接入发酵罐培养。在 600 L 发酵罐中加入 300 L 发酵培养基，于 121℃灭菌 30 min，然后使其冷却，接种子罐培养的种子，于 28℃通气和搅拌培养 85 h。

③ 提取

发酵终了，将发酵液在 40℃减压过滤，使其体积为原来的 1/5。然后加入 2 倍体积冷乙醇到浓缩液中，使 β-淀粉酶沉淀。干燥沉淀物即为粗酶制剂，酶活性一般可达 40 000 U/g。

三、葡萄糖淀粉酶的生产

（一）葡萄糖淀粉酶的性质

葡萄糖淀粉酶系统名称为 α-1,4-葡聚糖葡萄糖水解酶（E.C.3.2.1.3），大量用作淀粉的糖化剂，所以习惯上称之为糖化酶。糖化酶是最重要的工业酶制剂之一，广泛应用于酒精、白酒、抗生素、氨基酸、有机酸、甘油、淀粉等工业中，是我国目前生产量最大的酶制剂产品。由于酿酒酵母只能用葡萄糖或麦芽糖，不能用淀粉，因此要糖化酶将淀粉转化成葡萄糖。

糖化酶是一种外切型淀粉酶，该酶的底物专一性很低。它除了能从淀粉分子的非还原性末端切开 α-1,4 糖苷键以外，也能切开 α-1,3 糖苷键和 α-1,6 糖苷键，只是水解速度不同，产物均为葡萄糖。像 β-淀粉酶一样，它能使水解下来的葡萄糖发生构型变化，形成 β-D-葡萄糖。

糖化酶是一种糖蛋白。其糖化反应的最适温度和 pH 由于酶源不同存在差别。曲霉最适温度为 55～60℃，最适 pH 为 3.5～5.0；根霉为 55～60℃，最适 pH 为 5.4～5.5；拟内孢霉为 50℃，pH 为 4.8～5.0。糖化酶的一般性质见表 5-4。

表 5-4　糖化酶的一般性质

项目	一般性质	项目	一般性质
相对分子量	50 000～112 000	热稳定性	＜60℃
碳水化合物含量	3.2%～20%	对金属离子要求	无
等电点	3.4～7.0	底物	直链淀粉、支链淀粉、糖原、糊精、麦芽糖
最适 pH	4.0～5.0	催化键	α-1,4、α-1,3、α-1,6 糖苷键
最适温度	40～60℃	切开机制	外切型
pH 稳定性	3.0～7.0	来源	根霉、曲霉

（引自《酶制剂生产技术》，孙俊良，2004）

（二）葡萄糖淀粉酶的生产实例

最初的糖化酶工业生产是用根霉属的固体培养和液体培养方式，也有用拟内孢霉属的液体培养，但是以上菌种培养液里所产酶单位较少，不宜于工业生产。现在工业上主要采用黑曲霉的液体深层培养法，所产的糖化酶耐酸，耐热，产量也高，是我国糖化酶主要的生产方法。

1. 根霉固体培养法

下面以河内根霉 3.042 固体培养生产法为例介绍葡萄糖淀粉酶的生产工艺。

（1）工艺流程见图 5-5

（2）操作要点

① 菌种

菌种用 8°Brix 麦芽汁琼脂培养基保存，25～30℃培养 5～7d 后，菌丝布满，并形成孢子，呈灰黑色时即可置于 5℃左右的冰箱保藏。2～3 个月移植一次，室温保藏则两个月移植一次。

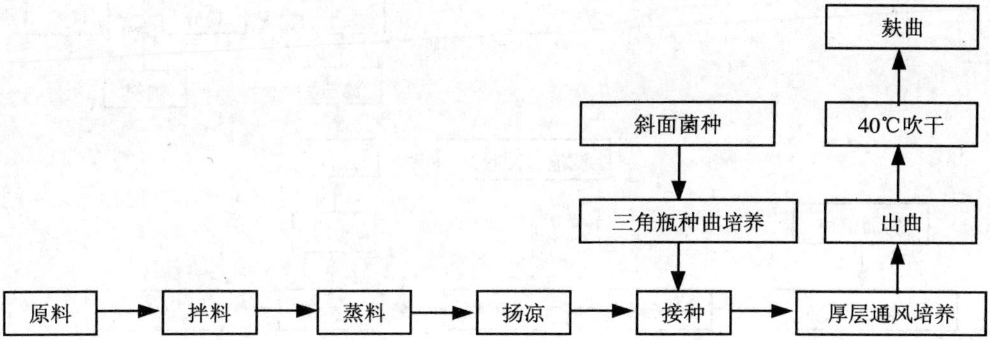

图 5-5　河内根霉 3.042 固体培养生产糖化酶流程

② 种曲制备

500 ml 三角瓶，装料 40 g（麸皮和青糠 8∶2，混合物加水 1∶1.6 拌匀），121℃灭菌 45 min，接种试管孢子 2～3 环后 30℃培养 2 d，待菌丝长满，生成孢子后即可应用或置冰箱保存。

③ 通风制曲

麸皮（或加米糠 20%）加硫酸铵 2.5%，加水 1.6 倍，蒸熟扬凉，保持含水分 70%左右，接入种曲 0.2%，在 30℃左右装入通风曲箱，料厚 17～25 cm，箱底铺湿草帘，用以保湿，保温 30℃，6～8 h，中间间歇通风数次，待孢子发芽呼吸旺盛，品温上升到 35℃以上，开始间歇通入预热 30℃的空气吹散热气以保持品温 30～32℃，曲房干湿球温差不宜超过 1℃，经 40 余小时，孢子布满麸曲，酶活已达高峰（7 000 U/g 左右），于是通入 40℃热空气吹干，在水分低于 15%以下，麸曲可以长期保藏。这种麸曲按每克淀粉使用 300～350 U 糖化酶，在 pH 4.8～5.0，55℃糖化 40～48 h，每克麸曲可糖化 20 g 淀粉，D_E95 以上。

2. 黑曲霉液体深层培养法

下面以黑曲霉 AS.3.4309 变种 UV-11 为例介绍液体深层培养法生产糖化酶的工艺。

（1）工艺流程见图 5-6

（2）操作要点

① 种子制备

固体孢子培养。在茄形瓶中加 10 g 麸皮和 10 ml 水，拌匀后灭菌 30 min，冷却后接入一环斜面菌种，于 31℃培养 6～7 d 备用。

种子罐培养。玉米粉 6%，黄豆饼粉 2%，麸皮 2%。在 31℃下通风培养 32 h，通风量为 0.5 VVm。当 pH 下降到 3.8，酶活在 500 U/ml 左右，镜检菌丝生长正常，无杂菌污染时即可接入二级种子罐或发酵罐。

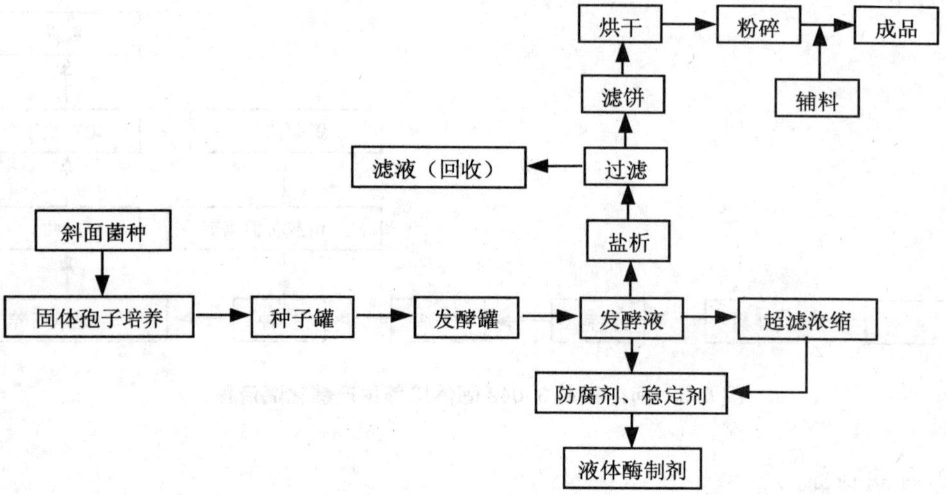

图 5-6　黑曲霉 AS. 3. 4309 变种 UV-11 液体深层发酵生产糖化酶流程

② 发酵

培养基配比为玉米粉 12%，黄豆饼 4%，麸皮 1%，α-淀粉酶添加量为 100 U/g（淀粉），pH 调至 4.5 以下。于 30～32℃下通风培养 90～110 h。通风量 1～12 h 为 0.5 VVm，12～14 h 为 0.8 VVm，24～28 h 为 1 VVm，84 h 后为 0.8 VVm。培养 84 h 后每隔 8 h 测定 pH、还原糖、酶活、并镜检菌体形态。当 pH 降至 3.4，还原糖降至 1.8%以下，酶活力上升至 13 600 U/ml 以上时，即可放罐。

③ 提取

按硫酸铵盐析工艺提取糖化酶制剂。硫酸铵加量为 55%，盐析静置 12 h，过滤，湿酶在 40℃以下烘干称重，测定糖化酶活力，调至成品规定活力。调制时加入适量膨润土，吸附夹杂的糖苷转移酶，可提高产品质量。

④ 液体酶制剂的制备

液体酶制剂是将发酵液加入苯甲酸钠作防腐剂而成，或是经超滤浓缩一倍后加防腐剂、稳定剂等（如异抗坏血酸、山梨醇）而成。液体酶制剂由于减少了提取工艺，成本降低，故其价格便宜。但酶活保存时间较短，如何能长时间保存液体酶制剂的活力还有待进一步研究。

第二节　蛋白酶类的生产

蛋白酶是水解蛋白质和肽链的一类酶的总称。它广泛存在于动物内脏、植物茎叶、果实和微生物中，但唯有微生物蛋白酶具有生产价值。微生物蛋白酶多以生产菌的最适pH为依据，分为中性蛋白酶、碱性蛋白酶和酸性蛋白酶。目前，已做成结晶或得到高度纯化物的蛋白酶达100多种，被广泛应用在皮革、毛纺、丝绸、医药、食品、酿造等行业上。

一、酸性微生物蛋白酶

（一）酸性蛋白酶的性质

酸性蛋白酶广泛存在于霉菌、酵母菌和担子菌中，细菌中极少发现，其最适 pH 为3～4，相对分子质量 30 000～40 000，等电点低（pH 3～5）。大多数酶在其活性中心含有两个天冬氨酸残基。酶蛋白中酸性氨基酸含量高，而碱性氨基酸含量低。酸性蛋白酶在许多方面与动物胃蛋白酶和凝乳蛋白酶相似。常见的几种酸性蛋白酶的性质如表 5-5 所示。

表 5-5 几种酸性蛋白酶的性质

	最适 pH	稳定 pH	抑制剂					最适温度/℃	相对分子质量	等电点
			DAN	EPNP	*p*-BPB	S-PI	SDS			
紫微青霉	2.6	4.9	+	+	—	+			32 000	<3.8
拟青霉	2.5～3.0	2.5～6	巯基	试剂			+	60	37 000	3.7
斋藤曲霉	2.5～3.0	2.0～6.0	+	+	NBS	+	+		34 600	3.65
中华根霉	2.9～3.3	2.8～6.5	+	+		+	+		35 000	5.1
微小毛霉	4～4.3	4～6	+	重金属		+			29 000	—
黏红酵母	2～2.5	2.5～6.0	+	+	+	+	—	60	30 000	—
杜邦青霉	2～3	1.5～6.5	DAG		—		+	75	—	3.5
红栓菌	2.3～2.5	2～6	+	+		+	+		34 000	—
芽枝霉	2.9～3.0	2～2.7	+	+		+	—	55	—	
米曲霉	3～4	3～6								—
Scylali	3～3.5	2.5～5.5	—	—	—	—		55	—	
黑曲霉酸性蛋白酶 A	2.0	1.5～5.0	—	+	—			65	—	—
黑曲霉酸性蛋白酶 B	2.5～3	2～6						55		<1.0
黑曲霉 3.350	2.5	2～3				+	+	47	—	
胃蛋白酶 A	1.8～2.0	1.5～4	+	+	+				34 500	

注：DAN——二重氮乙酰正亮氨酸甲酯；EPNP——1,2-环-3-对硝基苯氧基丙烷；*p*-BPB——对溴酚乙酰溴；SDS——十二烷基磺酸钠；DAG：重氮乙酰甘氨酸乙酯；S-PI——胃蛋白酶抑制剂。

（引自《酶制剂生产技术》，孙俊良，2004）

酸性蛋白酶在 pH 2～6 范围内稳定。若在 pH 7，40℃，处理 30 min 立即失活。斋藤曲霉酸性蛋白酶，最适 pH 2～3，在 pH 4.0 的培养液中稳定，但在 pH 2.7，30℃可引起严重的失活。从溶液中游离氨基氮的增加，可以看出酶的失活是由于自溶；在 pH 6～7 酶发生变性失活，添加 2 mol/L NaCl 可以增加酶的稳定性。紫微青霉酸性蛋白酶最适 pH 为 2.6，而稳定 pH 为 4.9。

一般霉菌酸性蛋白酶在 50℃以上颇不稳定，斋藤曲霉酸性蛋白酶在 pH 5.5，50℃，黑曲霉 3.350 的酶在 pH 2.5，60℃处理 20 min 可引起完全失活。但是紫微青霉酸性蛋白酶在 60℃、杜邦青霉 K1014 酸性蛋白酶在 60℃经历 1 h 也不致失活，后者在 pH 4.5 的最适温度为 75～80℃。大孢子黑曲霉（*A.niger* var.*macrosporus* DBD-0406）酸性蛋白酶 A 的最适温度为 70℃。有些酸性蛋白酶不耐低温，冰冻干燥时也会引起失活。许多酸性蛋白酶分子中含有 5%～10%多糖对酶稳定有益。

微生物酸性蛋白酶与胃蛋白酶不同的是许多霉菌酸性蛋白酶能裂开胰蛋白酶原的赖氨酸与异亮氨酸间的肽键（Lys_6-Ile_7），使活性中心暴露而激活，利用此原理可在有其他酸性或碱性肽酶共存下，专一地测定霉菌酸性蛋白酶的活性。另一个不同点是霉菌酸性蛋白酶需要较大分子的底物，其最小底物为苄氧基十二肽，作用于蛋白质的专一性比胃蛋白酶或枯草杆菌中性蛋白酶为广，胃蛋白酶作用过的底物蛋白还可被酸性蛋白酶进一步分解。

霉菌酸性蛋白酶按其性质不同可分成四种类型（表 5-6）。霉菌生产的胞外酸性蛋白酶中，常夹有酸性外肽酶，是一种典型的丝氨酸酶。紫微青霉同斋藤曲霉的酸性羧肽酶能优先切开羧基末端倒数第二位氨基酸残基是芳香族或酸性氨基酸残基的肽键。酸性羧肽酶可将一种叫做舒缓激肽的九肽（具有 Arg-Pro-Gly-Phe-Ser-Pro-Phe-Arg 结构）从羧基末端切去精氨酸而使炎性丧失，因而可用于治疗炎症。也可将大豆蛋白的胃蛋白酶水解物中的一种具苦味的九肽分解，改善食物口味。

表 5-6　霉菌酸性蛋白酶的类型

类型	性质	适宜作用 pH	分子量	代表菌种
A	能激活胰蛋白酶原	3.5（胰蛋白酶原） 2.5～3.0（牛奶酪蛋白）	32 000～35 000	斋藤曲霉、紫微青霉 中华曲霉
B	分子量 19 000	2.0（牛奶酪蛋白）	19 000	黑曲霉大孢子突变株
C	有凝乳作用（pH 4.5）	4.5（凝乳作用） 4.0（血红蛋白）	30 000	微小毛霉、栗疫霉
D	酸性羧肽酶 （不被 DAN 失活）	3.2（Z-Gly-Pro-Leu-Gly） 3.5（Z-Try-Leu）	155 000（聚合体） 51 000（单体）	黑曲霉、斋藤曲霉、青霉

（引自《酶制剂生产技术》，孙俊良，2004）

（二）生产菌种

酸性蛋白酶在 1954 年首先由吉田在黑曲霉中发现。许多真菌酸性蛋白酶生产菌种已经提纯并进行了鉴定（表 5-7）。商品酸性蛋白酶的生产菌种，主要有黑曲霉、黑曲霉大孢子变种、斋藤曲霉、根霉、杜邦青霉、血红色陀螺孔霉和微小毛霉（凝乳酶）等少数菌株。

表 5-7　酸性蛋白酶生产菌种

菌种类型	菌种
曲霉	白曲霉（*A.candidus*） 斋藤曲霉（*A.saitoi*） 黑曲霉大孢子变种（*A.niger* var.*macrosporus*） 泡盛曲霉（*A.awamori*） 米曲霉（*A.oryzea*） 杜邦曲霉（*P.duponti*） 宛氏拟曲霉（*Paecilomyces vorioti*） 栖土曲霉（*A.terricola*）
青霉	常规青霉（*P.frequentes*） 紫微青霉（*P.janthinellum*）
根霉	中华根霉（*R.chinesis*） 单孢根霉（*R.oligosporus*）
毛霉	微小毛霉（*M.pusillus*） 冻土毛霉（*M.hiemalis*） 米黑毛霉（*M.miehei*）
其他	栗疫霉（*Endothia parasitica*） 黏红酵母（*R.glutinis*） 芽枝霉（*Cladosporium* sp.） 乳白耙菌（*Irpex lacteus*） *Scylalidium lignicolum*

（三）酸性蛋白酶的生产实例

国内最先投产的酸性蛋白酶是采用黑曲霉 3.350 液体深层培养法进行生产，在毛皮软化制革、羊毛染色、医药和啤酒澄清方面有广泛用途。下面介绍其生产工艺技术。

1. 工艺流程（图 5-7）

2. 操作要点

（1）种子培养。将菌种接于 500 L 种子罐培养基中，于（31±1）℃、230 r/min 下通风培养 26 h，通风量为 0.3 VVm。

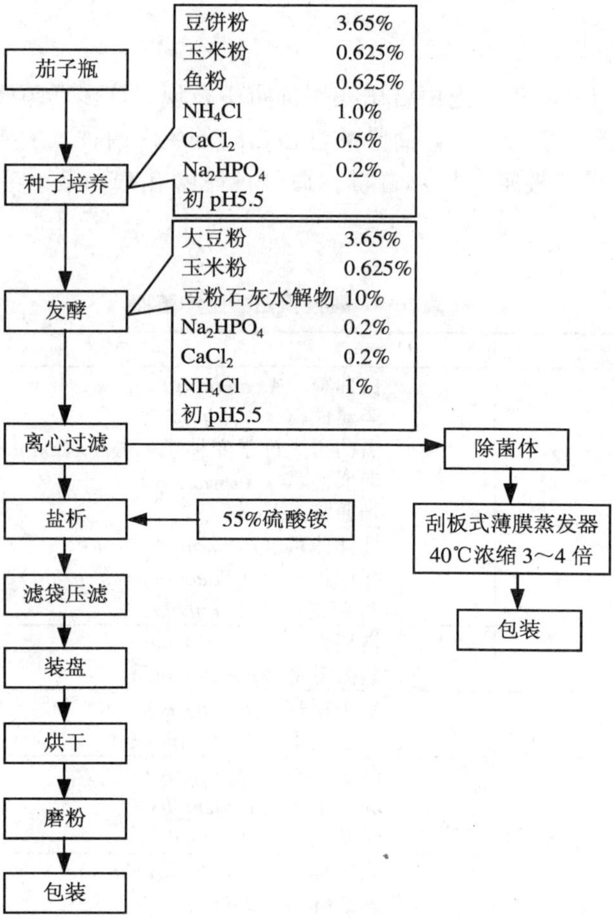

图 5-7 酸性蛋白酶生产工艺流程

（2）发酵。5 000 L 不锈钢发酵罐装 3 000 L 培养基，于（31±1）℃、180 r/min 下通风培养，控制通风量 0～24 h 为 1∶0.25 VVm；24～48 h 为 1∶0.5 VVm；48 h 至结束为 1∶1.0 VVm，平均 1∶0.6 VVm 左右。发酵 72 h，酶活性一般达 2 500～3 200 U/ml。

（3）酶的提取。工业用的粗制品酶采用盐析法提取，将培养物滤去菌体，用盐酸调节至 pH 4.0 以下，加入硫酸铵至终浓度 55%，静置过夜，倾去上清液，沉淀压滤去母液，于 40℃烘干后磨粉。盐析工艺收率 94%以上，干燥后收率 60%以上，酶活性为 20 万 U/g。也可将发酵液滤除菌体后，使用刮板式薄膜蒸发器 40℃浓缩 3～4 倍，直接作为商品。

（4）酶的纯化。供医药和食品工业使用的酶通常要进一步纯化。纯化方法有以下两种：

① 离子交换法：将所得的粗酶加水浸泡（pH 3.0）、过滤或直接将上述发酵液离心滤除菌体后，用 55%硫酸铵盐析后压滤，再将酶泥溶于 0.005 mol/L pH 2.5 乳酸缓冲液，用

通用两性一号离子交换树脂进行脱色（收率 93%），用真空薄膜刮板蒸发器于 40℃浓缩至 2 倍以上（收率 90%），再用 732 阳离子、701 阳离子树脂混合床脱盐（收率 90%），最后进行喷雾干燥或冷冻干燥、磨粉即成。成品为淡黄至乳白色粉末，酶活性为 40 万～60 万 U/g。

② 单宁酸沉淀法：在搅拌下向发酵滤液（pH 5.5 左右）加入 10%单宁酸，使单宁酸的终浓度 1%左右，静置 1 h，离心收集酶与单宁酸的复合物。再向此复合物中加入 10%聚乙二醇（分子量 6 000），使聚乙二醇用量相当原酶液的 0.3%～0.5%，不断搅拌，离心去除单宁聚乙二醇聚合物，经此过程，酶液可以浓缩 10 倍，总收率 90%以上。向浓缩酶液加入糖用活性炭 3%（在 pH 4.5 左右）脱色，得到浅黄脱色酶液，酶回收率 90%～95%，脱色酶液或用酒精在低温下沉淀，或用硫酸铵盐析制成浅色酶粉，其活性可达 40 万～60 万 U/g，总收率 70%以上。

二、中性微生物蛋白酶

（一）中性蛋白酶的性质

大多数中性微生物蛋白酶是含锌离子的金属酶，相对分子量质量 35 000～40 000，等电点为 8～9，是微生物蛋白酶中最不稳定的酶，很易自溶，即使在低温冰冻干燥，也会造成分子量的明显减少。性质见表 5-8。

表 5-8　中性蛋白酶的性质

菌种	最适 pH	热稳定性	保护剂
耐热解蛋白芽孢杆菌	6～7	80℃处理 1 h，尚存酶活 50%	Ca^{2+}
枯草杆菌	6～7	60℃处理 15 min，失活 90%	Ca^{2+}
栖土曲霉 3.942	6.5～7.5	55℃处理 10 min，失活 80%以上	Ca^{2+}
放线菌 166	7～8	35℃以下稳定，45℃迅速失活	Ca^{2+}

（二）生产菌种

中性蛋白酶是最早用于工业生产的蛋白酶。生产菌种见表 5-9。不少微生物的中性蛋白酶已经纯化，并进行了详细研究。商品中性蛋白酶的生产菌种主要是枯草杆菌、耐热解蛋白芽孢杆菌、寄生曲霉、米曲霉、栖土曲霉、灰色链霉菌等。

表 5-9　中性蛋白酶的生产菌种

菌类	菌种
杆菌	枯草杆菌（*B.subtilis*） 耐热解蛋白芽孢杆菌（*B.thremoptelyticus*） 巨大芽孢杆菌（*B.megaterium*） 溶组织梭状芽孢杆菌（*C.histolyticum*） 嗜热脂肪芽孢杆菌（*B.stearothermophilus*） 奇异变形杆菌（*Proteus uirabilis*） 淀粉糖化枯草杆菌变异株（*B.subtilis* var.*amylosaccharíticus*） 淀粉液化芽孢杆菌（*B.amloliquefaciens*） 蜡状芽孢杆菌（*B.cereus*）
曲霉	酱油曲霉（*A.sojae*） 米曲霉（*A.oryzae*） 黄曲霉（*A.flaues*） 棕曲霉（*A.ochracens*） 栖土曲霉（*A.terricola*） 寄生曲霉（*A.parasiticus*）
其他	铜绿色假单胞菌（*P.aeraginosa*） 溶酪蛋白小球菌（*Micrococcus caseolyticus*） 灰色链霉菌（*S.griseus*） 奈良链霉菌（*S.naraensis*）

（三）中性蛋白酶的生产实例

我国生产中性蛋白酶的菌种主要是枯草杆菌 AS114、1.398、172，栖土曲霉 3.94 等。下面以枯草杆菌 AS1.398 液体深层培养法为例介绍中性蛋白酶的生产技术。

1. 生产工艺（图 5-8）

2. 操作要点

（1）菌种选育。菌种选育如图 5-9 所示。制好培养基接种后，30℃下培养 26 h，0～5℃冰箱保存。AS1.398 的变异株 AS1.398-14-11-14，产酶能力比母株提高 19%，且较稳定。

（2）种子罐培养。种子罐内径ϕ400 mm，高 850 mm，容积 150 L，装料 70 L，搅拌速度 320 r/min。培养基在 9 800 Pa 灭菌 30 min。培养温度 29～31℃（低温季节 30～32℃），通风量保持在 1∶0.5 VVm，自然 pH。培养 10 h 后镜检菌形，凡菌体瘦细，短而均匀者为优，酶活在 400～600 U/ml 较为合适。

（3）发酵罐发酵。发酵罐内径ϕ1 200 mm，高 2 800 mm，搅拌转速 220 r/min，投料量

1 200 L。接种量 6%～8%，培养温度按前期升温法培养，即在第 5～8 h 内，每小时升温 2℃，9～12 h，每小时降温 2℃，第 12 h 后保持 30～32℃。通风量 0～12 h 为 1∶0.6 VVm；12～20 h 为 1∶0.7 VVm；20 h 后为 1∶0.8 VVm，搅拌转速 320 r/min。发酵 26～28 h，酶活力 6 000～7 000 U/ml，pH 5.5 左右，总糖约为 1.5%，残糖为 0.5%以下。

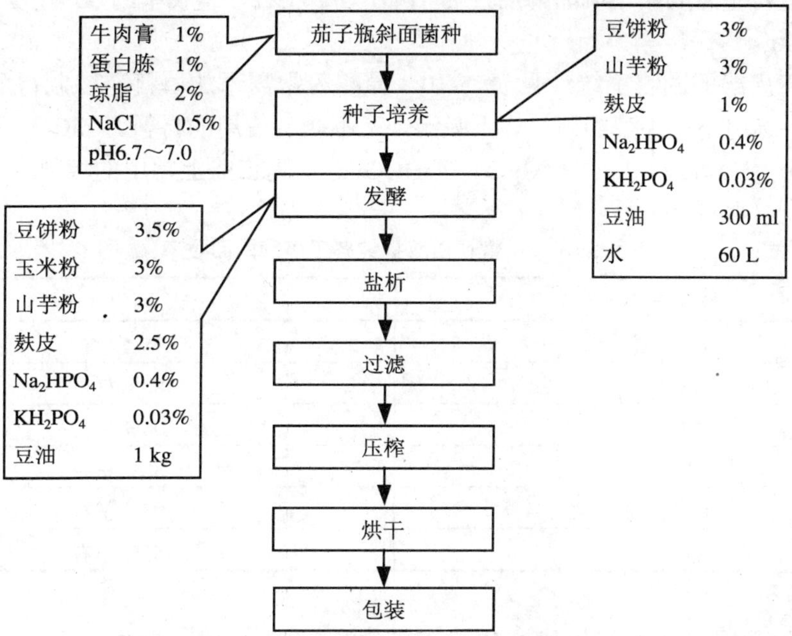

图 5-8　中性蛋白酶的生产工艺流程

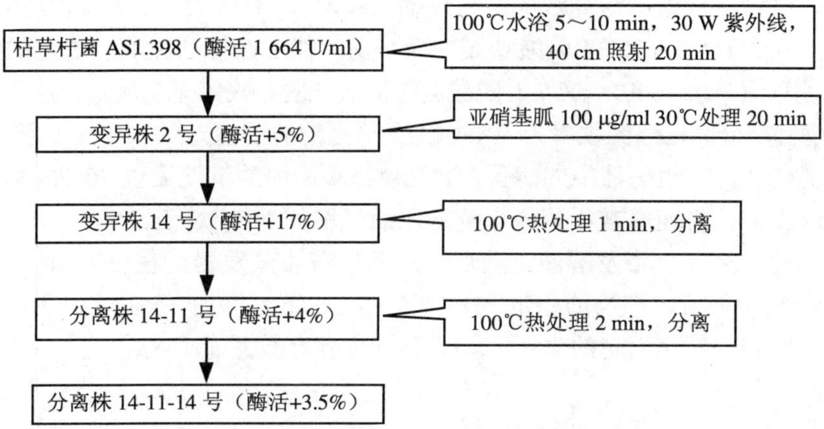

图 5-9　枯草杆菌 AS1.398 变异株的筛选

（4）酶的提炼与产品标准化。向发酵液加入 $CaCl_2$ 0.4%，pH 6.0～7.0，搅拌 30 min，压滤去杂质，清液用薄膜蒸发器在 35～40℃，真空度 9.6×10^4～9.9×10^4 Pa 下浓缩至原体积的 1/2 以下，再加工业硫酸铵至浓度 42%，盐析 12～16h，除去上清液后，加硅藻土 2%，经离心分离或压滤，取出酶泥，绞碾成细条，置真空度 9.6×10^4～9.9×10^4 Pa 35℃ 干燥之后，磨粉即为成品。成品酶活性为 10 万 U/g 左右。总收率约 55%，1 t 发酵液可得到酶粉约 16 kg。

提炼各工序酶的回收率统计见表 5-10。原酶粉常需添加填料，以制得酶活均一的酶制剂，填料应选用不损害酶的活性、不吸湿，又不影响使用的材料。$CaCO_3$、淀粉、乳糖、明胶、硅藻土、Na_2SO_4、NaCl、MgO、$NaHCO_3$ 等均是工业上常用的填料。

表 5-10　中性蛋白酶提纯各工序酶的回收率

操作工序	回收率
净化工序	95%左右
压滤	80%左右
浓缩	95%左右
盐析离心	80%左右
干燥磨粉	95%左右
总收率	55%左右

蛋白酶作药用时，需将粗酶纯化，工艺流程见图 5-10。操作要点如下：粗酶加水（1∶10）浸提，再加浓度为 70%的 $CaCl_2$ 溶液 20%（体积分数）及 25%$(NH_4)_2SO_4$（mg/L）作为净化助滤剂，过滤后得到澄清酶液，再加 35%$(NH_4)_2SO_4$ 盐析酶，过滤收集酶泥溶解于 0.02 mol/L pH 7.2 磷酸盐缓冲液中，通过葡聚糖凝胶 G-25 脱盐。柱体为 1 cm×10 cm，柱中凝胶先用 0.02 mol/L pH 7.2 磷酸盐缓冲液平衡，然后在柱顶注酶，通过的酶量为床体积的 20%，流毕用 0.02 mol/L pH 7.2 磷酸盐缓冲液洗脱，收集无盐酶液冷冻干燥即可。按此工艺由粗酶到部分纯化酶的收率为 50%以上，每克酶的活性提高 22 倍，达到 120 万 U/g，酶的比活可提高 4 倍。粗酶液中的酶蛋白也可在 5℃用丙酮沉淀后以 70%丙酮反复洗涤脱盐，收率 50%左右。将粗酶盐析分段，酶的比活可增加 15～20 倍。

（5）液体酶的制备。将发酵液过滤后，用刮板薄膜蒸发器，在 35～40℃，真空度约 85 000 Pa，浓缩 3 倍后，在酶的稳定 pH（6.5～7.0）下，添加 15% NaCl 和 2%乙醇，置密闭容器内（以减少氧化引起的失活），低温下可保存数月。

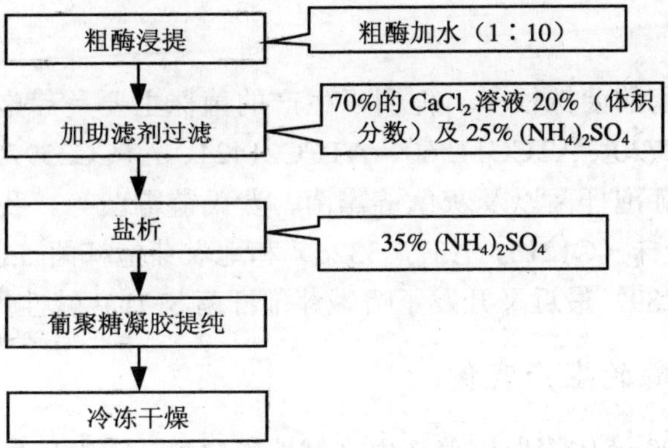

图 5-10 蛋白酶的纯化工艺流程

三、碱性微生物蛋白酶

（一）碱性蛋白酶的性质

多数微生物碱性蛋白酶在 pH 7～11 范围内有活性。在以酪蛋白为底物时的最适 pH 以 9.5～10.5 为多。这种酶除水解肽键外，还具有水解酯键、酰胺键和转酯及转肽的能力。

多数微生物碱性蛋白酶不耐热，若在 50～60℃加热 10～15 min，几乎其中一半酶的活性下降 50%，只有费氏链霉菌与立德链霉菌等的碱性蛋白酶，经 70℃处理 30 min，酶活性仅损失 10%～15%。费氏链霉菌碱性蛋白酶 1B 既耐热又耐碱（最适 pH 11～11.5）。不少链霉菌碱性蛋白酶即使在 pH 12～13 仍有活性，可是超过 50℃就引起失活。我国生产的几种碱性蛋白酶的耐热性亦在 60℃以下。碱土金属，特别是钙对碱性蛋白酶有明显的热稳定作用。碱性蛋白酶的相对分子质量比中性蛋白酶小（20 000～34 000），等电点为 5～11（表 5-11）。

表 5-11 几种碱性蛋白酶的性质

产酶微生物及酶	相对分子质量	最适 pH	等电点
枯草杆菌 NRRL B3411	32 500	10.0	
碱性蛋白酶 BPN	27 650	10.2～10.7	7.8
卡斯柏格碱性蛋白酶	27 600	10～11	9.4
酱油曲霉	25 700	11.0	5.1
米曲霉	18 000	9.5～10.5	
镰刀霉 S-19-5	26 500	11.0	11.0

（二）生产菌种

可产生碱性蛋白酶的菌株很多，但用于生产的菌株主要是芽孢杆菌属的几个种，如地衣芽孢杆菌 ATCC8720、ATCC11560、ATCC21424、ATCC25972，解淀粉芽孢杆菌，短小芽孢杆菌，嗜碱芽孢杆菌以及灰色链霉菌、费氏链霉菌等。我国主要使用的是地衣芽孢杆菌 2709 及其变株（C1213，A57，3326）和地衣芽孢杆菌 533-F13，此外也曾使用短小芽孢杆菌 209 与 289，最近又开发了嗜碱芽孢杆菌 SMJ-P 碱性蛋白酶。

（三）碱性蛋白酶的生产实例

地衣芽孢杆菌 2709 液体深层培养法生产碱性蛋白酶是国内最早（1971 年）投产的碱性蛋白酶，也是最大的一类蛋白酶，其产量占商品酶制剂总量的 20%以上。此酶主要用于加酶洗涤剂制造及制革和丝绸脱胶。下面介绍其生产技术。

1. 工艺流程（图 5-11）

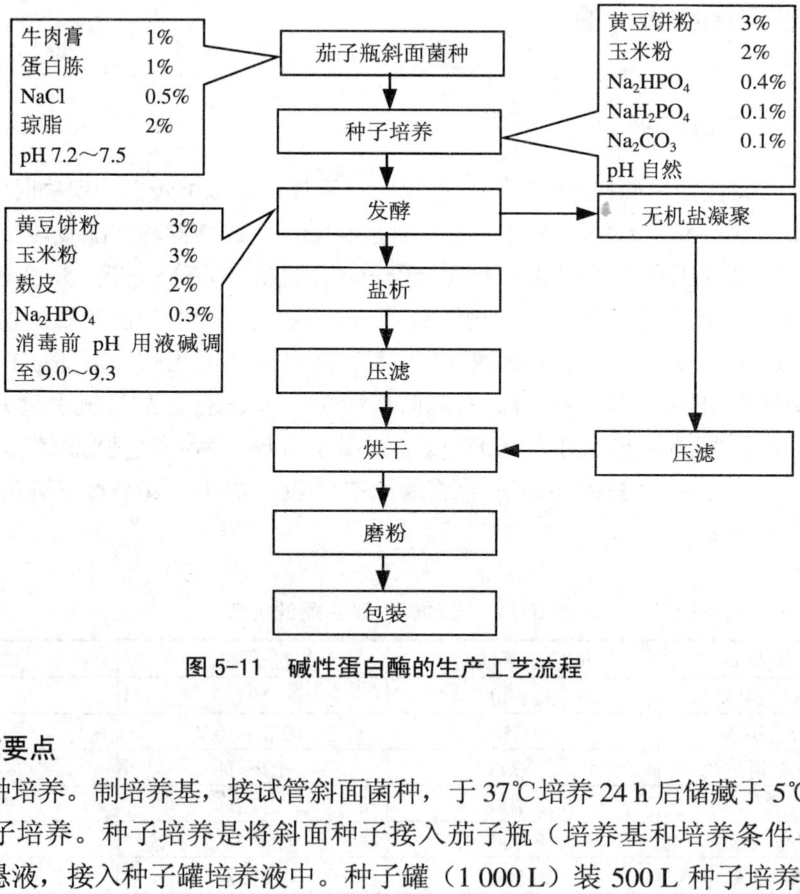

图 5-11　碱性蛋白酶的生产工艺流程

2. 操作要点

（1）菌种培养。制培养基，接试管斜面菌种，于 37℃培养 24 h 后储藏于 5℃冰箱备用。

（2）种子培养。种子培养是将斜面种子接入茄子瓶（培养基和培养条件与斜面相同）培养后制成悬液，接入种子罐培养液中。种子罐（1 000 L）装 500 L 种子培养基。在 36℃

下，通风量 1∶0.7 VVm，搅拌速度为 250 r/min 下培养 18～20 h。

（3）发酵。10 000 L 发酵罐装培养基 5 000 L 在 36℃下通风（前期 1∶1.5 VVm，后期 1∶0.2 VVm）搅拌 40 h 左右酶活为 8 000～10 000 U/ml。

（4）提取。地衣芽孢杆菌菌体细小，发酵液黏度大，直接采用的常规离心或板框过滤的方法进行固液分离是十分困难的，而且也得不到澄清滤液。目前，国内一般工厂都采用无机盐凝聚的方法或直接将发酵液进行盐析。前者即向发酵液中加入一定量的无机盐，使菌体及杂蛋白聚集成大一些的颗粒，再进行压滤。此法虽能除去菌体，但过滤速度仍较慢，且色泽较深；后者即直接向发酵液进行盐析，得到酶、菌体、杂蛋白混合体系。

为解决上述问题，可采用絮凝法来处理发酵液，其做法是：向发酵液中加入碱式氯化铝，使终浓度为 1.5%，然后用碱将发酵液 pH 调节到 8.5 左右，再加入聚丙烯酰胺，使终浓度为 80 mg/L，50 r/min 搅拌 7 min 后，静置一段时间，然后在一定真空度下抽滤，向滤液中加入硫酸钠，使终浓度为 55%，静止 24 h 后，倾去上清液，加硅藻土 2%，压滤后干燥，磨粉，即为成品酶。

絮凝法的优点是过滤速度快，滤液澄清，经盐析后，所得到的酶活有所提高，外观色泽比无机盐法的酶粉浅得多。

第三节 纤维素酶的生产

纤维素类物质是地球上唯一分布最广、最廉价的可再生资源，全世界每年由光合作用产生的植物材料干重中 50%为纤维素，其总量大约有 1.1×10^{11} t，但仅有很少部分用于纺织、造纸、酿造、饲料等，还有一部分用于燃料，约 80%未被开发利用，而是通过微生物自然分解或燃烧，参加自然界碳素循环。自从 1906 年 Seilliere 在蜗牛消化液中发现能分解天然纤维素的纤维素酶后，纤维素酶的研究和应用越来越受到全球各地的普遍关注，如将纤维素以工业规模进行降解，就可使纤维素转化为人类急需的能源、植物和化工原料等，同时还可以处理废物，消除公害，保护环境。

纤维素酶自被发现后，国内外学者进行了大量的研究工作。国内关于纤维素酶的特性、作用机理、培养条件、应用试验等方面的报道文献较多。但纤维素酶制剂规模生产仍未得到有效解决，我国现用的纤维素酶大部分由国外进口，价格较高，国内生产厂商仍较少，技术含量低（主要是固体法生产），满足不了国内市场的需要，因此，我国纤维素酶制剂工业潜力很大，且亟待大力研究开发新酶种、新用途、新产品。

一、纤维素酶的性质和作用机理

（一）纤维素酶的组分

纤维素酶是能降解纤维素的一种生物催化剂，它是由若干种互相关联的酶组成的相当复杂的酶系，而非一种简单的酶。由于组成的复杂性，使得提纯困难，从而导致人们对其性质的研究不很透彻。根据组成其中各种酶功能的不同，将纤维素酶分为三大类（表5-12）。

表 5-12　纤维素酶的组成种类

种类	作用
Cx 酶	葡聚糖内切酶（endo-1,4-*β*-D-glucanase，E.C.3.2.1.4 或 1,4-*β*-D-glucanchydrolase，来自真菌的称 EG），俗称 Cx 酶，一般作用于纤维素酶分子内部的非结晶区，任意水解 *β*-1,4-糖苷键，将长链纤维素分子截短，产生大量非还原性末端的小分子纤维素
C_1 酶	葡聚糖外切酶（exo-1,4-*β*-D-glucanse，E.C.3.2.1.91），俗称 C_1 酶，这类酶作用于纤维素线状大分子末端，*β*-1,4-糖苷键，每次切下一个纤维素二糖分子，故又称为纤维二糖水解酶（Cellobio hydrolase），来自真菌的称为 CBH，来自细菌的称为 Cex
β-葡聚糖苷酶	*β*-葡聚糖苷酶（*β*-Glucosidase，E.C.3.2.1.21，简称 BG），这类酶将纤维二糖水解成葡萄糖分子

以上介绍的只是组成纤维素酶的三个大类，实际上纤维素酶的成分非常复杂，而且随来源的不同，纤维素酶的组分、分子特征、催化活性、底物特性以及对纤维素的吸附性都有很大的差别。

（二）纤维素酶的分子结构

近些年来，人们对纤维素酶分子结构的研究已开展了广泛的工作，借助现代化分析技术和方法，如重组 DNA、电镜和 X 射线扫描、用位点修饰和点诱变、局部蛋白水解、亲和色谱分离、在特性和配体结合研究方面的人工基质的采用等，已经取得了较大的进展。

通过对纤维素酶结构的研究发现，作用于同一底物的酶尽管在一级结构上无同源性或同源程度很低，各种纤维素酶的氨基酸排列顺序也不尽相同，但酶的蛋白质构架却普遍具有类似的结构，都有一段椭圆形的催化活性中心即催化结构域（CD，catalytic domain）和一段长的同源程度很高的尾部结合活性中心即结合结构域（CBD，cellulase-binding domains），二者之间通过一段富含羟基氨基酸和脯氨酸的序列相连，成为连接桥（L， linker)。三者功能如下：

（1）连接桥（L）：它的作用可能是保持 CD 和 CBD 之间的距离，也可能有助于不同酶分子间形成较为稳定的聚集体。

（2）结合结构域（CBD）：它对酶的催化活力是非必需的，但它执行调节酶对可溶性和非可溶性底物专一性活力的作用，其结合纤维素的作用机理目前尚不是很清楚。有人认为 CBD 是通过氢键稳定结晶底物的，纤维素酶的 CBD 可能位于肽键的 N 末端或 C 末端。据研究发现，一些细菌的 CBD 顺序有一定的共同特点，即带电荷氨基酸含量较低，羟基氨基酸含量很高，均含有色氨酸、天冬酰胺和甘氨酸，而且两个胱氨酸在 N 末端和 C 末端的位置完全相同，不过也有一些纤维素没有 CBD，如热梭菌是依靠纤维素酶系中的纤维小体吸附纤维素的。

（3）催化结构域（CD）：它体现酶的催化活性及对特定水溶性底物的特异性。尽管不同来源纤维素酶的分子量大小差别很大，但它们催化区的大小基本一致。

（三）纤维素酶的性质

纤维素酶系中大多数酶作用于底物的最适 pH 为 4.0～6.0；pH 稳定范围大多在 4.0～9.0。另外，最适 pH 与反应温度有关，如拟康氏木霉 N_2-78 的纤维素酶 CMC 糖化力，30℃时最适 pH 为 5.0，40℃时为 4.8，50℃时为 4.4，60～70℃时为 4.0～4.4。

大多数纤维素酶都具有较高的稳定性，一般最适温度为 40～50℃，温度稳定范围为 50～70℃，但各组分酶的热稳定性也有差异，并受到 pH 的影响。拟康氏木霉 N_2-78 纤维素酶的 CMC 糖化力在 pH 2.0 或 pH 7.0 时，若温度在 40℃，便开始降低；在 pH 3.0 或 pH 6.0 时，温度在 50℃以上，活力开始降低；而在较适宜的 pH 4.0～5.0 时，温度在 60℃以上，酶活力才开始降低。

纤维素酶可由酶促反应的产物和类似底物的某些物质引起竞争性抑制，常见的竞争性抑制剂有纤维二糖、葡萄糖和甲基纤维素；植物体内的某些酚、单宁和花色素是天然的抑制剂；卤素化合物、重金素、去垢剂和染料等也能使其失活。但是，在酶作用条件改变后，一些物质在抑制剂和活化剂之间。如纤维二糖在大多数情况下是抑制剂，但在作用于 CMC（羧甲基纤维素钠）时，有 7 种纤维素酶被纤维二糖活化。常见的纤维素酶的激活剂主要有：氟化钠、Mg^{2+}、氯化钴、Ca^{2+}、磷酸钙、中性盐等，对这些激活剂筛选研究的结果是硫酸镁、氟化钠、磷酸二氢钙的激活作用较强。

纤维素酶的分子大小因来源不同而明显有差异，其变化范围很广。内切型酶的分子量介于 23～146 kDa，如真菌的异构酶 EG Ⅰ 与 EGⅢ，EG Ⅰ 分子量约为 54 kDa；EGⅢ约为 49.8 kDa。但也有例外，纤维黏菌 EG 有两种菌的内切酶分子量只有 6.3 kDa。外切型酶的分子量介于 38～118 kDa，如木霉的 CBH 有两种异构酶 CBH Ⅰ 和 CBH Ⅱ，CBH Ⅰ 分子量约为 66 kDa，CBH Ⅱ 约为 53 kDa。β-葡萄糖苷酶的分子量为 90～100 kDa（胞内酶型）和 47～76 kDa（胞外酶型）。

不同纤维素酶生产商所产的纤维素酶在酶系的组成、相对分子量、最适 pH、最适温度等方面有所不同，有的甚至相差较大。康氏木霉、绿色木霉所产纤维素酶的酶学性质如表 5-13 所示。

表 5-13　康氏木霉、绿色木霉纤维素酶的酶学性质

菌种	酶（组分）	相对分子量	含糖量/%	最适 pH	最适温度/℃
绿色木霉	Cx	43 000	12～14	4.5～5.0	50
	C_1	53 000	5.8	—	—
康氏木霉	Cx	48 000	—	5.5	60
	C_1	62 000	9.0		

（四）纤维素酶的作用机理

1．对纤维素酶分子的吸附作用

纤维素酶对纤维素的降解，一般首先要吸附到纤维素上，但并不是好的吸附才有好的催化。纤维素酶的吸附不仅与酶本身性质有关，也与底物的特性密切相关，其能力大小与酶的含糖量和疏水性均有关联。至于吸附能力是否可逆，则视具体酶的种类而定。里氏木霉的 CBHⅡ和 EGⅢ对纤维素的吸附是个可逆过程，而 CBHⅠ是个不可逆过程，研究还发现除 CBHⅠ和 CD 外，酶组分吸附与相应的水解活力之间没有线性关系。此外，纤维素酶的吸附机制并未弄清楚，仍需做进一步研究。

2．纤维素酶的协同降解机理

三种不同功能的纤维素酶在分解过程中存在协同作用。一般，外切酶作用于不溶性纤维素表面，使形成结晶结构的纤维素长分子链开裂，长链分子末端部分发生游离，从而使纤维素易于水化；内切酶则作用于经外切酶活化的纤维素，分解其 β-1,4 键，产生纤维二糖、三糖等短链低聚糖，β-葡聚糖苷酶再将纤维二糖、三糖等分解成葡萄糖。但值得一提的是，该协同作用不但起作用的顺序不是绝对的，就连各酶的功能也不是固定的。研究表明，EG 和 CBH 都能引起纤维素的分散和脱纤化（沿着纤维素的经度方向分层，形成更薄更细的亚纤维），这样纤维素的结晶结构被打乱，导致变形，使纤维素酶能深入纤维素分子界面之间，从而使纤维素孔壁、间壁的压力增大，水分子的介入使纤维素分子之间的氢键被破坏，产生部分可溶性的微结晶，利于进一步被降解（图 5-12）。

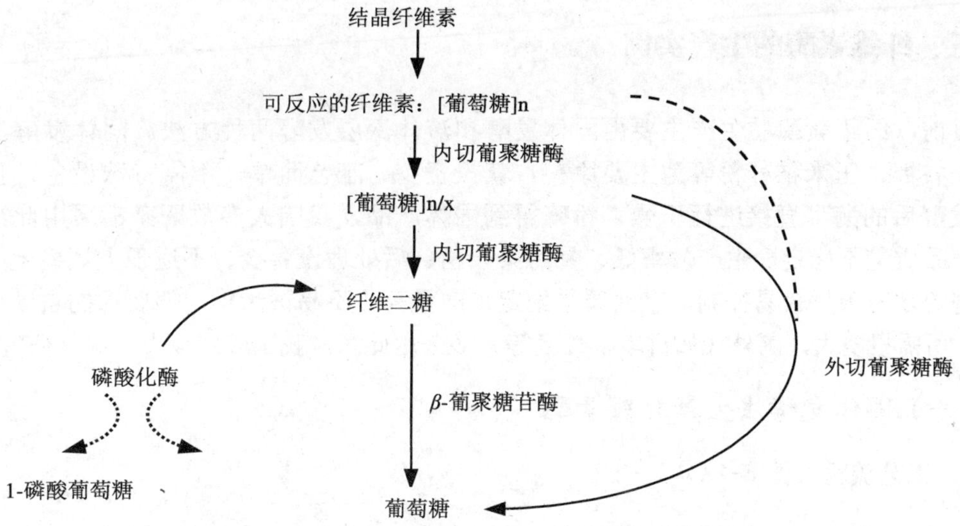

图 5-12　纤维素酶作用机理

二、生产菌种

自然界中大量而广泛地存在着能产生纤维素酶的物质，包括昆虫、软体动物以及微生物等。目前，人们研究较多的是产酶微生物，包括细菌、放线菌、真菌等。细菌类有红黄纤维弧菌、普通纤维弧菌、瘤胃球菌和荧光极毛杆菌等；放线菌纲有链霉菌、玫瑰色放线菌小单胞菌、纤维放线菌及黑红旋丝放线菌等；真菌类主要有木霉（绿色木霉、里氏木霉、康氏木霉等）、青霉、曲霉和根霉等。

筛选和培育高产的菌种是生产纤维素酶的关键。分解纤维素酶的细菌大多是厌气性的，生长慢，产生的纤维素酶多数结合在细胞膜上，属于胞内酶，菌体细胞需吸附在纤维素上才能起作用，使用很不方便，酶的分离提取也较困难。真菌和放线菌所产生的纤维素酶通常是胞外酶，酶被分泌到培养基中，用过滤和离心方法就可以较容易得到无细胞纤维素酶制品。但由于放线菌产生的纤维素酶的产量极低，且分解纤维素的能力都很弱，所以研究很少。

目前，用于研究生产纤维素酶的微生物大多采用真菌，如木霉属、曲霉属、阿氏菌属、根霉属、毛霉属、青霉属、粑霉属、裂裥霉属、漆霉属、葡萄状穗霉属、孢霉属等，其中酶活力较强的菌种是木霉、青霉、曲霉及根霉，这几种是目前公认的较好的纤维素酶生产菌，其产率高，被广泛应用，其中尤以木霉应用最为广泛，我国生产上应用的菌种也大多属于木霉。

三、纤维素酶的生产实例

目前，纤维素酶的生产主要由固体发酵和液体深层发酵两种方法。固体发酵法是以麸皮、谷糠、玉米秸秆粉等为主要原料，其投资少、工艺简单、不需特殊设备，且污染少，发酵后的酶可直接进行干燥、粉碎得到固体产品，我国大多数厂家都采用此法，但此法产品质量不稳定、生产效率低、易污染杂菌、后处理设备少、不适于大规模生产。液体发酵的培养条件较易控制，产品质量稳定，产量高，不易被污染，但要求的自动化水平较高，所需投资大，国外（如日本、丹麦等）多采用此法，我国应用较少，尚处研究阶段。

（一）固体发酵法生产纤维素酶

1. 工艺流程（图 5-13）

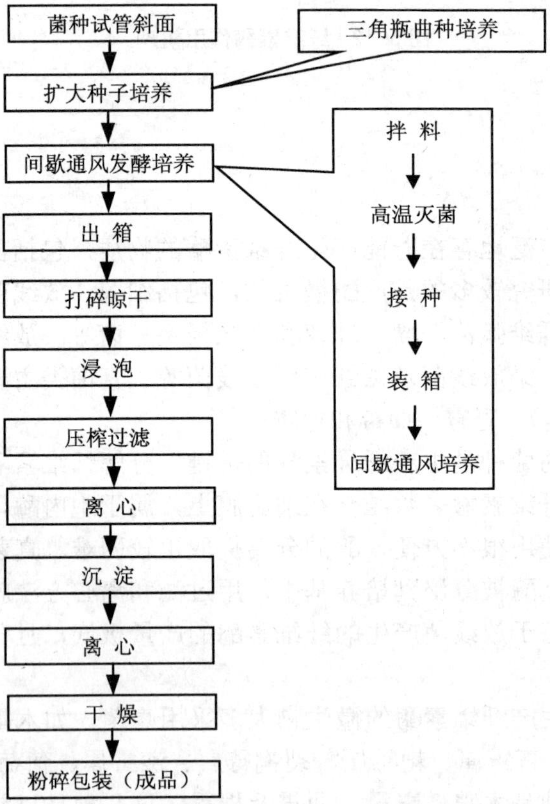

图 5-13 纤维素酶固体发酵法工艺流程

2. 操作要点

（1）试管斜面菌种培养

① 试管斜面培养基。马铃薯-葡聚糖琼脂（PDA）培养基，121℃下灭菌 30 min 后，立即取出摆斜面。

② 接种与培养。将保藏的原菌（绿色木霉）用接种环在无菌条件下接种到斜面培养基中，在 28～30℃的恒温培养箱中进行增殖培养 72 h 后，取出，于 0～4℃保存备用。

（2）种子扩大培养

可采用逐级扩大的办法，先在三角瓶培养基中进行培养，当菌体生长旺盛可转入较大容器中培养。根据发酵规模来确定采用几级培养来扩大种子。

① 种子培养基制备。种子培养基一般由麸皮、谷糠及无机盐类等组成，其配方如下：麸皮 80%、谷糠 20%、$(NH_4)_2SO_4$ 2%、$NaNO_3$ 0.15%、$MgSO_4 \cdot 7H_2O$ 0.05%、KH_2PO_4 0.05%，自然 pH，加水 2～3 倍原料重，以拌好后用手捏成团但又挤不出水滴为宜。

配制时先计算好各种原料质量并称出，用少量水将无机盐类溶化，再将麸皮和谷糠混合均匀，倒入盐溶液，搅匀后装入已灭菌的三角瓶中，每 250 ml 三角瓶装 20 g 培养基料，121℃下灭菌 30 min。

② 接种与培养。将培养好的菌种自斜面培养基中挑取一块（约为种子培养基的 0.2% 量），接入种子培养基中，拌匀，28～30℃的恒温培养箱中培养 72 h，取出于 40℃下干燥后备用。

（3）厚层通风发酵培养

① 发酵培养基制备。配方与制备方法同种子培养基。

② 接种与发酵培养。培养基经蒸煮或蒸汽灭菌后，待冷却至 30℃左右时，将培养在三角瓶中的种子培养菌拌入，接种量为 0.2%～0.3%，混匀，装入底部有筛孔的曲箱中，厚度以 20～30 cm 为宜（最高可达 30～60 cm），培养基应装得均匀疏松，防止干燥或吹风时龟裂引起空气短路。在培养室内一定温度（30～50℃）、一定湿度下培养，整个过程中要合理使用室内循环和新鲜风的比例，尽量加大室内的相对湿度（90%～100%），当菌体发酵过程中呼吸产热，品温升高，超过规定温度时，必须通入空气散热，这样间歇断续通风直到结束。培养时间为 48～64 h，出箱后，打碎晾干。

（4）分离提纯

① 压滤离心。将打碎晾干后的麸曲粉碎，在 28～30℃下用 3 倍水量浸泡 2～3 h，再用螺旋压榨机压滤，滤液即为酶液，重复上述过程反复浸麸曲，压滤获得浓度较大的酶液，将 pH 调至 3.0 左右，静止 0.5 h 后，用冷冻离心机以 4 000 r/min 的速度离心，去除杂质，留上清液为酶液，将酶液调 pH 为 5。

② 沉淀干燥。将乙醇与酶清液低温冷却至 5～7℃，用酶液一半体积的 60%乙醇倒入酶液中，边倒边搅动，速度不宜太快，以免造成局部浓度过高而引起酶失活，再用 95%乙

醇洗涤 2～3 次，沉淀完全后用低温离心机离心，分离沉淀，将全部沉淀低温干燥（≤25℃）后粉碎，即得纤维素酶粉剂，其活力要求在 50 000 U 左右。

日本用绿色木霉固态培养法生产纤维素酶的工艺流程示意图如图 5-14 所示。该培养工艺采用液体种，以纤维素酶原料麸皮为固体培养的基质，盒装曲室温湿度自动控制，成品曲用水淬取，萃取液经离心后，用硫铵、丙酮或乙醇沉淀纤维素酶，沉淀酶经压滤、滚筒干燥，加食盐作稳定剂即成粗酶制品，沉淀时上清液，经离心去杂，再经超滤和喷雾干燥回收酶粉。

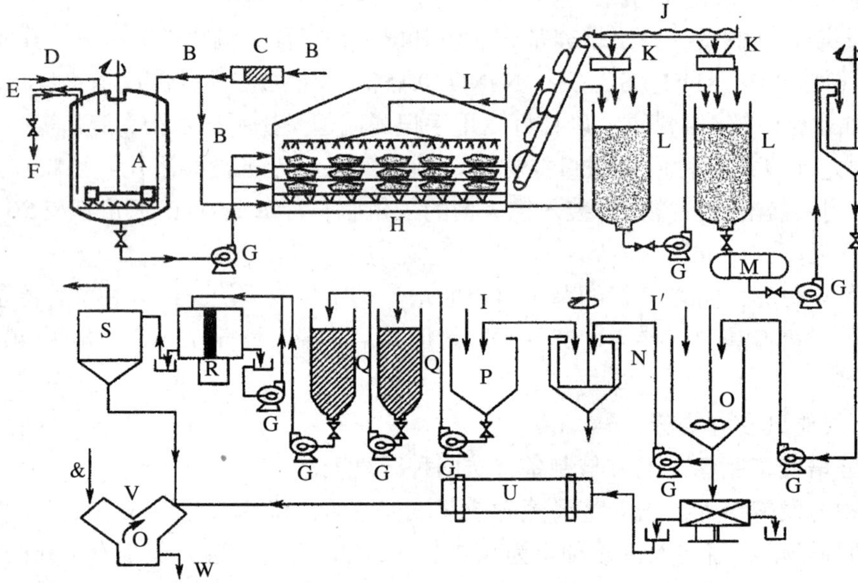

A．绿色木霉种子培养；B．无菌空气；C．空气过滤气；D．接种管；E．排气管；F．取样管；G．离心泵；H．自动麸曲培养装置；I．水喷淋浴；I′．硫铵、丙酮、酒精、水；J．输送带；K．加料斗；L．抽提塔；M．贮罐管；N．离心机；O．沉淀罐；P．混合槽；Q．离子交换柱；R．薄膜浓缩器；S．喷雾干燥器；U．转动式干燥器；V．混合器；W．纤维素酶成品；&．盐稳定剂

（引自《酶制剂生产技术》，孙俊良，2004）

图 5-14　固态培养法生产纤维素酶的工艺示意图

（二）液态深层发酵法生产纤维素酶

1. 工艺流程（图 5-15、图 5-16）

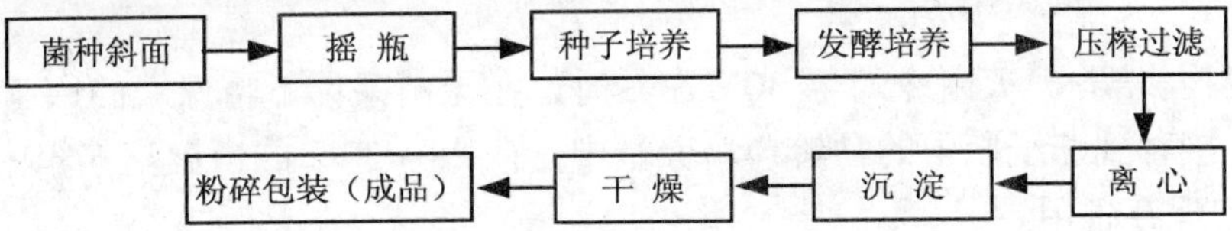

图 5-15　纤维素酶液体发酵法工艺流程

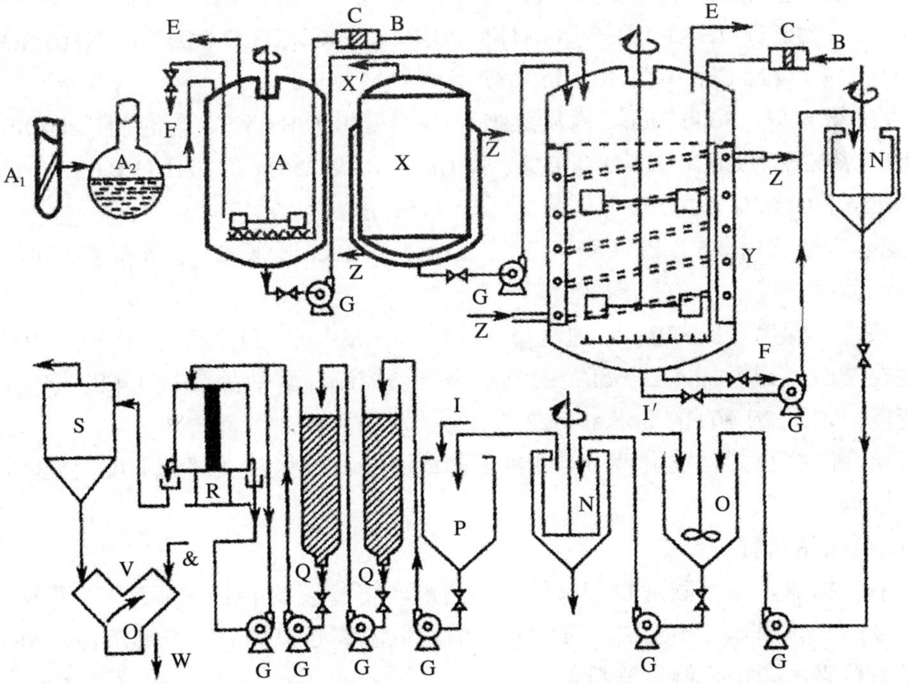

A_1．绿色木霉的斜面培养；A_2．孢子悬浮液；A．种子罐；B．除油压缩空气；C．空气过滤器；E．排气管；F．取样器；G．离心泵；X．贮料罐；X′．进料管；Z．供水、排水管；Y．主发酵罐；N．离心机；O．沉淀罐；I′．硫酸铵、丙酮、乙醇和水；I．水；P．混合槽；Q．离子交换柱；R．薄膜浓缩器；S．喷雾干燥器；V．混合器；W．纤维素酶制剂；&．盐稳定剂

（引自《酶制剂生产技术》，孙俊良，2004）

图 5-16　液体深层培养法生产纤维素酶的工艺示意图

2．操作要点

（1）茄子瓶斜面菌种培养

① 培养基。马铃薯-葡聚糖琼脂（PDA）培养基，121℃下灭菌 30 min 后，立即取出摆斜面。

② 接种与培养。灭菌冷却至 30℃左右时，在无菌条件下将保藏的原菌（里氏木霉或绿色木霉）接种到茄子瓶中的马铃薯培养基中，在 28～30℃的恒温培养箱中培养 72 h 后，取出 0～4℃保存备用。

（2）种子、发酵培养

采用逐级发酵罐培养的办法，根据发酵规模来确定采用几级培养。

① 种子培养基。玉米秸秆粉（20 目筛）1%、酵母膏 0.05%、SolkaFloc（木质纤维）1%、蛋白胨 0.3%、$MgSO_4 \cdot 7H_2O$ 0.03%、KH_2PO_4 0.4%、$CaCl_2 \cdot 2H_2O$ 0.03%、$(NH_4)_2SO_4$ 0.2%、Tween-80 0.02%，121℃下灭菌 30 min 后使用。

② 发酵培养基。SolkaFloc（木质纤维）1%、酵母膏 0.05%、消泡剂（204 Sigma Co.）适量、蛋白胨 0.3%、$CaCl_2 \cdot 2H_2O$ 0.03%、KH_2PO_4 0.4%、$MgSO_4 \cdot 7H_2O$ 0.03%、$(NH_4)_2SO_4$ 0.2%、Tween-80 0.02%，121℃下灭菌 30 min 后使用。

③ 发酵方法。用 2.5 L 罐（KF-2.5 L，Korea Fermentor Co.）发酵，按 10%接种量将培养好的液体种子接于 1.5 L 培养基。

培养条件：温度 28～30℃，通气量 1∶0.7～1 VVm，搅拌速度 250～400 r/min，溶氧饱和度在 20%。通过加入 2 mol/L 的氨水来自动控制发酵液的 pH 为 4.0，若 pH 下降速度明显变慢，加入 20 g/L 的 SolkaFloc。

发酵培养的终止：以发酵液 pH 不再下降或回升，且伴随发酵液稠度明显降低作为终止发酵的根据。

（3）酶制剂的制备

发酵液经抽滤，除去固形物和菌体，得清液，将酶液调 pH 值为 5，先用 60%乙醇沉淀，再用 95%乙醇洗涤 2～3 次，沉淀完全后用低温离心机离心，分离沉淀，将全部沉淀低温干燥后粉碎，即得纤维素酶粉剂。

第四节　果胶酶的生产

一、果胶酶的分类与性质

（一）分类

果胶酶是指水解果胶质的一类复合酶，包含有多种组分。果胶酶制剂中至少含有 6 种水解果胶分子上的不同位点的酶类。它可分为果胶质解聚酶与果胶酯酶两大类，具体分类如表 5-14 所示。

表 5-14　果胶酶的分类

种类			水解方式
果胶质解聚酶	聚半乳糖醛酸酶（简称 PG）	endo-PG	随机地从果胶酸分子中间，以水解作用切开 α-1,4 糖苷键
		exo-PG	从非还原性末端顺序水解果胶酸的 α-1,4 糖苷键
	聚甲基半乳糖醛酸酶（简称 PMG）	endo-PMG	随机地水解果胶分子中间的 α-1,4 糖苷键
		exo-PMG	从非还原性末端顺序水解果胶酸的 α-1,4 糖苷键
	聚半乳糖醛酸裂解酶（简称 PGL）	endo-PGL	随机地以反式消去作用切断果胶酸中的 α-1,4 糖苷键，生成具不饱和键的半乳糖醛酸低聚物
		exo-PGL	从非还原性末端顺序切断果胶酸中的 α-1,4 糖苷键，生成具有不饱和键的半乳糖醛酸
	聚甲基半乳糖醛酸裂解酶（简称 PMGL）	endo-PMGL	随机地以反式消去作用切断果胶酸中的 α-1,4 糖苷键，生成具不饱和键（非还原端）的半乳糖醛酸酯低聚物
		exo-PMGL	从非还原末端顺序切断果胶分子中的 α-1,4 糖苷键，生成具不饱和键的半乳糖醛酸
果胶酯酶（简称 PE）			水解果胶分子生成果胶酸

（二）果胶酶的性质

果胶酶随来源不同，其种类和组分有所不同，酶学性质各有差异。表 5-15 显示了微生物来源 PG、PGL、PMGL 和 PE 的性质差异。

表 5-15 果胶酶的性质

菌种	酶类	最适 pH	激活剂	抑制剂
霉菌	endo-PG	4～6		
黑曲霉菌	PG Ⅰ	4.5	Hg^{2+}	
黑曲霉菌	PG Ⅱ	5.1		
芽孢杆菌	exo-PG	6.3～6.6		
细菌	endo-PGL	6.8～9.0		
乳糖醛酸多黏芽孢杆菌	endo-PGL	8.4		
多酶梭状芽孢杆菌	exo-PGL	8.5	Ca^{2+}	
软腐欧氏杆菌	exo-PGL	8.9～9.4		
曲霉菌	PMGL	5.1～5.2	磷酸根和柠檬酸根离子	
立枯丝核菌（*Rhizoctonia solani*）	PMGL	8.9～9.4	Ca^{2+}	EDTA
细菌	PE	7.5～8.0		
霉菌	PE	5.0		

一些霉菌、细菌和植物在产生 PG 同时，亦能产生 PE。此类酶专一性很强，对果胶的水解作用至少比对非半乳糖醛酸酯作用快 1 000 倍。该酶对聚半乳糖醛酸甲酯、乙酯（甲酯已充分酯化、乙酯 50%酯化，两者均以 HCl 催化酯化）亦可作用。表 5-16 为不同来源的 PE 对不同底物作用相对活性。为使果胶完全分解，需先用 PE 作用，再用解聚酶作用。在果汁澄清中常采用这两类酶。

表 5-16 PE 对不同底物的相对活性

酶的来源	水解率/%（以对果胶水解率计）		
	果胶	聚半乳糖醛酸	
		甲酯	乙酯
苜蓿粗制酶	100	58	3.7
番茄粗制酶	100	40	2.8
霉　　菌	100	80	13.1
柑橘粗制酶	100	47	4.0
柑橘纯化酶	100	50	4.1

二、果胶酶的生产

（一）臭曲霉固体培养生产果胶酶

1. 工艺流程（图 5-17、图 5-18）

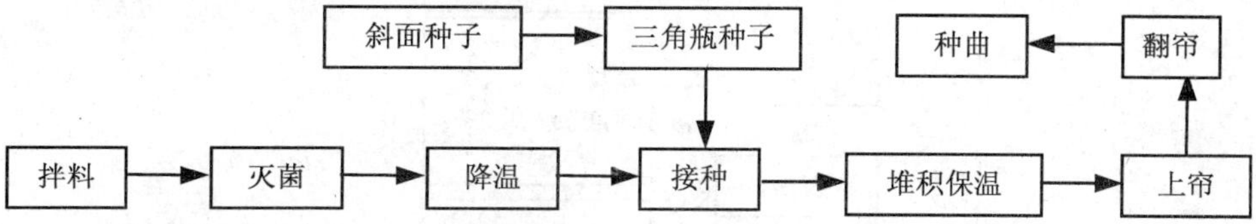

图 5-17　果胶酶固体种曲的制作工艺流程

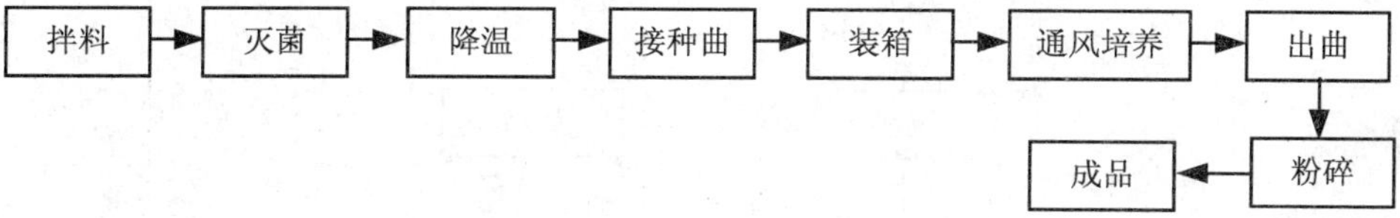

图 5-18　果胶酶的固体制曲工艺流程

2. 操作要点

（1）种曲制作。将甜菜渣：麸皮：$(NH_4)_2SO_4$=（25%～50%）：（74%～79%）：1%的比例混合后，加水制成含水分 60%的培养基，接种三角瓶种子 0.1%，堆积保温，上帘，35～37℃培养，当温度上升到 38℃时翻帘降温，孢子成熟得种曲。

（2）固体制曲。将甜菜渣：麸皮：$(NH_4)_2SO_4$=（25%～50%）：（74%～79%）：1%的比例混合后，加水制成含水分 60%的培养基，接种种曲 0.05%，盛曲盘中，厚 4 cm，35～37℃培养 40 h，将温度下降到 26～28℃继续培养至 48 h 左右，产酶达到高峰，出曲。

（3）酶的提纯。用水抽提酶，得含固形物 7%～8%的抽提液，向抽提液加入乙醇（乙醇浓度达 80%，即 1 体积酶抽提液约加入 5 体积乙醇。混合后 pH 为 5.3～5.4），使酶沉淀，果胶酶的收率为 80%～88%。由 1 t 麸皮曲抽提可制得 150～200 kg 果胶酶。其酶活性为 55～80 U/g。

（二）黑曲霉 CP-85211 液体深层培养生产法

1. 工艺流程（图 5-19）

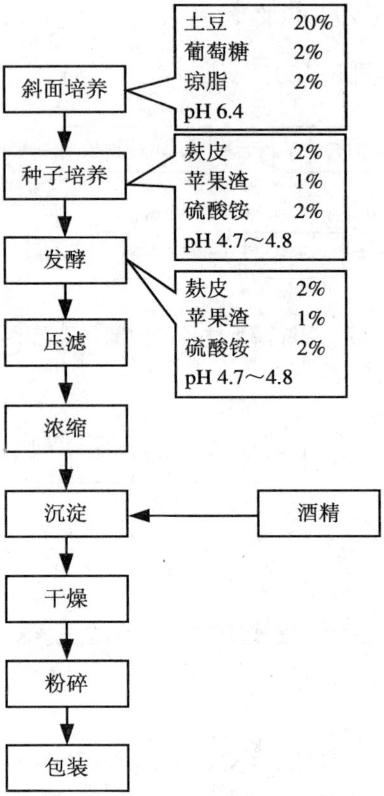

图 5-19 果胶酶的生产工艺流程

2. 操作要点

（1）斜面培养。黑曲霉 CP-85211 系由母株 CP-831 用 NTD 诱变所得的突变株，保存于 PDA 斜面培养基。

（2）种子制备。用 500 L 发酵罐，于 28～30℃，通风（10～12 h 为 0.3 VVm，12 h 后为 1.0 VVm），搅拌 270 r/min 培养 36～44 h，菌体镜检粗壮呈网络状，即可转入发酵。

（3）发酵。使用 3 000 L 夹套型不锈钢发酵罐（高 2.8 m，直径 1.05 m，燕尾式叶轮一挡，搅拌器电机 5.5 kW，罐壁有挡板 4 块）。进行培养基杀菌，冷却到 28～30℃，接入 500 L 罐种子，在罐压 0.08～0.12 MPa，通风（0～24 h 为 0.8 VVm，24 h 到结束为 1.2 VVm），搅拌（270 r/min）培养 55 h，果胶酶活力达 600 U/ml。

（4）后处理。将发酵液用压滤机压滤除渣，由 1.63 m^3 发酵液得滤液 1.48 m^3。经超滤浓缩到 144 L（10.3 倍），酶活力由 581 U/ml 提高到 4 254 U/ml（7.23 倍），加入酒精沉淀酶，干燥，粉碎，得到活力 92 629 U/g 的酶粉 4.95 kg。各步回收率如表 5-17 所示。

表 5-17　果胶酶提纯各工序酶的回收率

操作工序	回收率
压滤	89%
超滤	85.3%
干燥	71%
总收率	55%

本章实训

实训一　α-淀粉酶活力的测定

【方法一】比色法

一、目的要求

了解比色法测定 α-淀粉酶的原理并掌握酶活力测定方法。

二、实验原理

本实验用消色法测定酶活力。α-淀粉酶可水解淀粉，任意切断淀粉链的 α-1,4 糖苷键，生成短链淀粉、少量麦芽糖和葡萄糖，对碘呈蓝紫色的特异性反应逐渐消失。以该颜色消失的速度即可计算酶的活力。

三、材料用具

（一）材料

商品 α-淀粉酶。

（二）试剂

1．碘原液：称取碘 11 g，碘化钾 22 g，加水溶解，定容至 500 ml，贮于棕色瓶中。

2．比色稀碘液：取碘原液 2 ml，加碘化钾 20 g，用水定容到 500 ml，贮于棕色瓶中。

3．2%可溶性淀粉溶液：称取可溶性淀粉（以绝干计）2.000 g，精确至 0.000 1 g，用少量蒸馏水调成浆糊状物，在搅动下缓缓倾入煮沸的蒸馏水，加热至完全透明为止，冷却，定容至 100 ml。此溶液需要当天配制。

4．pH 6.0 磷酸氢二钠-柠檬酸缓冲液：称取磷酸氢二钠（$Na_2HPO_4 \cdot 12H_2O$）113.08 g，柠檬酸（$C_6H_8O_7 \cdot H_2O$）20.17 g，加蒸馏水定容到 2 500 ml，配好后用 pH 计校正。

5．标准终点色溶液

（1）精确称取氯化钴（$CoCl_2 \cdot 6H_2O$）40.243 9 g 和重铬酸钾（$K_2Cr_2O_7$）0.487 8 g，以蒸馏水溶解并定容至 500 ml。

（2）0.04%铬黑 T：精确称取铬黑（$C_{20}H_{12}N_3NaO_7S$）40 mg，以蒸馏水溶解并定容至 100 ml。

使用时取（1）液 40 ml 与（2）液 5.0 ml 混合，此混合液宜冰箱保存，使用 15 d 后需要重新配制。

6．酶液制备：精确称取酶粉 1.000～2.000 g，先用少量的 40℃的 0.02 mol/L pH 6.0 磷酸氢二钠-柠檬酸缓冲液溶解，并用玻璃棒捣研，将上清液小心倾入容量瓶中，沉渣部分再加入少量上述溶液，如此反复捣研 3～4 次，最后全部移入容量瓶中，用缓冲液定容至刻度，摇匀，通过四层纱布过滤，滤液供测定用；发酵液则先用四层纱布过滤，然后精确吸取 1.00 ml 适当稀释后供测定用。

（三）器具

恒温水浴锅、白瓷比色板、秒表等。

四、实验方法

（一）操作流程

比色法测 α-淀粉酶活力的操作流程见图 5-20。

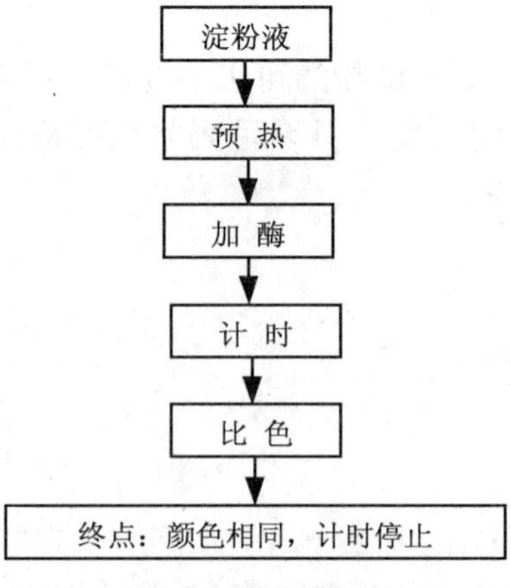

图 5-20　比色法测 α-淀粉酶活力操作流程

（二）操作要点

1．取 2 ml 标准终点色溶液于白瓷板空穴内，作为比较颜色的标准。

2．在 25 mm×200 mm 试管中，加入 2%可溶性淀粉溶液 20 ml 和 5 ml pH 6.0 磷酸氢二钠-柠檬酸缓冲液，在 60℃水浴中预热 3～5 min，加入稀释好的酶液 0.5 ml，充分混合，立即计时，充分摇匀，定时取出反应液 0.5 ml 滴在预先充满比色稀碘液（约 1.5 ml）的白瓷比色板穴内，当穴内紫色逐渐转变为红棕色时，与标准终点色相同时，即为反应终点，并记录时间 t（min）。

五、计算

酶活定义：1 g 酶粉（或 1 ml 酶液），在 60℃，pH 为 6.0，以 1 h 液化可溶性淀粉的克数来表示[g 可溶性淀粉/(g·h)]或[g 可溶性淀粉/(ml·h)]。

$$D=(\frac{60}{t}\times20\times0.02\times f)\div0.5=48\times\frac{f}{t}$$

式中，D——α-淀粉酶活力（60 min、60℃）；

20——2%可溶性淀粉吸取量，ml；

t——测定记录时间，min；

0.5——所取稀释酶液体积，ml；

0.02——可溶性淀粉浓度，g/ml；

f——酶稀释倍数。

六、注意事项

1．淀粉溶液应当新鲜配制，采用浙江菱湖食品化工公司生产的化学纯试剂配制，如暂时不能够买到，使用其他厂家淀粉时，须做对照实验。

2．商品 α-淀粉酶的比活力为 1 500～2 000 U/g，稀释倍数为 100～200 倍。测定液化时间控制在 2～3 min 内。

3．每种酶样需做 2 次以上重复。

4．平行试验的偏差不超过 3%，否则重新测定。

七、实训建议

本实训宜至少安排 4 学时的集中时间，由 2～3 人一组合作进行；因开展本实训的时间跨时长、较分散，应结合课堂教学穿插进行部分内容。

八、实训思考

操作过程中，为什么当穴内紫色逐渐转变为红棕色时，与标准终点色相同时，即为反应终点？

【方法二】吸光度法

一、目的要求

了解吸光度法测定α-淀粉酶的原理并掌握酶活力测定方法。

二、实验原理

α-淀粉酶能将淀粉分子链中的α-1,4葡萄糖苷键随机切断成长短不一的短链糊精、少量麦芽糖和葡萄糖，而使淀粉对碘呈蓝紫色的特异性反应逐渐消失，呈红棕色，其颜色消失的速度与酶活性有关，故可通过测定反应后的吸光度计算其活力。

三、材料用具

（一）材料

商品α-淀粉酶。

（二）试剂

1．原碘液：称取碘 11 g、碘化钾 22 g，用少量蒸馏水使之完全溶解，然后定容至500 ml，贮存于棕色瓶中。

2．稀碘液：吸取原碘液2.00 ml，加碘化钾20 g，用水定容至500 ml，贮于棕色瓶中。

3．20 g/L 可溶性淀粉溶液：称取可溶性淀粉（以绝干计）2.000 g，精确至 0.001 g，用水调成浆糊状物，在搅动下缓缓倾入 70 ml 沸水中，然后以 30 ml 水并入其中，加热至完全透明，冷却，定容至 100 ml。此溶液需要当天配制。

4．磷酸缓冲液（pH 6.0）：称取磷酸氢二钠（$Na_2HPO_4 \cdot 12H_2O$）45.23 g、柠檬酸 8.07 g，用水溶解并定容至 1 000 ml。配好后用 pH 计校正。

5．酶液制备：称取酶粉 1～2 g，精确至 0.000 2 g（或吸取液体酶 1.00 ml），先用少量的磷酸缓冲溶液溶解，并用玻璃棒搅拌捣研，将上清液小心倾入容量瓶中，沉渣再加少量缓冲液，如此捣研 3～4 次，全部移入容量瓶中，定容至刻度，将估计酶活除以 4，即酶活力应在 3.7～5.6 U/ml 范围内，摇匀。通过四层纱布过滤，滤液供测定用。

（三）器具

恒温水浴锅、分光光度计、秒表等。

四、实验方法

（一）操作流程

吸光度法测α-淀粉酶活力的操作流程见图 5-21。

图 5-21　吸光度法测 α-淀粉酶活力操作流程

（二）操作要点

吸取可溶性淀粉液 20 ml 于试管中，加入缓冲液 5 ml，摇匀后，于（60±0.2）℃恒温水浴中预热 5 min，再加入稀释好的酶液 1 ml，立即计时，摇匀，准确反应 5 min。

立即吸取反应液 1.00 ml 与稀碘液 5.00 ml，摇匀，并以稀碘液作空白，于 660 nm 波长下，用 10 mm 比色皿，迅速测定其吸光度（*A*）。根据其吸光度查表（表 5-18）。求得测试酶液的浓度（*C*）。

表 5-18　吸光度与测试 α-淀粉酶浓度对照表

吸光度（*A*）	酶浓度（*C*）/（U/ml）	吸光度（*A*）	酶浓度（*C*）/（U/ml）	吸光度（*A*）	酶浓度（*C*）/（U/ml）
0.100	4.694	0.330	3.779	0.560	3.209
0.110	4.644	0.340	3.750	0.570	3.190
0.120	4.594	0.350	3.721	0.580	3.171
0.130	4.544	0.360	3.693	0.590	3.153
0.140	4.492	0.370	3.665	0.600	3.135
0.150	4.442	0.380	3.637	0.610	3.118
0.160	4.394	0.390	3.610	0.620	3.101
0.170	4.347	0.400	3.583	0.630	3.084
0.180	4.301	0.410	3.544	0.640	3.068
0.190	4.257	0.420	3.528	0.650	3.052
0.200	4.214	0.430	3.502	0.660	3.037
0.210	4.172	0.440	3.447	0.670	3.022
0.220	4.132	0.450	3.452	0.680	3.008
0.230	4.093	0.460	3.427	0.690	2.994
0.240	4.056	0.470	3.404	0.700	2.981
0.250	4.019	0.480	3.380	0.710	2.968
0.260	3.984	0.490	3.357	0.720	2.956
0.270	3.951	0.500	3.335	0.730	2.944
0.280	3.919	0.510	3.313	0.740	2.932
0.290	3.900	0.520	3.291	0.750	2.921
0.300	3.869	0.530	3.270	0.760	2.911
0.310	3.839	0.540	3.249	0.765	2.906
0.320	3.809	0.550	3.229		

（引自《酶技术》，周晓云，1995）

五、计算

酶的比活力定义：1 g 固体酶粉（或 1 ml 液体酶），于 60℃，pH 6.0 条件下，1 h 液化 1 g 可溶性淀粉，即为 1 个酶活力单位，以 U/g（U/ml）表示。

$$X = C \cdot n$$

式中，X——样品酶的比活力，U/g（U/ml）；

C——测试酶液浓度，U/ml；

n——样品的稀释倍数。

六、注意事项

1. 采用浙江菱湖食品化工公司生产的可溶性淀粉。
2. 每种酶样需做 2 次以上重复。
3. 平行试验的偏差不得超过 3%，否则重新测定。

七、实训建议

本实训宜至少安排 4 学时的集中时间，由 2～3 人一组合作进行；因开展本实训的时间跨时长、较分散，应结合课堂教学穿插进行部分内容。

八、实训思考

吸光度法测定 α-淀粉酶的原理是什么？

实训二　β-淀粉酶活力的测定

一、目的要求

掌握 DNS 法测定 β-淀粉酶活力的原理与测定方法。

二、实验原理

β-淀粉酶从淀粉中分离出麦芽糖，而麦芽糖又使 3,5-二硝基水杨酸还原，用分光光度计测定 3,5-二硝基水杨酸的颜色变化，便可推算 β-淀粉酶活力。

三、材料用具

（一）材料

商品 β-淀粉酶。

（二）试剂

1．pH 4.8 醋酸-醋酸钠缓冲液：称取 0.435 g 醋酸钠（$CH_3COONa·3H_2O$）溶于 150 ml 水中，用浓醋酸调 pH 为 4.8，用蒸馏水定容至 200 ml。

2．底物溶液：1%可溶性淀粉溶液，称取 1.0 g 可溶性淀粉（以绝干计），精确至 0.001 g，用少量缓冲溶液调成浆糊状物，在搅动下缓缓倾入加热的缓冲溶液，加热至完全透明为止，冷却，用缓冲溶液定容至 100 ml。此溶液需要当天配制。

3．2.0 mol/L NaOH 溶液：准确称取 8.0 g NaOH，用蒸馏水溶解并定容至 100 ml。

4．DNS 显色剂溶液：取 1.0 g 3,5-二硝基水杨酸（$C_7H_4N_2O_7$），加少量蒸馏水溶解，再加 2.0 mol/L NaOH 溶液 20 ml，向其中加入 30.0 g 四水合酒石酸钾钠（$C_4H_4KNaO_6·4H_2O$），混匀后用蒸馏水定容至 100 ml，贮于棕色瓶中。

5．麦芽糖溶液：称取 180.0 mg 一水合麦芽糖（$C_{12}H_{22}O_{11}·H_2O$）用蒸馏水溶解并定容至 100 ml。

6．酶液制备：用蒸馏水溶解酶，每毫升配制溶液中应含有酶 0.2～3 U。

（三）器具

分光光度计、恒温水浴锅、秒表等。

四、实验方法

（一）操作流程

β-淀粉酶活力测定的操作流程见图 5-22。

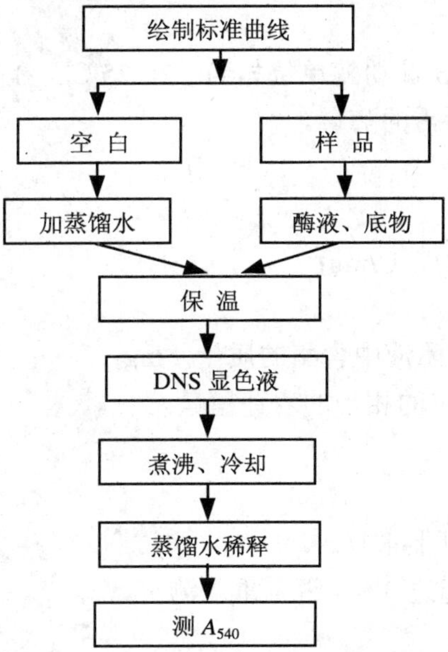

图 5-22　*β*-淀粉酶活力测定操作流程

（二）操作要点

1．标准曲线的绘制

取六支试管，按表 5-19 配制麦芽糖标准曲线溶液后，向每支试管中加 1.0 ml 显色剂，置于沸水浴中煮沸 5 min，流水冷却，分别以 10.0 ml 蒸馏水稀释。用分光光度计在 540 nm 处以空白值为对照，测吸光度值。以麦芽糖含量为横坐标，吸光度值为纵坐标绘制标准曲线。

表 5-19　麦芽糖标准曲线溶液配制

试液号	空白值	1	2	3	4	5
麦芽糖溶液/ml	0	0.2	0.4	0.6	0.8	1.0
蒸馏水/ml	1.0	0.8	0.6	0.4	0.2	0
试液中的麦芽糖含量/μmol	0	1	2	3	4	5

2．酶样测定

用移液管将 0.5 ml 酶溶液滴入一试管中（对照管加 0.5 ml 蒸馏水），并置于水浴中预热至 25℃。分别加 0.5 ml 已预热到同样温度的底物溶液，混匀，准确保温 3 min 后加 1.0 ml DNS 液，反应终止。将此试管置于沸水浴中 5 min，流水冷却后用 10.0 ml 蒸馏水稀释。在 540 nm 处测吸光值，查标准曲线得出麦芽糖含量。

五、计算

酶的比活力定义：1 个 *β*-淀粉酶单位相当于在 25℃，在 pH 4.8 的情况下每分钟释放出 1 μmol 一水合麦芽糖时所需的酶量。

$$D = \frac{H}{3 \times E_w}$$

式中，D——所测酶的比活力，U/mg；

3——反应时间，min；

E_w——每 0.5 ml 所用酶液中含酶的质量，mg；

H——由标准曲线查出的相当的麦芽糖量。

六、注意事项

1．每种酶样需做 2 次以上重复。

2．平行试验的偏差不超过 3%，否则重新测定。

七、实训建议

本实训宜安排 4 学时的集中时间，由 2～3 人一组合作进行。

八、实训思考

反应终止后，为何要将试管置于沸水浴而后流水冷却？

实训三　葡萄糖淀粉酶活力的测定

一、目的要求

了解次亚碘酸法测定葡萄糖淀粉酶的原理并掌握酶活力测定方法。

二、实验原理

葡萄糖淀粉酶又称糖化型淀粉酶（即淀粉-1,4-葡萄糖苷酶）具有催化淀粉水解的能力，从淀粉链的非还原端开始，分解 α-1,4-糖苷键，生成葡萄糖，反应生成的葡萄糖可用次亚碘酸法进行定量测定，以表示葡萄糖淀粉酶的酶活力。

三、材料用具

（一）材料

商品葡萄糖淀粉酶。

（二）试剂

1．2%可溶性淀粉溶液：称取可溶性淀粉 2 g，用少量蒸馏水调匀，徐徐倾入煮沸的蒸馏水中，煮沸至透明，冷却后定容至 100 ml，此溶液需现用现配。

2．0.1 mol/L 碘液：称取碘化钾 36 g，溶于 100 ml 水中，加入 12.691 g 碘，逐渐溶解，定容至 1 L，贮存于棕色瓶中。

3．0.1 mol/L pH 4.6 醋酸-醋酸钠缓冲液：称取醋酸钠（$CH_3COONa\cdot 3H_2O$）6.7 g 和冰醋酸 2.6 ml，以蒸馏水溶解，定容至 1 000 ml。

4．0.1 mol/L NaOH 溶液：称取氢氧化钠 4 g，加蒸馏水溶解后定容至 1 000 ml。

5．1 mol/L 硫酸溶液：量取浓硫酸（比重为 1.84）5.6 ml，缓慢加入到 80 ml 蒸馏水中，冷却后定容至 100 ml，摇匀。

6．20%氢氧化钠溶液：称取 20 g 氢氧化钠，溶解并定容至 100ml。

7．0.1 mol/L 硫代硫酸钠（$Na_2S_2O_3\cdot 5H_2O$）：称取 24.82 g $Na_2S_2O_3\cdot 5H_2O$ 和 0.2 g Na_2CO_3，加入煮沸过的冷蒸馏水，定容至 1 L，贮存于棕色瓶中密闭保存，配制一周后以重铬酸钾

标定。

8．待测酶液的制备：精确称取酶粉 2.000 0 g 于 50 ml 烧杯中，用少量 pH 4.6 的醋酸-醋酸钠缓冲液溶解，并用玻璃棒捣研，将上清液小心倾入适当的容量瓶中，沉渣再加少量缓冲液，如此反复捣研 3～4 次，最后全部移入容量瓶中，用缓冲液定容至刻度，用四层纱布过滤供测定（发酵液或浓缩酶液可直接吸取一定量的酶液于容量瓶中，用缓冲溶液定容至刻度）。

（三）器具

恒温水浴锅、比色大试管、碘量瓶、滴定管、秒表等。

四、实验方法

（一）操作流程

葡萄糖淀粉酶的测定操作流程见图 5-23。

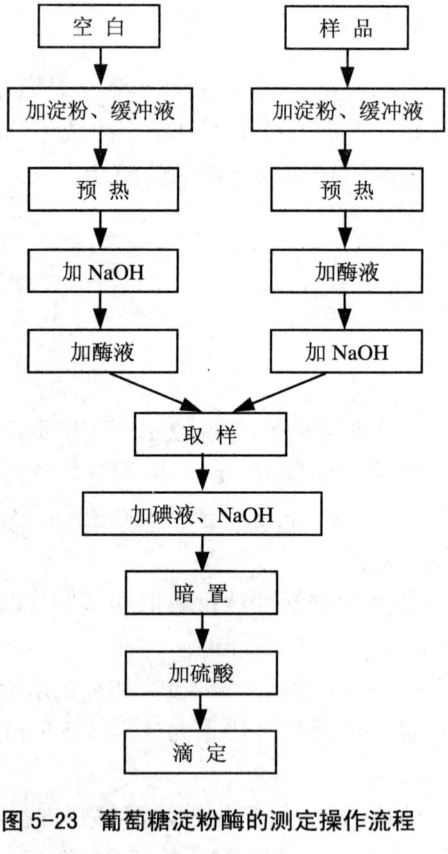

图 5-23　葡萄糖淀粉酶的测定操作流程

（二）操作要点

1．于甲乙两支比色管（50 ml）中，分别加入 2%可溶性淀粉溶液 25 ml，以及 0.1 mol/L pH 4.6 醋酸-醋酸钠缓冲液 5 ml，摇匀，于（40±0.2）℃的恒温水浴中预热 5～10 min，在甲管中加入酶制备液 2 ml（酶活总量 110～170 单位），立即计时，摇匀，在此温度下准确反应 1 h 后，立即各加 20%NaOH 溶液 0.2 ml，摇匀，将二管取出迅速用水冷却，并于乙管中补加酶液 2 ml（作为对照）。

2．分别取上述反应液 5 ml 放入碘量瓶中，准确加入 0.1 mol/L 碘液 10 ml，再加 0.1 mol/L NaOH 溶液 15 ml（边摇晃），暗处放置 15 min，加入 2 mol/L 硫酸 2 ml，用 0.05 mol/L 硫代硫酸钠滴定至无色为终点。

五、计算

酶的比活力定义：1 ml 酶液，于 40℃，pH 4.6，1 h 水解可溶性淀粉为葡萄糖的毫克数。

$$D=(A-B)\times N\times 90.05\times\frac{1}{2}\times\frac{32.2}{5}\times n$$

式中，D——酶的比活力单位，U/ml；

A——空白样品消耗 $Na_2S_2O_3$ 的毫升数；

B——样品消耗 $Na_2S_2O_3$ 的毫升数；

90.05——1 ml 的 $Na_2S_2O_3$ 相当于葡萄糖毫克数；

1/2——折算成 1 ml 酶液的量；

32.2——反应液总体积，ml；

5——取出反应液样品的体积数，ml；

n——酶液的稀释倍数；

N——$Na_2S_2O_3$ 的摩尔浓度，以配好后的浓度为准。

六、注意事项

1．每种酶样需做 2 次以上重复。

2．平行试验的偏差不超过 3%，否则重新测定。

七、实训建议

本实训宜安排 4 学时的集中时间，由 2～3 人一组合作进行；因开展本实训跨时长，应结合课堂教学穿插进行部分内容。

八、实训思考

操作过程中，空白为什么要冷却后再加酶液？

实训四 蛋白酶活力的测定

【方法一】福林法

一、目的要求

了解福林法测定蛋白酶的原理并掌握酶活力测定方法。

二、实验原理

蛋白酶在一定的温度与 pH 下水解酪素底物，产生含有酚基的氨基酸（如酪氨酸、色氨酸等），在碱性条件下，将福林试剂（Folin）还原，生成钼蓝与钨蓝的蓝色化合物，用分光光度计法测定，计算其酶活力。

三、材料用具

（一）材料

商品蛋白酶。

（二）试剂

1．福林试剂的制备：于 2 000 ml 磨口回流装置中加入钨酸钠（$Na_2WO_4 \cdot 2H_2O$）100 g，钼酸钠（$Na_2MoO_4 \cdot 2H_2O$）25 g，蒸馏水 700 ml，85%磷酸 50 ml，浓盐酸 100 ml，小火沸腾回流 10 h，取下回流冷却器，在通风橱中加入硫酸锂（$LiSO_4$）50 g，蒸馏水 50 ml 和数滴浓溴水（99%），摇匀，在通风橱内再进行煮沸 15 min，以去除多余的溴（冷后若仍有绿色需要再加溴水，再煮沸去过量的溴）。冷却后加蒸馏水定容至 1 000 ml，混匀，过滤。试剂呈金黄色贮于棕色瓶内。

使用溶液：1 份福林溶液与 2 份蒸馏水混合，摇匀。

2．0.4 mol/L 碳酸钠（Na_2CO_3）溶液：称取无水碳酸钠 42.4 g，以蒸馏水溶解并定容至 1 000 ml。

3．0.4 mol/L 三氯乙酸（CCl_3COOH）溶液：称取 65.4 g 三氯乙酸，以蒸馏水溶解并定容至 1 000 ml。

4．0.5 mol/L 氢氧化钠（NaOH）溶液。

5．1 mol/L 及 0.1 mol/L 盐酸溶液（HCl）溶液。

6．缓冲溶液：

（1）磷酸缓冲液（pH 7.5），适用于中性蛋白酶。

称取磷酸氢二钠（$Na_2HPO_4 \cdot 12H_2O$）6.02 g 和磷酸二氢钠（$NaH_2PO_4 \cdot 2H_2O$）0.5 g，加

水溶解并定容至 1 000 ml。

（2）乳酸缓冲液（pH 3.0），适用于酸性蛋白酶。

甲液：称取乳酸（80%～90%）10.6 g，加水溶解并定容至 1 000 ml。

乙液：称取乳酸钠（70%）16 g，加水溶解定容至 1 000 ml。

使用溶液：取甲液 8 ml，加乙液 1 ml，摇匀，稀释 1 倍，即成 0.05 mol/L 乳酸缓冲液。

（3）硼酸缓冲液（pH 10.5），适用于碱性蛋白酶。

甲液：称取硼酸钠（硼砂）19.8 g，加水溶解并定容至 1 000 ml。

乙液：称取氢氧化钠 4.0 g，加水溶解并定容至 1 000 ml。

使用溶液：取甲液 500 ml，乙液 400 ml，摇匀，用水稀释至 100 ml。

注意：上述各种缓冲溶液，均需用 pH 校正。

7．10.00 mg/ml 酪素溶液：称取酪素 1.000 g，精确至 0.000 1 g，用少量 0.5 mol/L 氢氧化钠溶液（如酸性蛋白则用 2～3 滴浓乳酸）湿润后，加入适量的各种适宜 pH 的缓冲液约 80 ml，在沸水浴中边加热边搅拌，直至完全溶解，冷却后，转入 100 ml 容量瓶中，用适宜的缓冲溶液稀释至刻度，此溶液在冰箱中贮存，有效期为 3 d。

8．待测酶液的制备。

（1）称取 1.0～2.0 g 酶粉，准确至 0.000 2 g，（或吸取液体酶 1.00 ml），用少量该酶的缓冲溶液溶解，并用玻璃棒捣研，然后将上清液小心倾入容量瓶中，沉渣中再加上述缓冲液如此溶解，捣研 3～4 次，然后全部移入容量瓶中，用缓冲液定容至刻度，摇匀，用四层纱布过滤，滤液根据酶活力大小再一次用缓冲液稀释至适当浓度，供测试用（稀释至被测试液吸光度值在 0.25～0.4 内）。

（2）酶粉测定时稀释倍数参考表 5-20（液体酶亦可参考稀释）。

表 5-20　酶粉稀释倍数参考

酶活单位	总倍数	第一次稀释	第二次稀释
2 万	2 000	2 g → 200 ml（100 倍）	5 ml → 100 ml（20 倍）
3 万	2 500	2 g → 500 ml（250 倍）	5 ml → 50 ml（10 倍）
4 万	4 000	2 g → 200 ml（100 倍）	5 ml → 200 ml（40 倍）
5 万	5 000	2 g → 500 ml（250 倍）	5 ml → 100 ml（20 倍）
8 万～10 万	10 000	2 g → 500 ml（250 倍）	5 ml → 200 ml（40 倍）

（三）器具

恒温水浴（40±0.2）℃、分光光度计。

四、实验方法

（一）操作流程

福林法测蛋白酶活力的操作流程见图 5-24。

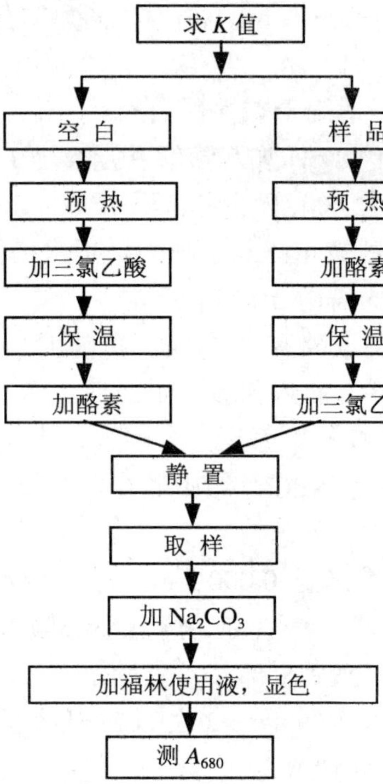

图 5-24　福林法测蛋白酶活力操作流程

（二）操作要点

1．标准曲线的绘制

（1）L-酪氨酸标准溶液，按表 5-21 配制。

表 5-21　L-酪氨酸标准溶液配制

管号	酪氨酸标准溶液的浓度/（μg/ml）	取 100.0 μg/ml L-酪氨酸的体积/ml	加水体积/ml
0	0	0	10.00
1	10.00	1.00	9.00
2	20.00	2.00	8.00
3	30.00	3.00	7.00
4	40.00	4.00	6.00
5	50.00	5.00	5.00

（2）分别取上述溶液各 1.00 ml（需做平行试验），各加 0.4 mol/L 碳酸钠溶液 5.00 ml，福林试剂使用液 1.00 ml，置于（40±0.2）℃水浴中显色 20 min 后取出，用分光光度计于波长 680 nm，10 mm 比色皿中比色，以不含酪氨酸的 0 管为空白，分别测定其吸光度，以吸光度 *A* 为纵坐标，酪氨酸的浓度 *c* 为横坐标，绘制标准曲线（此线应通过零点）。

（3）根据作图或用回归方程，计算出当吸光度为 1 时的酪氨酸的量（μg），即为吸光常数 *K* 值，其 *K* 值应在 95～100 内（$c=K\times OD$）。

2．酶样测定

（1）先将酪素溶液放入（40±0.2）℃恒温水浴中，预热 5 min。于甲乙两支比色管中分别加入酶液 1.00 ml，在（40±0.2）℃恒温水浴中预热 2 min，向甲管中加入三氯乙酸 2 ml，乙管中加酪素 1 ml，摇匀，静置 10 min 后过滤。

（2）分别取滤液 1 ml，（40±0.2）℃预热 2 min，余下操作同标准曲线，以甲滤液为空白测吸光度。

2.398 和 166 蛋白酶，除反应与显色温度为（30±0.2）℃外，其他操作同（2）测定。

五、计算

酶的比活力定义：1 g 固体酶粉（或 1 ml 液体酶），在一定温度和 pH 下，1 min 水解酪素产生 1 μg 酪氨酸为 1 个酶活力单位，以 U/g 或 U/ml 表示。

$$X = A\times K\times \frac{4}{10}\times n = \frac{2}{5}\times A\times K\times n$$

式中，*X*——样品酶的比活力，U/g（U/ml）；

A——样品平行试验的平均吸光度；

K——标准曲线中吸光度 *A* 值为 1 所相当的酪氨酸微克数（μg/ml），即吸光常数；

4——反应试剂的总体积，ml；

n——稀释倍数；

10——酶解反应时间，min。

六、注意事项

1．酪蛋白配制应严格按操作方法，否则影响测定数据。

2．测定固体酶曲时，一般稀释 200～500 倍，酶液则要稀释 500 倍。

3．为统一起见，酪素（酪蛋白）采用上海长江生化制药厂产品。

4．所得结果表示至整数。

5．每种酶样需做 2 次以上重复。

6．平行试验的偏差不超过 3%，否则需重新测定。

7．酶活力保存率计算方法如下：

$$X = \frac{E_1}{E} \times 100$$

式中，X——酶活力保存率，%；

E_1——测定酶活力；

E——样品的标准酶活力，U/g。

七、实训建议

本实训至少安排 4 学时的集中时间进行；每组人数不宜超过 3 人；因开展本实训跨时长、较分散，应结合课堂教学穿插进行。

八、实训思考

在测酶样时，空白管为什么要先加三氯乙酸后加福林溶液？

【方法二】紫外分光光度法

一、目的要求

了解紫外分光光度法测定蛋白酶的原理并掌握酶活力测定方法。

二、实验原理

蛋白酶在一定的温度与 pH 条件下，水解酪素底物，然后加入三氯乙酸终止反应，并使未水解的酪素沉淀除去，滤液对紫外光有吸收，可用紫外分光光度法测定。根据吸光度计算其酶活力。

三、材料用具

（一）材料

商品蛋白酶。

（二）试剂

1. 除待测酶液外其他同福林法。

2. 待测酶液的制备。

（1）取酶粉 1～2 g，精确至 0.000 2 g（或吸取酶液 1.00 ml），其他操作同福林法。

（2）制备酶液时稀释倍数参考表 5-22（液体酶亦可参考稀释）。

表 5-22 紫外分光光度法测蛋白酶酶样稀释倍数参考

酶活单位	总倍数	第一次稀释	第二次稀释
2 万～5 万	2 000	1g → 200 ml（200 倍）	10 ml → 100 ml（10 倍）
0～10 万	4 000	1g → 200 ml（220 倍）	5 ml → 100 ml（20 倍）

（三）器具

恒温水浴（40±0.2）℃、紫外分光光度计。

四、实验方法

（一）操作流程

紫外分光光度法测蛋白酶活力的操作流程见图 5-25。

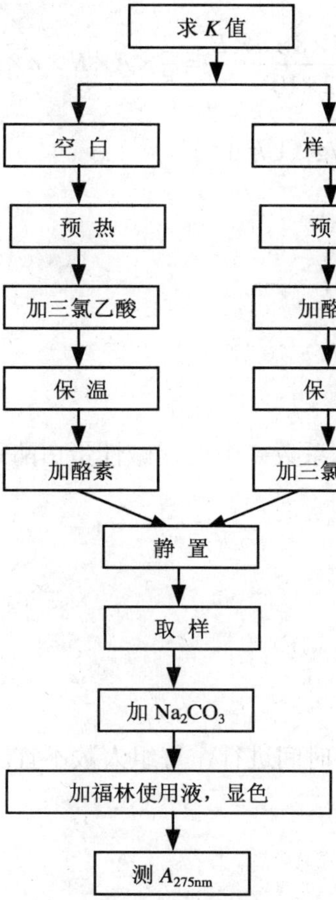

图 5-25 紫外分光光度法测蛋白酶活力操作流程

（二）操作要点

1．求 K 值

按前一法中的表配制不同浓度的 L-酪氨酸标准溶液，直接用紫外分光光度计测定其吸光度（A），并计算 K 值（其 K 值应在 130～135 范围内）。（L-酪氨酸浓度=$K \cdot A$）

2．酶样测定

除酶液吸取 2.00 ml、酪素吸取 2.00 ml、三氯乙酸吸取 4.00 ml 外，其他操作条件同福林法测定中的反应，静止沉淀，直至过滤。滤液用紫外分光光度计，在 275 nm 波长下，用 10 mm 比色皿，测定其吸光度（A）。

五、计算

酶的比活力定义：1 g 固体酶粉（或 1 ml 液体酶），在一定温度和 pH 下，1 min 水解酪素产生 1 μg 酪氨酸为 1 个酶活力单位，以 U/g（U/ml）表示。

$$X=\frac{A\times K\times 8\times n\times E}{2\times 10}=\frac{2}{5}\times A\times K\times n\times E$$

式中，X——样品的酶的比活力，U/g（U/ml）；

A——试样溶液的平均吸光度；

K——吸光常数；

8——反应试剂的总体积，ml；

2——吸取酶液 2.00 ml；

10——反应时间，min；

n——稀释倍数；

E——紫外法与福林法的换算系数（中性、碱性蛋白酶系数为 0.50；酸性蛋白酶系数为 0.77）。

六、注意事项

同福林法。

七、实训建议

本实训至少安排 4 学时的集中时间进行，每组人数不宜超过 3 人；因开展本实训的时间跨时长，应结合福林法进行。

八、实训思考

福林法和紫外法测定蛋白酶活力有什么区别？

实训五　纤维素酶活力的测定

【方法一】滤纸酶活力测定法（FPA）

一、目的要求

了解滤纸酶活力法测定纤维素酶的原理并掌握酶活力测定方法。

二、实验原理

纤维素酶水解滤纸中的纤维素，产生纤维二糖、葡萄糖等还原糖，这些还原糖能将3,5-二硝基水杨酸中的硝基还原成橙黄色的氨基化合物，利用比色法测定其还原物生成量来表示酶的活力。

三、材料用具

（一）材料

商品纤维素酶。

（二）试剂

1．3,5-二硝基水杨酸显色剂（又称 DNS 试剂）：称取 10 g 3,5-二硝基水杨酸，溶于蒸馏水中，加入 20 g 分析纯 NaOH，200 g 酒石酸钾钠，加水 500 ml，升温溶解后，加入重蒸酚 2 g，无水亚硫酸钠 0.5 g，加热搅拌，待全部溶解后，冷却，定容至 1 000 ml。贮存于棕色瓶中，室温保存，放置一周后使用。

2．0.05 mol/L pH 4.5 醋酸-醋酸钠缓冲液：称取乙酸钠（$CH_3COONa\cdot 3H_2O$）6.7 g，溶于蒸馏水中，加冰乙酸（CH_3COOH）2.6 ml，用水定容至 1 000 ml，配好后用 pH 计校正。

3．1 mg/ml 葡萄糖标准溶液：准确称取 100 mg 分析纯葡萄糖（预先在 70℃、600 mm 汞柱下干燥 5 h 至恒重），用少量蒸馏水溶解并定容至 100 ml，冰箱中保存备用。

4．底物：新华一号中速层析滤纸，剪成 1 cm×1 cm 小片备用。

5．待测酶液：称取酶粉 1.0 g（或吸取液体酶 1.00 ml），先用少量的 0.05 mol/L pH 4.5 醋酸-醋酸钠缓冲液溶解，并用玻璃棒捣研，然后将上清液小心倾入适当的容量瓶中，沉渣部分再加少量上述缓冲液溶解，如此反复捣研 3～4 次，最后全部移入容量瓶中，用缓冲液定容至刻度，40℃水浴锅中浸提 1 h，用四层纱布或脱脂棉过滤，滤液供测定用。

（三）器具

分析天平、变温电炉、恒温水浴锅、分光光度计、秒表等。

四、实验方法

（一）操作流程

滤纸酶活力测定的操作流程见图 5-26。

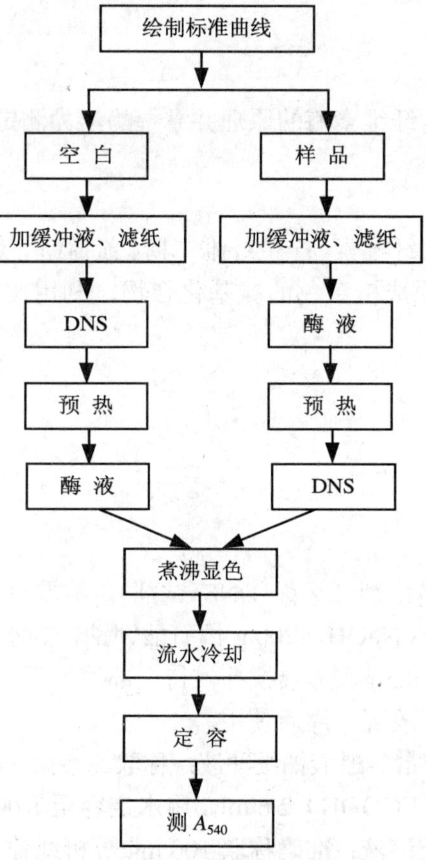

图 5-26　滤纸酶活力测定操作流程

（二）操作要点

1．标准曲线的绘制

分别吸取 0.2，0.4，0.6，0.8，1.0，1.2，1.4 ml 的 1 mg/ml 葡萄糖液于 7 支 20 ml 的比色管中，分别用蒸馏水补充体积至 2.0 ml，各加 3,5-二硝基水杨酸 1.5 ml，在沸水浴中煮沸 5 min，冷却后用蒸馏水定容至 20 ml，摇匀。以 2 ml 蒸馏水加 DNS 溶液 1.5 ml，按上述同样操作为空白调零，在 540 nm 处比色。标准曲线绘制各试管所含物质的体积见表 5-23。以吸光度 *A* 值为纵坐标，葡萄糖毫克数 *W*（mg）为横坐标绘制出标准曲线（理论上此线应过原点）。

表 5-23　标准曲线绘制各试管所含物质的体积

管号	空白	1	2	3	4	5	6	7
葡萄糖液/ml	0	0.2	0.4	0.6	0.8	1.0	1.2	1.4
蒸馏水/ml	2.0	1.8	1.6	1.4	1.2	1.0	0.8	0.6
DNS/ml	1.5	1.5	1.5	1.5	1.5	1.5	1.5	1.5
葡萄糖量/mg	0	0.2	0.4	0.6	0.8	1.0	1.2	1.4

2．酶样测定

取 20 ml 的比色管 1 支，加入 0.5 mol/L pH 4.5 的醋酸缓冲液 1.5 ml 和 6 小片 1 cm×1 cm 滤纸后，再加适当稀释的酶液 0.5 ml，于 40℃下保温 1 h 后，加 DNS 液 1.5 ml，在沸水中煮沸 5 min 显色，流水冷却，用蒸馏水定容至 20 ml，摇匀；另取一支试管，加缓冲液和滤纸后，先加 DNS 液，再加缓冲液 0.5 ml，同样显色、冷却、定容作为空白，在波长 540 nm 比色，测定 A_{540} 值，查标准曲线得出相应的葡萄糖含量 W。

五、计算

酶的比活力定义：在 40℃，pH 4.5 条件下，每小时催化滤纸产生相当于 1 μg 分子葡萄糖的还原糖所需的酶量定义为 1 个酶活力单位，以 U/g 表示。

$$X=\frac{W\times1000\times n}{0.5\times180\times1}$$

式中，X——样品酶的比活力，U/g（μg/ml）；

W——查标准曲线得出相应的葡萄糖含量，mg；

1 000——mg 换算成μg 的换算系数；

0.5——吸取酶液的量，ml；

180——葡萄糖分子量；

n——稀释倍数；

1——反应时间，h。

六、注意事项

1．每种酶样需做 2 次以上重复。

2．平行试验的偏差不超过 3%，否则需重新测定。

七、实训建议

本实训至少安排 4 学时的集中时间进行，每组人数不宜超过 3 人；因开展本实训的时间较长，应结合 CMC 酶活力法进行。

八、实训思考

滤纸酶活力法测定纤维素酶的原理是什么？

【方法二】CMC 酶活力测定法（Cx）

一、目的要求

了解 CMC 酶活力法测定纤维素酶的原理并掌握测定方法。

二、实验原理

纤维素酶能从底物羧甲基纤维素钠（CMC-Na）中分解出还原糖，还原糖又同 3,5-二硝基水杨酸发生反应，产生一种黄橙混合色，用分光光度计可测定其色度，计算酶活力。

三、材料用具

（一）材料

商品纤维素酶。

（二）试剂

1．3,5-二硝基水杨酸显色剂（又称 DNS 试剂）：同滤纸酶测定方法。

2．0.1 mol/L pH 4.6 醋酸-醋酸钠缓冲液：称取结晶醋酸钠（$CH_3COONa·3H_2O$）13.61 g，醋酸（CH_3COOH）6.00 g，用蒸馏水溶解，并定容至 1 000 ml，配好后用 pH 计校正。

3．1 mg/ml 葡萄糖标准溶液：同滤纸酶测定方法。

4．待测酶液：稀释方法同滤纸酶测定方法。

5．底物：0.5%羧甲基纤维素钠（CMC-Na）溶液，配制方法为称取 0.500 0 g 羧甲基纤维素钠（Sigma 公司生产），准确至 0.001 g，用上述缓冲溶液溶解并定容至 100 ml，冰箱中保存，有效期 3 d。

（三）器具

分析天平、变温电炉、恒温水浴锅、分光光度计、秒表等。

四、实验方法

（一）操作过程

CMC 酶活力测定法的操作流程见图 5-27。

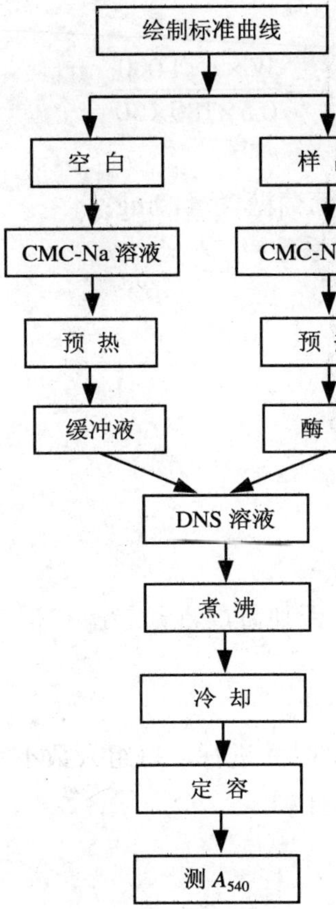

图 5-27　CMC 酶活力测定法操作流程

（二）操作要点

1．标准曲线的绘制

同滤纸酶中的测定方法。

2．酶样测定

于比色管中加入 1.5 ml 5%羧甲基纤维素钠溶液，在 40℃水浴锅中预热 5 min，加入 0.5 ml 稀释后的酶液，置 40℃水浴锅中，立即计时，保温 30 min（糖化）后取出，即刻加入 3 ml DNS 显色液，于沸水浴中煮沸 5 min，使酶失活，终止反应，流水冷却，加蒸馏水 5 ml，摇匀，定容至 10 ml；同时以 0.5 ml 缓冲液代替酶液，同上操作，作为空白，在 540 nm 处比色，测定吸光度值 A，查曲线得相应的葡萄糖含量 W。

五、计算

酶的比活力定义：在 pH 4.6，40℃条件下，每分钟水解底物产生还原糖 1 μg，为 1

个酶活力单位，以 U/g 表示。

$$X = \frac{W \times n \times 1\,000}{0.5 \times 180 \times 30}$$

式中，X——样品酶的比活力，U/g；

W——查标准曲线得出相应的葡萄糖含量，mg；

1 000——mg 换算成μg 的换算系数；

0.5——吸取酶液的量，ml；

180——葡萄糖分子量；

n——稀释倍数；

30——反应时间，min。

六、注意事项

1．每种酶样需做 2 次以上重复。

2．平行试验的偏差不超过 3%，否则需重新测定。

七、实训建议

本实训宜至少安排 4 学时的集中时间进行，每组人数不宜超过 3 人；因开展本实训的时间较长，应结合滤纸酶活力法进行。

八、实训思考

CMC 酶活力法测定纤维素酶的原理是什么？

实训六　果胶酶活力的测定

一、目的要求

了解还原法测定果胶酶的原理并掌握酶活力的测定方法。

二、实验原理

PE、PG 和 PMG 分别对果胶质起解酯作用产生甲醇和果胶酸；水解作用产生半乳糖醛酸和寡聚半乳糖醛酸；裂解作用产生不饱和醛酸和寡聚半乳糖醛酸。这些产物的醛基在碱性溶液中与两价铜离子共热，使其还原成氧化亚铜沉淀。氧化亚铜与砷钼酸反应生成蓝色物质。根据已知半乳糖醛酸显色反应确定产物量，表示酶活力。

三、材料用具

（一）材料

商品果胶酶。

（二）试剂

1．甲试剂：称取纯酒石酸钾钠 12 g，无水碳酸钠 24 g，加水 250 ml，搅匀，向此液中缓慢加入 10%硫酸铜溶液 40 ml，碳酸氢钠 16 g。另取 500 ml 热水，加入无水硫酸铜 180 g，煮沸驱逐溶存气体。冷却后，注入 1 L 容量瓶中，两液混合定容至 1 L。长期存放后，如有少量红色氧化亚铜沉淀，应予以过滤，滤液可在室温下长期保存。

2．乙试剂：称取钼酸铵[$(NH_4)Mo_4O_{24}\cdot 4H_2O$]25 g 溶于 450 ml 水中，再缓慢加入浓硫酸 21 ml。另取 25 ml 水，溶解纯结晶砷酸二钠（$Na_2HAsO_4\cdot 7H_2O$）3 g（可用砷酸 1.28 g，以 1 mol/L NaOH 19.24 ml 溶解，再加水 4.75 ml 代替此液）。然后，充分混合，在 37℃放置 24～48 h，溶液逐渐变黄色，移至棕色细口瓶中保存。

3．100 μg/ml 半乳糖醛酸钠溶液：称取半乳糖醛酸钠 0.1 g，先用少量蒸馏水溶解后，再加水定容至 1 000 ml。

4．酶液制备：将酶粉适当稀释，过滤备用，参考实训一。果实均质后，离心取上清液。稀释备用。

（三）器具

分析天平、变温电炉、恒温水浴锅、分光光度计、秒表等。

四、实验方法

（一）操作流程

果胶酶活力测定的操作流程见图 5-28。

（二）操作要点

1．绘制标准曲线

取 100 μg/ml 半乳糖醛酸钠 0.2，0.4，0.6，0.8，1.0 ml，再分别加水至 1 ml。向各管加甲液试剂 1 ml，置沸水浴煮沸 10 min，冷至不烫手时加乙试剂 1 ml，稀释至 12.5 ml。在波长 620 nm 处比色。以吸光度值 *A* 为纵坐标，半乳糖醛酸钠微克数为横坐标绘制标准曲线。各管半乳糖醛酸钠含量见表 5-24。

2．酶样测定

取果胶溶液 0.5 ml，在 50℃水浴中保温 3 min 平衡后，加稀释酶液 0.5 ml。保温 3 min 后立即加入甲试剂 1 ml，沸水浴煮沸 10 min，冷却，加乙试剂 1 ml，加水定容至 12.5 ml。在波长 620 nm 处比色。查标准曲线确定 0.5 ml 稀释液作用后生成的产物微克数。

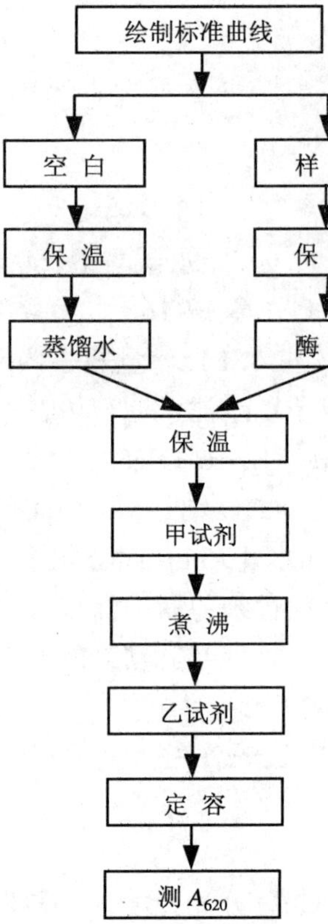

图 5-28 果胶酶活力测定操作流程

表 5-24 标准曲线绘制各试管所含物质的体积

管号	空白	1	2	3	4	5
半乳糖醛酸钠溶液/ml	0	0.2	0.4	0.6	0.8	1.0
甲试剂/ml	1	1	1	1	1	1
乙试剂/ml	1	1	1	1	1	1
半乳糖醛酸钠量/μg	0	20	40	60	80	100

五、计算

酶的比活力定义：在一定条件下，每小时由底物产生 1 mg 半乳糖醛酸的酶量定为 1 个酶活力单位。

$$D=\frac{S}{0.5\times30}\times60\times n\times\frac{1}{1\,000}$$

式中，D——酶的比活力，U/g；

30——反应时间，min；

0.5——0.5 ml 酶液；

S——A_{620} 相当的半乳糖醛酸微克数（查曲线）；

60——换算为 1 h；

n——酶稀释倍数；

1/1 000——由 μg 换算为 mg。

六、注意事项

1．每种酶样需做 2 次以上重复。

2．平行试验的偏差不超过 3%，否则需重新测定。

七、实训建议

本实训宜安排 4 学时的集中时间，由 2～3 人一组合作进行；因开展本实训跨时长、较分散，可结合其他实训开展。

八、实训思考

加乙试剂的作用是什么？

复习思考题

1．简述 α-淀粉酶、β-淀粉酶、葡萄糖淀粉酶的性质及作用特点。

2．简述酸性蛋白酶、中性蛋白酶和碱性蛋白酶的性质、主要生产菌种及生产方法。

3．简述果胶酶的性质、主要生产菌种及生产方法。

第六章　酶制剂的应用

【知识目标】

● 了解酶在环保、能源、医药、基因工程、细胞工程、动物饲养等领域中的应用。

● 熟悉酶在食品保鲜、淀粉加工、蛋白制品加工、果蔬加工、食品添加剂生产、食品品质和风味的改善、食品分析检测等食品工业领域中的应用。

【能力目标】

● 掌握淀粉酶在果葡糖浆、酒精生产中的应用方法。

● 掌握果胶酶在澄清果汁、果酒与去皮（囊衣）生产中的应用方法。

● 掌握蛋白酶在明胶生产中的应用方法。

● 掌握纤维素酶在动物饲养方面的应用方法。

酶制剂的应用是酶工程的主要内容。通过酶的催化作用，可以得到人们所需要的物质或者将不需要的甚至有害的物质除去，以利于人体健康、环境保护、经济发展和社会进步。酶的催化作用具有专一性强、催化效率高、作用条件温和等显著特点，在食品、环境、医药、能源、轻工和生物工程等领域应用广泛。在酶制剂的应用过程中，必须运用酶反应动力学的知识，控制好酶催化反应的各种条件，使酶的催化条件达到预定的效果。

第一节　酶在食品工业中的应用

目前，国内外广泛使用酶的领域是食品工业。国内外大规模工业生产的α-淀粉酶、β-淀粉酶、异淀粉酶、蛋白酶、果胶酶、葡萄糖异构酶、葡萄糖氧化酶、脂肪酶、纤维素酶、天冬氨酸酶、糖化酶、溶菌酶等大部分都在食品工业中应用（表 6-1）。

酶在食品工业方面主要用于食品保鲜、淀粉加工、蛋白制品加工、果蔬加工、食品添加剂的生产以及改善食品的品质和风味等。

表 6-1　酶在食品工业中的应用

酶	来源	主要用途
α-淀粉酶	枯草杆菌、米曲霉、黑曲霉	淀粉液化，制造糊精、葡萄糖、饴糖、果葡糖浆
β-淀粉酶	巨大芽孢杆菌、多黏芽孢杆菌	制造麦芽糖，啤酒酿造
糖化酶	根霉、黑曲霉、红曲霉、内孢酶	淀粉糖化，制造葡萄糖、果葡糖
异淀粉酶	气杆菌、假单胞杆菌	制造直链淀粉、麦芽糖
蛋白酶	胰脏、木瓜、枯草杆菌、霉菌	啤酒澄清，水解蛋白、多肽、氨基酸
果胶酶	霉菌	果汁、果酒的澄清
葡萄糖异构酶	放线菌、细菌	制造果葡糖浆、果糖
葡萄糖氧化酶	黑曲霉、青霉	蛋白加工，食品保鲜
柚苷酶	黑曲霉	水果加工，去除橘汁苦味
橙皮苷酶	黑曲霉	防止柑橘罐头及橘汁出现浑浊
氨基酰化酶	霉菌、细菌	由DL-氨基酸生产L-氨基酸
天冬氨酸酶	假单胞杆菌、大肠杆菌	由反丁烯二酸生产天冬氨酸
纤维素酶	青霉、木霉	生产葡萄糖
溶菌酶	蛋清、微生物	食品杀菌保鲜

（引自《酶工程》，郭勇，2004）

一、酶在食品保鲜方面的应用

酶法保鲜技术是利用酶的催化作用，防止或消除各种外界因素对食品产生的不良影响，从而保持食品原有的优良品质和风味特色的技术。随着人们对食品各方面的要求不断提高和科学技术的飞速发展，酶法保鲜技术越来越受到人们的关注和欢迎，并被广泛地应用于各种食品的保鲜。

（一）食品的除氧保鲜

氧气是影响食品质量的主要因素之一。例如，氧的存在容易引起花生、奶粉、饼干、冰淇淋、油炸食品等富含油脂的食品发生氧化作用，引起油脂的酸败，产生不良的气味，降低其营养价值，甚至变成有毒物质；氧化作用还会使去皮的马铃薯、苹果及果汁、果酱等果蔬制品变色；氧化作用也会使肉类褐变。

解决氧化问题的根本方法是除氧。葡萄糖氧化酶是一种理想的除氧保鲜剂，它可有效地防止氧化的发生，对于已经部分氧化变质的食品，也可阻止其进一步氧化。

葡萄糖氧化酶（glucose oxidase，E.C.1.1.3.4）是一种氧化还原酶，它可催化葡萄糖与氧反应生成葡萄糖酸和双氧水，其反应方程式为：

$$\underset{\text{（葡萄糖）}}{C_6H_{12}O_6} + \underset{\text{（氧）}}{O_2} \xrightarrow{\text{葡萄糖氧化酶}} \underset{\text{（葡萄糖酸）}}{C_6H_{12}O_7} + \underset{\text{（双氧水）}}{H_2O_2}$$

可见，通过葡萄糖氧化酶的作用，可以除去氧气，达到食品保鲜的目的。

应用葡萄糖氧化酶进行食品保鲜时，应将葡萄糖氧化酶和葡萄糖与食品一起置于密封容器中。例如，将葡萄糖氧化酶和葡萄糖混合在一起，包装于不透水但可以透气的保鲜薄膜袋中，封闭后，置于装有食品的密闭容器中，密闭容器中的氧气透过薄膜进入保鲜袋，与葡萄糖发生反应，从而可以降低或消除密封容器中的氧气，防止氧化作用的发生，起到食品保鲜的目的。

葡萄糖氧化酶也可以直接加到罐装果汁、水果罐头等含有葡萄糖的食品中，起到防止食品氧化变质的效果，同时也可以有效地防止容器的氧化作用。

（二）蛋类制品的脱糖保鲜

蛋类制品主要有蛋白片、蛋白粉、全蛋粉等。在蛋类制品的加工和贮藏过程中，往往会引起褐变，出现小黑点或溶解度下降等，从而影响产品质量。引起褐变的原因是由于蛋白中含有 0.5%～0.6%的葡萄糖，葡萄糖的羰基与蛋白质的氨基反应，结合生成黑蛋白而出现褐变、小黑点或使全蛋粉的溶解度下降等现象。

为了尽可能地保持蛋类制品的色泽和溶解性，必须进行脱糖处理，将蛋白中的葡萄糖除去。以往多采用接种乳酸菌的方法进行蛋白的脱糖，但是处理时间较长，效果也不理想。现在，普遍采用葡萄糖氧化酶进行蛋白的脱糖处理，将适量的葡萄糖氧化酶加到蛋白液或全蛋液中，采用适当的方法供给适量的氧气，在合适的条件下处理一段时间，通过葡萄糖氧化酶作用，使所含有的葡萄糖完全氧化，从而保持蛋品的色泽和溶解性。

（三）食品的灭菌保鲜

微生物的污染会引起食品的变质、腐败，防止微生物的污染是食品保鲜的主要任务。杀灭微生物的方法有很多，常用的物理和化学方法极易引起食品品质的改变，而且添加大量的防腐剂还可能对人体健康带来不良的影响。若是采用溶菌酶进行食品保鲜，不但效果好，而且不存在食品安全问题。

溶菌酶（lysozyme，E.C.3.2.1.17）是一种专门作用于细菌细胞壁的水解酶，又称细胞壁溶解酶。它专一地作用于细菌细胞壁中的肽多糖分子中 N-乙酰胞壁酸与 N-乙酰氨基葡萄糖之间的 β-1,4 糖苷键，催化细胞壁中的肽多糖水解，从而破坏细菌的细胞壁，使细菌溶解死亡。

近几年，人们根据溶菌酶的溶菌特性，在食品防腐方面，用其代替化学合成的食品防腐剂，具有一定的潜在应用价值。采用溶菌酶进行食品防腐保鲜时，一般使用鸡蛋清溶菌酶。这种酶对人体无害，可有效地防止细菌对食品的污染，它已广泛地用于各种食品的防腐保鲜（表 6-2）。

表 6-2　溶菌酶在食品保鲜方面的应用

应用方面	作用效果
水产和肉类熟制品（鱼丸、香肠、红肠等）	将其置于含 1%的明胶和 0.05%的溶菌酶溶液中浸渍，然后保存，可延长保质期
新鲜海产品和水产品（虾、鱼、蛤蜊等）	将其置于含 3%的食盐和 0.05%的溶菌酶溶液中浸渍，沥去水分，常温或冷藏贮存，可延长保质期
低度酿造酒	用鸡蛋清溶菌酶代替水杨酸（有一定毒性）作为防腐剂，用于低度酿造酒的防腐，其加入量为 15 mg/kg
果汁和饮料、糕点	在 pH 6.0～7.5 的果汁和饮料、糕点中，加入一定量溶菌酶，可以起到防腐及保健作用
乳制品	在鲜乳或奶粉中加入一定量溶菌酶，可起到防腐及强化作用，增进婴儿健康
干酪	在干酪生产中添加一定量的溶菌酶，可防止微生物污染而引起的酪酸发酵，保证干酪品质

二、酶在淀粉类食品生产方面的应用

淀粉类食品是指含大量淀粉或以淀粉为主要原料加工制成的食品，是世界上产量最大的一类食品。

在淀粉类食品的加工中，主要用酶有 α-淀粉酶、β-淀粉酶、葡萄糖淀粉酶（糖化酶）、支链淀粉酶、异淀粉酶、葡萄糖异构酶等（表 6-3）。

表 6-3　酶在淀粉类食品生产中的应用

酶	用途
α-淀粉酶	生产糊精、麦芽糊精
α-淀粉酶、糖化酶	生产淀粉水解糖、葡萄糖
α-淀粉酶、β-淀粉酶、支链淀粉酶	生产饴糖、麦芽糖，啤酒酿造
支链淀粉酶	生产直链淀粉
糖化酶、支链淀粉酶	生产葡萄糖
α-淀粉酶、糖化酶、葡萄糖异构酶	生产果葡糖浆
α-淀粉酶、环状糊精葡萄糖苷酶	生产环状糊精

淀粉可以在各种淀粉酶的作用下，水解生成糊精、低聚糖、麦芽糖和葡萄糖等产物。或者经过葡萄糖异构酶、环状糊精葡萄糖苷转移酶等的作用生成果葡糖浆、环状糊精的产物。

（一）酶在葡萄糖生产中的应用

现在国内外葡萄糖的生产绝大多数是采用淀粉酶水解的方法。酶法生产葡萄糖是以淀粉为原料，先经 α-淀粉酶液化成糊精，再用糖化酶催化生成葡萄糖。

α-淀粉酶（α-amylase，E.C.3.2.1.1）又称液化型淀粉酶，它作用于淀粉时，随机的从淀粉分子内部切开 α-1,4 糖苷键，使淀粉水解生成糊精、低聚糖、麦芽糖和葡萄糖等产物。α-淀粉酶的来源广泛，动物、植物和微生物中都有它的存在。工业上应用的 α-淀粉酶主要来源于微生物，特别是芽孢杆菌和曲霉。

葡萄糖淀粉酶（glucoamylase，E.C.3.2.1.3）俗称糖化酶，它作用于淀粉时，从淀粉分子的非还原末端开始逐个水解 α-1,4 糖苷键，生成葡萄糖。该酶还有一定的水解 α-1,6 糖苷键和 α-1,3 糖苷键的能力。葡萄糖淀粉酶主要来源于黑曲霉、根霉和拟内孢霉，我国生产的葡萄糖淀粉酶多来自黑曲霉及其变异株。

葡萄糖的酶法生产工艺流程如下，其工艺要点见表 6-4。

淀粉→调浆→液化→糖化→脱色→过滤→离子交换→真空浓缩→结晶→分离→干燥→葡萄糖产品

表 6-4　酶法生产葡萄糖的工艺要点

操作要点	参数和设备参考
调浆	淀粉加水调浆，淀粉乳浓度 30%～35%，用盐酸调 pH 6.0～6.5
液化	加入 α-淀粉酶量 6～10 U/g 淀粉，加入氯化钙调节 Ca^{2+}浓度达 0.01 mol/L，温度 85～90℃，液化反应 40～60 min，碘色反应合格终止液化
糖化	降温至 60℃，调 pH 至 4.5，加入糖化酶量 80～100 U/g 淀粉，间歇搅拌，60℃保温 40～50 h。糖化至 D_E 值≥95，升温至 90℃，将酶灭活，终止反应
脱色	用骨炭或活性炭脱色，温度 80℃，pH 4.0 左右，搅拌 30 min
过滤	将糖化液通过过滤机，去除悬浮物，达到净化
离子交换	过滤后的糖化液经过离子交换（多采用 Na^+强酸型阳离子树脂），除去无机盐、有机杂质、有色物质以及能产生颜色的物质等
真空浓缩	将净化精制的糖液经过真空浓缩设备（内、外循环蒸发器等），去除其中的大部分水分，使糖液达到过饱和状态
结晶	将浓缩的糖液，置于结晶器内，进行结晶
分离	葡萄糖浆混合物经过离心机分离，除去其中的母液和其他杂质
干燥	通过滚筒干燥、气流干燥和流化床干燥等干燥设备，除去游离水

葡萄糖生产中所采用的 α-淀粉酶和糖化酶都应达到一定的纯度。尤其是在糖化酶中应不含或尽量少含葡萄糖苷转移酶。因为葡萄糖苷转移酶可催化葡萄糖生成异麦芽糖等杂质，会严重影响葡萄糖的得率，并且不利于葡萄糖的结晶。如果糖化酶中含有葡萄糖苷转移酶，则在使用前需要进行适当的处理，将其去除。向糖化酶液中加酸是去除葡萄糖苷转移酶的最简单的方法之一，用酸调节 pH 至 2.0～2.5，在室温下静置一段时间，可以选择性地使葡萄糖苷转移酶失活而除去。也可采用添加硅酸镁、硅藻土等吸附剂，表面活性剂，高分子絮凝剂等方法有选择性地除去葡萄糖苷转移酶。

（二）酶在果葡糖浆生产中的应用

在葡萄糖异构酶的催化作用下，葡萄糖液中的一部分葡萄糖异构化转变为果糖，而得到的含有葡萄糖和果糖的混合糖浆称为果葡糖浆。1966 年日本首先用游离葡萄糖异构酶工业化生产果葡糖浆，1973 年以后，国内外纷纷采用固定化葡萄糖异构酶进行果葡糖浆的连续化生产。

葡萄糖异构酶（glucose isomerase，E.C.5.3.1.5）的确切名称为木糖异构酶。它是催化 D-木糖、D-葡萄糖、D-核糖等醛糖可逆地转化为酮糖的一种异构酶。根据其来源不同，它的最适 pH 值而有所差别。一般放线菌产生的葡萄糖异构酶，其最适 pH 在 6.5～8.5，但在碱性条件下，葡萄糖容易分解而使糖浆的色泽加深，因此，生产中 pH 一般控制在 6.5～7.0。

果葡糖浆的酶法生产工艺流程如下：

淀粉→调浆→液化→糖化→脱色→过滤→一次离子交换→一次真空浓缩→异构化→脱色→二次离子交换→二次真空浓缩→果葡糖浆

果葡糖浆生产工艺的前半段，与葡萄糖的生产工艺相同。淀粉浆经过 α-淀粉酶液化和糖化酶糖化后，通过脱色、离子交换、真空浓缩等方法进行分离纯化，制成浓度为 40%～45%，D_E 值大于 96 的精制葡萄糖液。

将精制葡萄糖液的 pH 调节至 6.5～7.0，加入 0.01 mol/L 的硫酸镁溶液，温度控制在 60～70℃，由葡萄糖异构酶催化生成果葡糖浆。异构化率一般为 42%～45%。

钙离子对 α-淀粉酶有保护作用，在淀粉液化时需要添加，但它对葡萄糖异构酶却有抑制作用，所以用于异构化的葡萄糖液不能含有钙离子，所以葡萄糖溶液需用层析等方法精制。

葡萄糖转化为果糖的异构化反应是吸热反应，随着反应温度的增高，反应平衡向着有利于生成果糖的方向变化（表 6-5），异构化反应的温度越高，则反应平衡时，混合糖液中果糖的含量也越高。但是当温度达到 70℃以上时，葡萄糖异构酶易变性失活。所以，异构化反应的温度以 60～70℃为宜。在此温度下，异构化反应平衡时，混合糖浆中果糖的含量可达 53.5%～56.5%。然而要使反应达到平衡，需要很长时间。在生产上一般控制异构化率在 42%～45%较为适宜。

表 6-5 不同温度下反应平衡时生成的葡萄糖组成

反应温度/℃	葡萄糖/%	果糖/%	反应温度/℃	葡萄糖/%	果糖/%
25	57.5	42.5	70	43.5	56.5
40	52.1	47.9	80	41.2	58.8
60	46.5	53.5			

异构化反应完成后，混合糖浆经过脱色、精制、浓缩等过程，得到固形物含量达 71%左右的果葡糖浆。所得混合糖浆中，含果糖 42%左右，含葡萄糖 52%左右，另有 6%左右为低聚糖。

（三）酶在饴糖和麦芽糖生产中的应用

饴糖是我国传统淀粉糖制品，是以大米、高粱、玉米、糯米等为原料，加入大麦芽，利用大麦芽中丰富的 α-淀粉酶和 β-淀粉酶，将原料中的淀粉糖化成糖浆，再经浓缩而得到的微透明的黏稠液体或半团体。其中麦芽糖占 30%～40%、糊精占 60%～70%。

饴糖生产中所利用的酶，除了从添加的大麦芽中得到以外，也可以通过直接添加酶制剂的方法提供。添加的酶主要是 α-淀粉酶和 β-淀粉酶。β-淀粉酶（β-amylase，E.C.3.2.1.2）又称为麦芽糖苷酶，是一种催化淀粉水解生成麦芽糖的淀粉酶。它从淀粉分子的非还原末端开始，作用于 α-1,4 糖苷键，顺次切下麦芽糖单位。

饴糖的酶法生产工艺流程如下：

大米→浸泡→磨浆→调浆→液化→糖化→过滤→真空浓缩→饴糖产品

先将大米、高粱、玉米或糯米等原料浸泡处理，使米粒吸水膨胀变软，以利于磨浆和液化。为了缩短浸泡时间，可将浸泡温度适当提高至 40～45℃。浸泡后的原料用磨浆机磨成粉浆，粉浆浓度要求达到 30%～35%。然后，配制淀粉浆，得到浓度为 18～20°Be（30%～35%），pH 为 6.0～6.5，加入一定量的 α-淀粉酶，在 85～90℃反应一段时间。使淀粉液化成糊精，以碘反应颜色刚好消失为终点（即 D_E 值为 15～20）。

液化结束后，冷却至 60～62℃，调节 pH 为 5.0～5.4，加入一定量的 β-淀粉酶，保温反应一段时间，使糊精糖化为麦芽糖，D_E 值 35～40 为终点。

得到含麦芽糖为 30%～40%的麦芽糖浆，经过滤除杂、真空浓缩，最终获得色泽浅黄至浅褐的饴糖产品。在饴糖生产的基础上，可进一步生产高麦糖浆和麦芽糖。

（四）酶在糊精和麦芽糊精生产中的应用

淀粉低程度水解的产物为糊精。糊精被广泛应用于食品增稠剂、填充剂和吸收剂等。

其中，D_E值在10～20的糊精称为麦芽糊精。麦芽糊精可分为D_E值10～14和15～20两种。麦芽糊精为白色粉末，易溶于水，黏度大，吸湿性低，甜度低，是一种应用很广泛的产品。

糊精和麦芽糊精的酶法生产工艺流程如下：

淀粉→调浆→加酶水解→过滤→脱色→离子交换→浓缩→喷雾干燥→产品

首先将淀粉配制成30%～35%的淀粉浆，调节pH至6.2左右，加入0.5%～1.0%的氯化钙溶液，以提高α-淀粉酶的活力和稳定性，再加入一定量的α-淀粉酶，在85～90℃反应一段时间，定时测定D_E值，得到含有一定量葡萄糖和麦芽糖的糊精液。如果控制D_E值在10～20，则可以得到麦芽糊精。麦芽糊精再经过过滤、脱色、离子交换、浓缩、喷雾干燥等工序，可获得白色粉状的糊精或麦芽糊精产品。

（五）酶在环状糊精生产中的应用

环状糊精是由6～12个葡萄糖单位以α-1,4糖苷键连接而成的环状结构的一类化合物。它能选择性地吸附各种小分子物质，起到缓释、稳定、乳化、提高溶解度和分散度等作用，在食品工业中有广泛用途。其中，α-环状糊精（含6个葡萄糖单位），β-环状糊精（含7个葡萄糖单位）和γ-环状糊精（含8个葡萄糖单位）应用最多。由于α-环状糊精的溶解度大，制备困难，γ-环状糊精的生成量较少，目前大量生产的是β-环状糊精。

β-环状糊精通常以淀粉为原料，采用环状糊精葡萄糖苷转移酶（cyclodextrin glycosyl transferase，CGT）进行生产。环状糊精葡萄糖苷转移酶又称为环状糊精生成酶。环状糊精的酶法生产工艺流程如下：

淀粉浆→糊化→冷却→加CGT酶液→转化→终止反应→液化→脱色→过滤→浓缩→结晶→分离→干燥→β-环状糊精

淀粉浆配制成5%的浓度，加热糊化条件为常压下，100℃糊化15 min，然后冷却至55℃，每克淀粉加入CGT 400～600 U，转化的条件为温度50～55℃，pH 6.0，转化16～20 h。转化结束后，升温至100℃加热15 min，使CGT失活，以终止反应。

因反应液中还含有未转化的淀粉和界限糊精，需要加入α-淀粉酶进行液化，液化条件为每克淀粉加入α-淀粉酶1～10 U，pH 6.0～6.5，温度85～90℃，液化30～120 min。然后经过脱色、过滤、浓缩、结晶、离心分离、真空干燥等工序，获得β-环状糊精产品。

三、酶在蛋白类食品生产方面的应用

蛋白质是食品的主要营养成分之一，以蛋白质为主要成分或以蛋白质为主要原料加工而成的食品称为蛋白质类食品。如乳制品、肉制品、蛋制品和鱼制品等。在蛋白质类食品的生产过程中，主要使用的酶是各种蛋白酶，此外也使用乳糖酶和其他一些酶。

蛋白酶（Proteinases）是一类催化蛋白质水解的酶。根据其来源的不同，可分为动物蛋白酶，如胰蛋白酶、胃蛋白酶等；植物蛋白酶，如木瓜蛋白酶、菠萝蛋白酶等；以及微生物蛋白酶，如枯草杆菌蛋白酶、黑曲霉蛋白酶等。在蛋白类食品的生产中广泛应用的蛋白酶和乳糖酶，主要是用其进行蛋白水解产物、氨基酸、明胶、干酪的生产，肉类的嫩化，低乳糖奶的生产等。

（一）酶在蛋白质水解物生产中的应用

蛋白质是由各种氨基酸（20 种天然氨基酸）通过肽键连接而成的高分子化合物。在蛋白酶的作用下，蛋白质可水解生成蛋白质水解产物。

$$\text{蛋白质} \xrightarrow{\text{蛋白酶}} \text{胨} + \text{多肽} + \text{二肽} + \text{氨基酸}$$

这些产物在食品、医药、细胞培养等领域有广泛的应用价值。例如，用各种肉类生产的肉类水解蛋白，可用于保健食品、营养食品、调味品等的生产；用鱼类生产的鱼粉、可溶性鱼蛋白粉和鱼露等，可用于饲料、营养食品和调味品等的生产；用蛋白酶水解乳蛋白得到的乳蛋白水解物，在细胞培养的研究和开发方面应用广泛。

蛋白质水解产物的原料，可以是动物蛋白，如肉、鱼、蛋、奶、血及其他下脚料，也可以用植物蛋白和微生物蛋白。

1. 水解大豆蛋白

水解大豆蛋白制备的方法主要有酶法和化学法，由于酶法水解效率高，反应条件温和，产生毒性物质的可能性较小，因此受到国内外研究者的广泛关注。目前，应用于实际生产的酶有胰蛋白酶、碱性蛋白酶、中性蛋白酶、木瓜蛋白酶等，其中碱性蛋白酶作用效果较好。

李书国等研究的大豆多肽的加工工艺流程为：

脱脂大豆粕→浸泡→磨浆分离→胶体磨→精滤→超滤→预处理→酶水解→分离→脱苦、脱色→脱盐→杀菌→浓缩→干燥

该工艺采用 AS_{1389} 中性蛋白酶进行酶水解，酶的用量为 4%，水解温度 45℃，作用时间 12 h，底物浓度 4%。

张玲华等采用菠萝蛋白酶、木瓜蛋白酶和双酶法降解大豆蛋白，其研究结果表明：双酶法水解大豆蛋白的水解度最高，而且水解产物的苦味明显弱于单酶水解法。邓勇等研究了 Acalase 碱性蛋白酶、AS_{1398} 碱性蛋白酶、Neutrase 中性蛋白酶、Protamax 复合蛋白酶、HAP 低温高碱碱性蛋白酶 5 种蛋白酶对大豆分离蛋白的水解效果，筛选出作用效果最好的为 Acalase 碱性蛋白酶。其最佳工艺条件为：温度 55℃，pH 8.0，底物浓度 2%，酶用量 5%，水解时间为 4～6 h。

大豆蛋白经过酶水解形成小分子产物，营养价值提高，并且具备了一定的功能特性。

但其中也产生了一些带有苦味的游离氨基酸及其衍生物和小分子肽物质，直接影响了水解产物的风味及其在食品加工中的应用。

2．水解动物蛋白

水解动物蛋白是指蛋白酶作为生物催化剂，把肉类、水产品及乳品中的蛋白质分解成含有多种氨基酸和肽类的水解液。水解动物蛋白产品含有多种氨基酸、肽类和核苷酸类物质。因此营养丰富，易于消化吸收。游离的氨基酸和核苷酸类都具有极好的呈味能力，味道鲜美，香气自然，稳定性较高，可作为调味剂或营养强化剂应用于多种食品的加工。

与水解植物蛋白相同，水解动物蛋白质经过酶水解以后，它的某些功能特性和风味特征会发生一定程度的改变，通常是溶解性增加；热稳定性提高，受热不凝聚；黏度、乳化性能、渗透性减小。

（1）水解鱼蛋白。鱼类蛋白质品质优良，其氨基酸比例与人体肌肉成分极为接近，人体吸收利用率较高。鱼类蛋白质经过水解，其营养品质和功能特性将进一步得到改善，因此对鱼类蛋白水解物进行开发已经引起人们的关注。特别是当今鱼类资源的日益匮乏，对低值鱼和鱼类加工副产物的加工利用更具有重要的意义。

王长云等利用枯草杆菌 AS_{1398} 中性蛋白酶水解鳕鱼碎肉提取水解蛋白，用黄曲霉对鱼蛋白水解液进一步水解，有效地脱去了苦味。水解液经真空浓缩及喷雾干燥得到水解蛋白粉，该制品可以作为蛋白强化剂应用于各类食品中。

熊光汉比较了胰蛋白酶、胃蛋白酶和木瓜蛋白酶对鱿鱼蛋白的水解效果，证明了胰蛋白酶水解效果最好，水解产物蛋白质含量达到 85%以上。杉山圭吉以沙丁鱼蛋白质为原料，比较了 3 种碱性蛋白酶、2 种中性蛋白酶和 3 种酸性蛋白酶的水解作用效果，证明碱性蛋白酶水解效果好，所得产物溶解性好，营养价值高。Hoyle 通过对鲜鱼蛋白水解的研究表明，碱性蛋白酶的水解能力比中性蛋白酶强，水解产物的苦味相对较小。

（2）水解乳蛋白。乳蛋白是一种重要的蛋白质资源，在食品加工中具有重要的作用。但是在酸性条件下，乳蛋白不稳定，易于沉淀，这使其应用受到一定限制。乳蛋白水解物具有优良的营养特性和加工特性，能够更加广泛地应用于各类食品加工。酪蛋白是牛乳中主要的蛋白质，其中富含生物活性序列，在特定条件下对其进行酶水解时，可使其被释放出来，从而获得具有生物活性的酪蛋白生物活性肽，如降血压肽、免疫调节活性肽、酪蛋白磷酸肽、抗菌肽以及类吗啡肽等。牛乳酪蛋白中含有的多种特定生物活性肽的序列是否能够从酪蛋白中释放出来，关键在于所使用的酶、水解条件及水解时间，水解的程度控制在恰当的范围时，才能够得到理想的活性肽。

（二）酶在氨基酸生产中的应用

蛋白质在蛋白酶的催化作用下，水解的最终产物是 20 种天然氨基酸。其中苏氨酸、蛋氨酸、亮氨酸、异亮氨酸、苯丙氨酸、色氨酸、赖氨酸和组氨酸 8 种氨基酸是人体不能合成，必须从食品中摄取的必需氨基酸，具有重要的营养价值。

蛋白酶水解法生产氨基酸的工艺流程为：

蛋白质→原料处理→加蛋白酶→水解→氨基酸混合液→分离纯化→氨基酸产品

蛋白质在加酶水解之前必须经过一定的处理，以破坏其完整的空间结构，使其变性，以利于酶的水解。一般可采取加热处理的方法。

加入一定量的蛋白酶进行水解时，要根据所使用的蛋白酶的动力学特性，选择并控制好各种水解条件，使蛋白质完全水解成氨基酸。

水解完成后，得到氨基酸混合液，可以直接应用，也可以通过各种生化分离技术，将不同的氨基酸分开，再经浓缩、结晶、干燥等工序，得到单一的氨基酸产品。

（三）酶在明胶生产中的应用

明胶是一种可溶于热水中的蛋白质凝胶，在食品加工和制药工业中有广泛用途。其生产原料一般采用含有丰富的胶原蛋白的动物的皮或骨等。天然状态的胶原蛋白呈三股螺旋结构，不溶于水，在蛋白酶的作用下，可使三股螺旋结构解体成为单链，生成溶解于热水的明胶。明胶的酶法生产工艺流程如下：

原料→切割、捣碎→水洗→加酶水解→除酶→提取→活性炭处理→过滤→干燥→明胶产品

经过切割、捣碎、水洗、沥干处理的原料，加入一定量的水配成含蛋白质为 30%左右的悬浮液，加入适量的碱性蛋白酶，在 28℃，pH 6～10 的条件下水解 6～24 h。水解完成后，用酸将 pH 调节至 3.5～4.0，温度升高至 50℃，保温 30 min，使蛋白酶变性失活。如果蛋白酶仍然有活性，将会使明胶蛋白质缓慢水解，降低产品的产量和质量。然后，将悬浮液调节到 pH 6～7，在温度为 60℃的条件下提取 1 h，使明胶充分溶解，过滤得到明胶溶液。滤渣再悬浮于 pH 6～7 的水中，温度逐次升高至 70℃、80℃、90℃，反复提取多次。

上述得到的滤液在 50～55℃的温度下，加入 1%的活性炭脱色处理 30 min 左右，过滤除去活性炭和杂质。明胶溶液冷却至 35℃以下，即成为凝胶，经过干燥得到明胶产品。

（四）酶在干酪生产中的应用

干酪又称为奶酪，指乳中（亦可用脱脂乳或稀奶油等）加入适量乳酸菌发酵剂和凝乳酶，使乳蛋白质（酪蛋白）凝固，排除乳清，将凝块压成所需形状的制品。

其主要成分是蛋白质和乳脂肪，还含有少量的无机盐和丰富的维生素。干酪的生产可以采用乳酸菌发酵或通过加入凝乳蛋白酶的方法进行。

凝乳蛋白酶生产干酪的基本原理：牛乳蛋白质中含有三种酪蛋白，即 α-酪蛋白、β-

酪蛋白和κ-酪蛋白。其中，κ-酪蛋白具有保护蛋白质胶体不凝固的作用。通过凝乳蛋白酶的作用，κ-酪蛋白水解成为副κ-酪蛋白，释放出可溶性相对分子质量为 6 000～8 000 的糖肽。副κ-酪蛋白可以与钙离子结合而凝固。α-酪蛋白和 β-酪蛋白对钙离子不稳定，加上失去κ-酪蛋白的保护作用，因此一起凝固，形成奶酪。

干酪的酶法生产工艺流程如下：

原料乳→灭菌→加入钙离子和凝乳蛋白酶→凝固→切碎、搅拌→排除乳清→压榨成形→加盐→成熟→干酪

将灭菌（60～65℃，30 min）后的原料乳降温至 30℃，置于干酪槽中，按照每 100 L 乳加入 20～30 g 的比例加进氯化钙和少量可溶性磷酸盐，再加入一定量的凝乳蛋白酶，在 35℃保温反应 20～60 min，直至蛋白质完全凝固。

将上述蛋白质凝块切成 1 cm 左右的小方块，以利于乳清的排出。然后，升温至 37～38℃，以加快凝块的脱水。用不锈钢筛网过滤排出乳清，然后将凝块装入模器，在 10～15℃下压榨，进一步排出乳清，并将奶酪压成一定的形状。将成形的奶酪浸入 20%的食盐水中，以改善干酪的风味。再将生干酪置于成熟室，成熟室的温度保持在 5～15℃，相对湿度保持 85%～90%，经过半年左右的成熟期，在此期间，生干酪中的蛋白质和糖类缓慢分解，生成游离氨基酸和某些挥发酸等风味物质，而得到干酪。

（五）酶在肉类嫩化中的应用

老龄动物的肉类，由于胶原蛋白的交联作用，形成分布广泛的粗糙、坚韧的结缔组织，严重影响肉的质量和食用。所以，必须进行嫩化处理，采用适当方法使动物肉类的胶原蛋白水解。

肉类的嫩化处理，可以通过宰后成熟自然嫩化，也可以通过加酶水解人工嫩化。

用于肉类人工嫩化的酶有植物蛋白酶和微生物蛋白酶。植物蛋白酶常用的有木瓜蛋白酶、菠萝蛋白酶、无花果蛋白酶等；微生物蛋白酶常用的有枯草杆菌蛋白酶、黑曲霉蛋白酶、米曲霉蛋白酶、根霉蛋白酶等。其中木瓜蛋白酶的嫩化效果较好。

木瓜蛋白酶（papain，E.C.3.4.22.2）是一种巯基蛋白酶，相对分子量 23 000 左右，最适作用温度 60～65℃。最适 pH 6～8。采用木瓜蛋白酶进行肉类嫩化处理的常用方法有浸渍法和宰前注射法：

（1）浸渍法。这是常用的肉类嫩化方法，可以在工厂进行大规模处理，也可以在家庭、饭店使用。首先将需要嫩化的肉类切成肉块或肉片，然后浸入含有蛋白酶的嫩化液中，于 60～65℃的温度下进行嫩化处理。浸渍时间可根据需要而定。

嫩化液的配方可以根据不同的要求进行配制。通常都含有一定量的蛋白酶和调味剂。例如，木瓜蛋白酶 2%，糖 1.5%，味精 0.2%，再加入少量胡椒、食盐、食用油。使用时先将嫩化液中的各组分溶解、调和均匀，配制好嫩化液，再将肉块放入，在 60～65℃浸

渍一段时间，达到嫩化效果。

（2）宰前注射法。一般是按每千克肉注射 2～5 mg 木瓜蛋白酶的比例，将木瓜蛋白酶配制成一定浓度的酶液，在动物宰杀之前 5～10 min，通过颈静脉注射到动物体内，随着血液循环分布到全身，以达到肉的嫩化效果。

然而，如果注射进有活性（还原型）的木瓜蛋白酶，虽然可以使肉类嫩化，但是可能引起动物在宰杀前的休克或者死亡。所以，用于宰前注射的木瓜蛋白酶，必须是氧化型的。氧化型木瓜蛋白酶不显示催化活性，在宰杀前动物是安全的。在注射 5～10 min 后，将动物宰杀，宰杀后的动物体内随着酵解作用的进行而积累的还原型辅酶等还原剂，可以将无活性的氧化型木瓜蛋白酶还原成为有活性的酶，催化胶原蛋白水解，达到肉类的嫩化效果。

（六）酶在低乳糖奶生产中的应用

乳中含有的乳糖是由葡萄糖和半乳糖组成的二糖。它本身无甜味，溶解度低，不能直接被小肠吸收。但当它被乳糖酶水解生成半乳糖和葡萄糖后，其甜度为蔗糖的 0.8 倍，溶解度增加 3～4 倍，容易被小肠吸收。

通常人体小肠内有一些乳糖酶，但其含量随着种族、年龄和生活习惯等不同而有所差别。对于某些体内乳糖酶活性低下者，像婴幼儿和中老年人，由于遗传和年龄方面的原因，体内乳糖酶含量低，不易消化乳中的乳糖，致使饮乳后出现腹胀、腹泻等症状。所以，这些人需要饮用低乳糖奶。

低乳糖奶的生产可以采用乳糖分离的方法，除去乳中的乳糖，得到乳糖含量低的低乳糖奶；也可以采用加进游离乳糖酶或固定化乳糖酶，使乳中的乳糖水解成为容易消化吸收的葡萄糖和半乳糖，制成低乳糖奶。

乳糖酶（lactase）为催化乳糖水解生成葡萄糖和半乳糖的酶。该酶又可以水解其他 β-半乳糖苷，故又称为 β-半乳糖苷酶。

低乳糖奶的酶法生产工艺流程为：

鲜奶→灭菌→冷却→加乳糖酶→加热灭酶→低乳糖奶

首先将鲜奶经过巴氏灭菌（63～65℃，30 min）或连续灭菌（73～75℃，15 s），然后，将温度降低到乳糖酶的最适作用温度（臭曲霉乳糖酶，60℃；天蓝链霉菌乳糖酶，65℃；酵母乳糖酶，35～40℃），加入一定量的乳糖酶，反应 1～48 h。至乳中 80%以上的乳糖被水解即为反应终点。

如果采用固定化乳糖酶连续生产低乳糖奶，则先将固定化酶装柱，再将灭菌后的鲜奶以一定的速度流经酶柱，使大多数乳糖被水解，得到低乳糖奶。反应结束后，升高温度，使残留的乳糖酶变性失活，并杀灭在酶解过程中可能污染的微生物，得到低乳糖奶。

四、酶在果蔬类食品生产中的应用

果蔬类食品是指以各种水果或蔬菜为主要原料加工而成的食品。在果蔬类食品的生产过程中，为了提高产量和产品质量，常常加入各种酶。常用的有果胶酶、柚苷酶、橙皮苷酶、花青素酶等，主要用于果汁、果酒、果冻、果蔬罐头等的生产。

（一）酶在果汁生产中的应用

水果中含有大量的果胶，在果汁和果酒生产过程中会造成压榨困难、出汁率低、果汁浑浊等不良影响。在果汁生产过程中，常常添加果胶酶（pectinase）进行处理，以达到利于压榨，提高出汁率，使果汁澄清的目的。果胶酶已广泛应用于苹果汁、葡萄汁、柑橘汁等的生产。

苹果中含有一定量的果胶，致使果汁难以澄清和过滤。采用果胶酶处理，可以取得较理想的效果。果胶酶处理生产苹果汁的工艺流程为：

苹果→破碎→压榨→果汁→果胶酶处理→过滤→清果汁→灭菌→成品

在葡萄汁生产过程中，由于大多数葡萄在破碎后得到的葡萄浆显得浓稠黏滑，难以压榨。为了提高葡萄出汁率，减轻劳动强度，缩短加工时间，获得色泽好、汁液清澈的葡萄汁，在生产中，采用果胶酶处理，可以取得较理想的效果。果胶酶处理生产葡萄汁的工艺流程为：

葡萄→洗涤→破碎→去梗→葡萄浆→果胶酶处理→压榨→过滤→灭菌→成品

柑橘果汁的生产稍为复杂一些。复合酶制剂处理生产柑橘汁的工艺流程为：

柑橘果实→温水清洗→剥皮→破碎→压榨→分离→瞬间加热→冷却→加酶处理→过滤→浓缩→灭菌→成品

所使用的酶制剂，除了含有一定量的果胶酶之外，最好加入一些半纤维素酶，以加强澄清效果。通常，添加果胶酶量为果汁重的0.025%～0.1%，作用温度30～50℃，pH 3.5～4.5，澄清 30～90 min；若 0.1%果胶酶与 0.1%纤维素酶结合使用，效果通常更佳。但不同果蔬的果汁，其酶解的工艺参数有所不同，在实际生产中应先进行小试以确定最适宜的酶解条件。

（二）酶在果酒生产中的应用

果酒是以各种水果为原料，通过微生物发酵而成的含酒精饮料。常见的果酒有葡萄酒、苹果酒、桃酒、荔枝酒、梨酒等。

在果酒的生产过程中，已广泛使用酶制剂，主要有果胶酶和蛋白酶等。果胶酶用于果酒生产，不仅可以提高果汁和果酒的产率，有利于过滤和澄清，而且可提高产品质量。

例如，使用果胶酶后，葡萄中单宁的抽出率降低，使酿制的白葡萄酒风味更佳；在红葡萄酒酿制过程中使用果胶酶，可提高色素的抽出率，还有助于酒的老熟，增加酒香。在果酒澄清时，通常在果实破碎后加入果胶酶酶量 0.025%～0.1%，处理温度 30～50℃，酶解时间为 60～90 min，若在低温下（≤20℃）处理，酶解时间需大大增加，常为 1～2 d。

在果酒酿造过程中，还可以添加蛋白酶，以使酒中存在的蛋白质水解，防止出现蛋白质浑浊，使酒体清澈透明。

（三）酶在低糖果冻生产中的应用

果汁经浓缩成为高浓度果汁后，在高浓度的糖存在的条件下，可以凝结形成果冻。但糖含量太多不仅影响风味，而且不符合人们对健康食品的要求。

生产低糖果冻，必须采用酶法处理技术。用纯化的果胶酯酶（PE）处理果汁，使果胶的甲基化程度降低。甲基化程度低的果胶在钙离子的作用下，既使糖度低，也可形成稳定的果冻。低糖果冻风味好，很受欢迎。

在实际生产中，所使用的果胶酯酶（PE）一定不能含有聚半乳糖醛酸酶（PG）、聚半乳糖醛酸裂解酶（PGL）和聚甲基半乳糖醛酸裂解酶（PMGL）。否则，会将果胶分解，不能形成果冻。

（四）柑橘制品去除苦味

柑橘果实制品，如柑橘罐头、橘子汁、橘子酱等，由于柑橘果实中含有柚苷，而具有苦味。柚苷又称柚配质-7-芸香糖苷，它可在柚苷酶（β-鼠李糖苷酶）的作用下，水解生成鼠李糖和无苦味的普鲁宁（柚配质-7-葡萄糖苷）。普鲁宁还可以在 β-葡萄糖苷酶的作用下，进一步水解生成葡萄糖和柚配质。

柚苷酶催化作用的适宜温度为在 30～40℃，适宜 pH 为 3～5。在柑橘果汁的生产过程中，于果汁中加进一定量的柚苷酶，在 30～40℃处理 1～2 h，即可脱去苦味。

在柑橘罐头的生产过程中，选用耐热性强的柚苷酶，将柑橘和含有柚苷酶液的糖水一起装罐，密封后，在 60～65℃巴氏杀菌期间和杀菌后的一段时间内，经过柚苷酶作用，使柚苷水解脱出鼠李糖，即可除去苦味。

（五）柑橘罐头防止产生白色浑浊

柑橘中含有橙皮苷，会使汁液出现白色浑浊，严重的形成白色颗粒，从而影响产品质量。橙皮苷又叫做橙皮素-7-芸香糖苷，其溶解度小，易生成白色浑浊。

橙皮苷可在橙皮苷酶的作用下，水解生成溶于水的鼠李糖和橙皮素-7-葡萄糖苷，从而防止柑橘罐头制品出现白色浑浊。

在实际生产中，将去皮柑橘在一定浓度的酶液中，于 60℃浸渍 30～40 min，即可起到防止白色浑浊的效果。

（六）果蔬制品的脱色

许多水果和蔬菜，如葡萄、桃、草莓、芹菜等都含有花青素。花青素是一类水溶性植物色素，其颜色随 pH 的不同而改变，在光照和稍高的温度下，很快变为褐色，与金属离子反应则呈现灰紫色。对果蔬制品的外观质量有一定的影响。

因此，含花青素的果蔬制品如葡萄汁、草莓酱、桃子罐头、芹菜汁等须经脱色处理。采用花青素酶处理，使花青素水解成为无色的葡萄糖和酶基。以防止变色，从而保证产品质量。

花青素酶是催化花青素水解生成 β-葡萄糖和它的酶基（β-葡萄糖苷酶）。花青素酶作用的最适 pH 为 4.0，最适作用温度为 40℃，在 65℃下稳定性好。

在实际生产中，只需将果蔬制品加入一定浓度的花青素酶，在 40℃保温 20～30 min，即可达到脱色效果。

五、酶在食品添加剂生产中的应用

食品添加剂是指为改善食品品质和色、香、味，以及为防腐和加工工艺需要而加入食品中的化学合成或天然物质。

食品添加剂的生产可以采用提取分离法、微生物发酵法、酶催化合成法和化学合成法等。由于酶具有催化效率高、专一性强和作用条件温和等特点，随着酶工程的发展，作为高效、安全的生物催化剂，酶在食品添加剂的生产中已经较为广泛地得到应用。

（一）酶在酸味剂生产中的应用

以赋予食品酸味为主要目的的食品添加剂总称为酸味剂。在食品中添加酸味剂，可以给人爽快的刺激，起到增强食欲的作用，同时还具有一定的防腐和促进钙的吸收等作用。因此，酸味剂在食品工业中应用极为广泛。

常用的酸味剂一般分为无机酸和有机酸。食品中常用的无机酸为磷酸和已二酸，有机酸为柠檬酸、酒石酸、苹果酸、乳酸、醋酸等。有机酸一般是采用提取法、发酵法和化学合成法制得。近期酶法合成的研究逐渐增多，主要集中在乳酸、苹果酸、葡萄糖酸及一些新的酸味剂上。

1. 酶法生产乳酸

乳酸又称为 α-羟基丙酸，是一种无色、无臭、浅黄色的浆状液体，略有脂肪酸味，可以与水、乙醇、乙醚、丙酮等混溶。乳酸具有两种不同的构型，D-乳酸和 L-乳酸，生产上一般以丙酮酸为底物，通过 D-乳酸脱氢酶的催化作用，将丙酮酸还原生成单一的 D-

乳酸。D-乳酸脱氢酶可以通过乳酸杆菌培养，然后经过细胞破碎，提取分离得到。也可以采用 2-卤代酸脱氢酶催化 2-氯丙酸水解生成乳酸，以 L-2-氯丙酸为底物，通过 L-2-卤代酸脱氢酶的催化作用，将 L-2-氯丙酸水解生成 D-乳酸。

2．酶法生成苹果酸

苹果酸又称为羟基丁二酸，在苹果中含量最高并且最早从苹果中分离得到，故名苹果酸。苹果酸一般为无色结晶或粉末，无臭，略带刺激性爽快酸味，易溶于水，微溶于乙醇和醚类。苹果酸的酸味柔和、持久，能够有效提高食品中的水果风味，在食品的生产中已经广泛的应用。

苹果酸也具有两种不同的构型，D-苹果酸和 L-苹果酸。目前，生产的都是 L-苹果酸，生产的方法主要有直接从水果中提取分离得到，通过微生物发酵生产，通过化学合成法获得等。随着酶工程的发展，特别是固定化技术的应用，现在酶法生产已经成为生产 L-苹果酸的主要方法。

生产上一般以延胡索酸（反丁烯二酸）为底物，通过延胡索酸酶的催化作用，将延胡索酸水合生成 L-苹果酸。

（二）酶在增味剂生产中的应用

食品增味剂或称食品风味增强剂，是指补充或增强食品原有风味的一类物质，通常又称为鲜味剂。鲜味是食品物质刺激人们的味觉器官而产生的一种鲜美感觉。能够刺激味觉器官产生鲜美感觉的物质称为鲜味剂。例如，味精、肌苷酸钠等。

酶催化法生产食品增味剂，利用酶的催化作用，将底物转化为食品增味剂的技术过程。酶催化法可以提高产率，减少设备投资，提高产品质量。逐渐被广泛的应用于工业化生产。酶催化法主要用于氨基酸和呈味核苷酸的生产。

1．L-氨基酸的酶法生产

L-氨基酸是组成蛋白质的主要成分，其中有些氨基酸如 L-谷氨酸、L-天冬氨酸等具有鲜味，称为氨基酸类增味剂。

氨基酸类增味剂是当今世界上产量最大、应用最广的一类食品增味剂。目前，我国生产的氨基酸类增味剂仅有 L-谷氨酸钠一种；国际上生产的氨基酸类增味剂还有 L-谷氨酸、L-谷氨酸铵、L-谷氨酸钙、L-谷氨酸钾和 L-天冬氨酸钠等。

酶法催化生产 L-氨基酸类增味剂主要有以下几种：

蛋白酶催化蛋白质水解生成 L-氨基酸混合液，再从混合液中分离得到鲜味氨基酸。其工艺流程为：

蛋白质→原料处理→加蛋白酶→水解反应→氨基酸混合液→分离纯化→氨基酸产品

谷氨酸脱氢酶催化 α-酮戊二酸加氨还原，生成 L-谷氨酸。其反应式如下：

$$\alpha\text{-酮戊二酸} + NH_3 + NAD(P)H \xrightarrow{\text{谷氨酸脱氢酶}} \text{L-谷氨酸} + H_2O + NAD(P)^+$$

转氨酶催化酮酸与氨基酸进行转氨反应，生成所需的L-谷氨酸。其反应式如下：

$$\alpha\text{-酮戊二酸} + \text{L-氨基酸} \xrightarrow{\text{转氨酶}} \alpha\text{-酮酸} + \text{L-谷氨酸}$$

2. 呈味核苷酸的酶法生产

呈味核苷酸都是5′-嘌呤核苷酸，主要有鸟苷酸和肌苷酸等。呈味核苷酸的酶法生产有：

（1）5′-磷酸二酯酶催化 RNA 水解，生成 4 种 5′-单核苷酸，即腺苷酸（AMP）、鸟苷酸（GMP）、尿苷酸（UMP）、胞苷酸（CMP）。其反应式如下：

$$RNA + nH_2O \xrightarrow{5'\text{-磷酸二酯酶}} 5'\text{-AMP} + 5'\text{-GMP} + 5'\text{-UMP} + 5'\text{-CMP}$$

（2）腺苷酸脱氨酶催化 AMP 脱氨，生成肌苷酸（IMP）等。其反应式如下：

$$AMP + H_2O \xrightarrow{\text{腺苷酸脱氨酶}} IMP + NH_3$$

（三）酶在甜味剂生产中的应用

食品甜味剂能改进食品的可口性和其他食用性质，满足有些人的爱好，并且可供给人体热能（每 500 g 蔗糖产生热量 6 247 kJ）。近年来，由于高热量糖类物质的过量摄入而引起的肥胖、高血脂和龋齿等疾病已成为世界各国一大社会问题，此外人们对食用合成甜味剂糖精、甜蜜素等存在顾虑，因此，开发新型低热能甜味剂一直是国内外研究的热点。尤其是那些甜度高、味质好、不致龋的低热能产品发展很快。在这些新产品的研究开发过程中，酶技术占据了重要地位。

通过酶的催化作用可以生成各种甜味剂。

1. 嗜热菌蛋白酶催化天冬氨酸和苯丙氨酸反应生成天苯肽

天苯肽是由 L-天冬氨酸和 L-苯丙氨酸甲酯缩合而成的二肽甲酯，是一种常用的甜味剂。天苯肽甜味纯正，甜度约为蔗糖的 150～200 倍，在甜度相同的情况下，天苯肽的热量仅为蔗糖的 1/200。其甜度高、热量低的特点，在食品、饮料等方面广泛应用。天苯肽在 pH 2～5 的酸性范围内稳定，特别适合在微酸性或偏酸性的食品中使用。

天苯肽可以通过嗜热菌蛋白酶在有机介质中催化 L-天冬氨酸（L-Asp）和 L-苯丙氨酸甲酯（L-Phe-Ome）反应缩合而成。其反应式如下：

$$\underset{\text{(L-天冬氨酸)}}{\text{L-Asp}} + \underset{\text{(L-苯丙氨酸甲酯)}}{\text{L-Phe-Ome}} \xrightarrow{\text{嗜热菌蛋白酶}} \underset{\text{(天苯肽)}}{\text{L-Asp-L-Phe-Ome}}$$

2. 葡萄糖基转移酶生产帕拉金糖

帕拉金糖是一种低热值甜味剂，是蔗糖的一种异构体，甜味与蔗糖近似，但甜度较低。帕拉金糖（α-D-吡喃葡萄糖苷-1,6-呋喃果糖）可以通过葡萄糖基转移酶的催化作用，由蔗糖（α-D-吡喃葡萄糖苷-1,2-呋喃果糖）转化而成。其反应式为：

$$\underset{（蔗糖）}{\alpha\text{-D-吡喃葡萄糖苷-1,2-呋喃果糖}} \xrightarrow{\text{葡萄糖基转移酶}} \underset{（帕拉金糖）}{\alpha\text{-D-吡喃葡萄糖苷-1,6-呋喃果糖}}$$

3. 果聚糖蔗糖酶生产低聚果糖

低聚果糖是指在蔗糖的果糖基上结合 1～3 个果糖分子而成的非还原性糖。低聚果糖存在于洋葱、香蕉等果蔬中，但含量较低，其甜度约为蔗糖的 60%。

低聚果糖的生产可以采用蔗糖为原料，通过果聚糖蔗糖酶催化作用生成。果聚糖蔗糖酶可以通过黑曲霉发酵得到。

4. β-葡萄糖醛酸苷酶生产单葡萄糖醛酸基甘草皂甙

甘草皂甙是一种三萜皂甙，由甘草皂甙元与两分子 β-D-葡萄糖醛酸通过 β-1,4 葡萄糖醛酸苷键连接而成。甘草皂甙是甘草的主要有效成分，具有免疫调节和抗病毒等功能，甘草皂甙及其钠盐是一种低热值的甜味剂，其甜度为蔗糖的 170～200 倍；甘草皂甙可以作为乳制品、蛋制品、可可制品等香味增强剂。

单葡萄糖醛酸基甘草皂甙可以通过 β-葡萄糖醛酸苷酶作用，除去甘草皂甙末端的一个 β-D-葡萄糖醛酸残基而得到。单葡萄糖醛酸基甘草皂甙甜度为蔗糖的 1 000 倍，比甘草皂甙的甜度提高 5～6 倍，是一种高甜度，低热值的新型甜味剂。其反应式为：

$$\text{甘草皂甙} + \text{水} \xrightarrow{\beta\text{-葡萄糖醛酸苷酶}} \text{单葡萄糖醛酸基甘草皂甙} + \beta\text{-D-葡萄糖醛酸}$$

（四）酶在乳化剂生产中的应用

食品乳化剂是食品加工过程中使互不相溶的液体（如油和水）形成稳定乳浊液的一类食品添加剂。目前，国内外最普遍使用的乳化剂是甘油单脂及其衍生物和大豆磷脂等。这些乳化剂在人体消化过程中被分解为脂肪酸和多元醇，从而被人体吸收或排出体外，对人体代谢无不良作用。

利用脂肪酶的作用，将甘油三酯水解生成的甘油单酯，简称单甘酯，是一种广泛应用的食品乳化剂。其反应式如下：

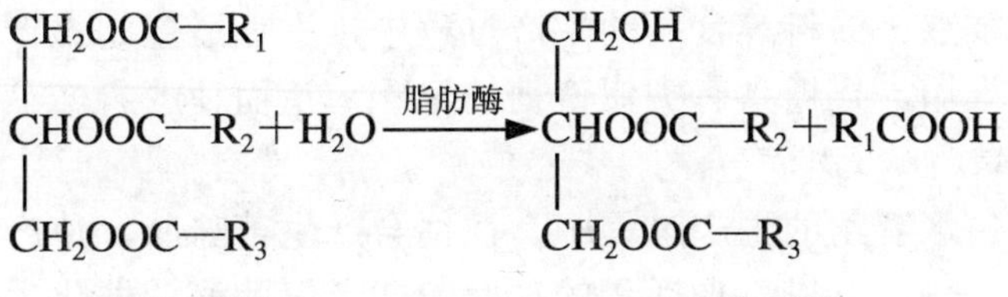

（甘油三酯）　　　　（甘油二酯）

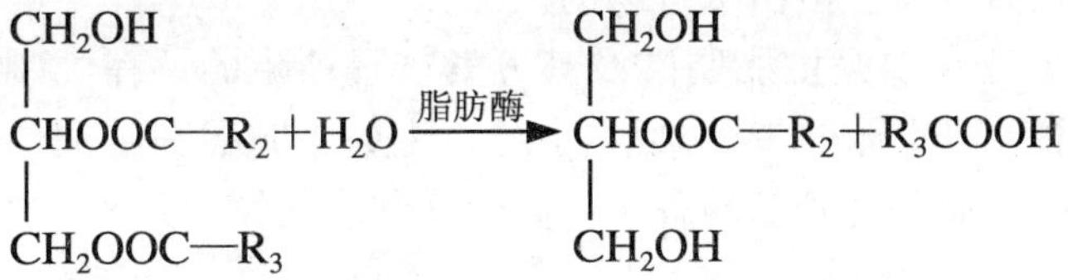

（甘油二酯）　　　　（甘油单酯）

六、酶在改善食品品质与风味方面的应用

酶不仅在食品加工方面有广泛的应用，而且在食品的品质和风味的改善方面也有重要的作用。

风味酶的发现和应用在食品风味的再现、强化和改善方面呈现广阔的应用前景。例如，用洋葱风味酶处理甘蓝等蔬菜，可使被处理的蔬菜呈现出洋葱的风味；用奶油风味酶作用于含乳脂的巧克力、冰淇淋和人造奶油等食品，可使这些食品增强奶油的风味。有些食品在加工或保藏过程中，可能会使原有的风味减弱或失去，若在这些食品中添加各种风味酶，则可使它们恢复甚至强化原来的天然风味。

在面包加工过程中，往往需要添加各种酶，以达到改善面包的质量和风味的目的（表6-6）。

表 6-6　面包加工过程中添加的酶及其对面包质量的影响

酶	作用机理	效果
α-淀粉酶	调节麦芽糖和葡萄糖的生成量，促进酵母的生长和二氧化碳的产生	缩短发酵时间，使面包更加松软可口
蛋白酶	催化部分蛋白质水解生成氨基酸，促进酵母的生长和二氧化碳的产生	面筋软化，增强面筋延伸性，缩短发酵时间，防止面包老化，延长保鲜期
β-淀粉酶	催化淀粉水解，生成麦芽糖	改善风味，防止面包、糕点老化
乳糖酶	分解乳糖生成葡萄糖和半乳糖	利于酵母生长，促进发酵，改善面包的色泽与质量
脂肪氧化酶	氧化分解不饱和脂肪酸，生成羧基化合物	使面包具有芳香风味

在含有蔗糖的糕点、饮料等食品的生产过程中，添加适量的蔗糖酶，可以催化蔗糖水解生成葡萄糖和果糖。果糖具有类似蜜糖的风味，从而使改善产品的风味，同时还可以防止蔗糖析出结晶。

在可溶性鱼蛋白水解物的生产过程中，往往会产生苦味肽，使产品带有苦味。为了减轻或消除产品的苦味，可以添加适量的羧肽酶或者氨肽酶，催化生产中产生的苦味肽水解生成氨基酸，从而改善鱼蛋白水解物的风味。

乳制品的特有香味主要是由脂肪酸及其分解产物产生的。在乳制品生产过程中，加入适量脂肪酶或酯酶，可以使乳中的脂肪水解，生成脂肪酸和甘油二酯或甘油单酯等。从而显著增加干酪、奶油等乳制品的香味，同时增强乳化性。

七、酶在食品分析与检测中的应用

在食品分析与检测中，需要测定的组分很多，包括醇类和胆固醇类、糖类、氨基酸类、有机酸类、硝酸盐和亚酸盐、氰化物以及各种毒素等。对于食品中的这些组分的分析与检测，总是需要快速而准确地测定。酶法检测技术作为一种新的检测技术，其具有专一性强、准确性高、检测速度快等优点，在食品分析与检测中已广泛应用。

1．醇类和胆固醇的测定

采用来自肝脏或酵母中的醇脱氢酶，可测定啤酒、果酒中乙醇的含量；采用甘油激酶和 ATP，或者甘油脱氢酶和 NAD^+，可测定奶油、糕点等富含油脂食品中甘油的含量；采用胆固醇氧化酶，可测定脂类、肉类、蛋黄等食品中胆固醇的含量等。

2．食品中糖类的测定

采用固定化酶可测定各种食品中葡萄糖、果糖及蔗糖的含量；采用己糖激酶可测定食品中葡萄糖的含量；利用葡萄糖淀粉酶，可测定总食品中的糊化淀粉量；采用半纤维素酶，可测定饮食中半纤维素量；利用葡聚糖酶水解葡聚糖为葡萄糖，来测定蔗糖样品中的葡聚糖的含量等。

3．氨基酸类的测定

多数氨基酸都能用酶法测定。例如，采用来自细菌 L-氨基酸脱羧酶，通过检测脱羧作用产生二氧化碳，来测定氨基酸的含量；采用色氨酸酶，测定食品中 L-色氨酸的含量；采用乳酸脱氢酶，测定食品中丙酮酸的含量；采用天门冬酸转氨酶测定 L-天门冬氨酸等。

4．有机酸的测定

采用来自酵母或肌肉的乳酸脱氢酶，测定食品中 L-乳酸的含量；采用乙酸激酶、丙酮酸激酶和乳酸脱氢酶，测定面团和果酒中的醋酸的含量；肌苷酸的酶法测定等。

5．食品中其他组分的测定

采用过氧化物酶测定食品中的过氧化物的含量；利用来自大肠杆菌的亚硝酸还原酶

测定食品中亚硝酸盐和亚硝酸的含量；采用酯酶，测定植物提取物中氨基甲酸类农药及其代谢物的含量等。

第二节　酶在环保与能源方面的应用

人类的生产和生活与自然环境密切相关，目前地球环境由于受到各方面因素的影响，正在不断地恶化，环境保护已经成为举世瞩目的问题，如何保护和改善自然环境是人类面临的重大课题。

随着科学的发展，生物技术在环境保护、能源开发等领域的研究、开发已经展示了巨大的威力。酶制剂在环保、能源方面的应用日益受到关注，呈现良好的发展前景。

一、酶在环境监测方面的应用

环境监测的目的是了解环境情况，掌握环境质量变化。环境监测是进行环境保护的一个重要环节。酶在环境监测方面的应用越来越广泛，已经在农药污染的监测、重金属污染的监测、微生物污染的监测等方面取得重要成果。

（一）利用胆碱酯酶监测有机磷农药污染

近年来，在农业生产中，为了防治农作物病虫害，提高农作物的产量，大量使用各种农药。然而由于农药，特别是有机磷农药的过度使用，造成了严重的环境污染，破坏了生态环境。为了监测农药的污染，人们采用了多种方法，其中采用胆碱酯酶检测有机磷农药的污染就是一种具有良好前景的监测方法。

利用胆碱酯酶（cholinesterase，E.C.3.1.1.8）可以催化胆碱酯水解生成胆碱和有机酸：

$$\underset{\text{（胆碱酯）}}{R\text{-}C\text{-}O\text{-}CH_2\text{-}N(CH_3)_3} + H_2O \xrightarrow{\text{胆碱酯酶}} \underset{\text{（脂肪酸）}}{R\text{-}COOH} + \underset{\text{（胆碱）}}{HO\text{-}CH_2CH_2\text{-}N(CH_3)_3}$$

有机磷农药是胆碱酯酶的一种抑制剂，可以通过检测胆碱酯酶的活性变化，来判断是否受到有机磷农药的污染。可以通过固定化胆碱酯酶的受抑制情况，检测空气或水中微量的酶抑制剂（有机磷等），灵敏度可达 0.1 mg/L。

（二）利用乳酸脱氢酶的同工酶监测重金属污染

乳酸脱氢酶（lactate dehydrogenase，E.C.1.1.1.27）有 5 种同工酶。它们具有不同的结构和特性，当遇到重金属离子时，活性会发生一定的变化。通过检测家鱼血清乳酸脱氢酶（SLDH）的活性变化，可以检测水中重金属污染的情况及危害程度；镉和铅的存在可以使 $SLDH_5$ 活性升高；汞污染使 $SLDH_1$ 活性升高；铜的存在则引起 $SLDH_4$ 的活性降低。

（三）通过β-葡聚糖苷酸酶监测大肠杆菌污染

将 4-甲基香豆素基-β-葡聚糖苷酸掺入选择性培养基中，样品中如果有大肠杆菌存在，大肠杆菌中 β-葡聚糖苷酸酶就将其水解，生成甲基香豆素。甲基香豆素在紫外光的照射下发出荧光，由此可以通过紫外光分光光度法检测水或食品中大肠杆菌的污染程度。

（四）利用亚硝酸还原酶检测水中亚硝酸盐浓度

亚硝酸还原酶（nitrite reductase，E.C.1.6.6.4）是催化亚硝酸还原生产一氧化氮的氧化还原酶。其反应式如下：

$$\underset{\text{（亚硝酸）}}{HNO_2} + \underset{\text{（还原型辅酶Ⅰ）}}{NAD(P)H} \xrightarrow{\text{亚硝酸还原酶}} \underset{\text{（辅酶Ⅰ）}}{NAD(P)^+} + NO + H_2O$$

利用固定化亚硝酸还原酶，制成电极，可以检测水中亚硝酸盐的浓度。

二、酶在废水处理方面的应用

不同的废水，含有的物质不同，因此应采用不同的酶进行处理。

废水中含有淀粉、蛋白质、脂肪等各种有机物质，可以在有氧和无氧的条件下用微生物处理，也可以用固定化淀粉酶、蛋白酶、脂肪酶等进行处理。

废水中含有硝酸盐、亚硝酸盐等酸性物质，可以用固定化硝酸还原酶、亚硝酸还原酶和一氧化氮还原酶进行处理，使硝酸根、亚硝酸根逐步还原，最终成为氮气。其反应如下：

$$HNO_3 + \text{还原型受体} \xrightarrow{\text{硝酸还原酶}} HNO_2 + \text{受体}$$

$$HNO_2 + \text{还原型受体} \xrightarrow{\text{亚硝酸还原酶}} NO + H_2O + \text{受体}$$

$$2NO + \text{还原型受体} \xrightarrow{\text{一氧化氮还原酶}} N_2 + \text{受体}$$

冶金工业产生的废水含有酚，可以用固定化酚氧化酶进行处理。

三、酶在生物降解材料开发方面的应用

目前，应用于各个领域的高分子材料，大多数是生物不可降解或不可完全降解的材料。这些高分子材料使用以后，成为固体废弃物，造成环境污染。研究和开发可生物降解材料是当今国内外的重要课题。其中，利用酶的催化作用合成可生物降解材料，已经成为开发可生物降解材料的重要途径。

利用酶在有机介质中的催化作用合成的可生物降解材料主要有：利用蛋白酶或脂肪酶合成多肽类或聚酰胺类物质，利用脂肪酶的有机介质催化合成聚酯类物质和聚糖酯类物质等。

四、酶在乙醇生产方面的应用

乙醇是一种重要的原料，在食品、医药、化工等领域广泛应用。乙醇容易燃烧，放出大量能量，也是一种重要的能源。通过发酵工程和酶工程可以将淀粉等可再生资源转化为乙醇。乙醇的生产一般是通过酵母分批发酵而成，也可以通过固定化酵母细胞进行酒精的连续发酵生产。由于酵母菌细胞中不含有淀粉酶或纤维素酶，只能利用葡萄糖、蔗糖等可发酵性糖转化为乙醇。

蔗糖可以从甘蔗、甜菜、甜高粱等糖料作物中提取分离得到。葡萄糖通常是通过各种淀粉酶（包括 α-淀粉酶、β-淀粉酶、异淀粉酶、糖化酶等）的催化作用，从淀粉水解而获得。葡萄糖还可以通过纤维素酶催化纤维素水解而生成。

由于酵母菌不能直接利用淀粉和纤维素等原料，所以乙醇的生产必须经过糖化和发酵两个阶段。

为了简化发酵工艺过程，人们可以采用各种生物技术使酵母菌具有直接利用淀粉或纤维素发酵生产乙醇的能力。例如，可以通过基因工程手段，将淀粉酶基因或者纤维素酶基因通过 DNA 体外重组、克隆到酵母中表达，从而赋予酵母细胞直接利用淀粉或者纤维素生产乙醇能力；可以采用细胞工程，将淀粉酶或者纤维素酶分子与酵母细胞表面的位点结合，这样，酶与酵母细胞结合在一起，首先由固定在酵母细胞表面的酶将原料水解成为可发酵性糖，再通过酵母细胞内的酒化酶系将可发酵性糖转化生成乙醇。还可以采用酶工程技术将糖化酶等淀粉酶或者纤维素酶与酵母细胞共固定化，通过多糖水解酶和酵母细胞内酒化酶系的共同作用，将淀粉或纤维素转化为乙醇。

五、酶在生物柴油制造方面的应用

生物柴油是甘油酯与小分子醇类经过酯交换反应而得到的脂肪酸酯类物质，可以代替柴油作为柴油发动机的燃料使用等。在当今石油资源面临枯竭的情况下，研究和开发新的生物能源具有重要的意义和应用价值。

在有机介质中，脂肪酶或酯酶可以催化甘油酯与小分子醇类进行酯交换反应，生成小分子的酯类混合物（甘油和酯）。

第三节　酶在医药领域中的应用

长期以来，人类一直在努力寻找治疗疾病的方法，因而促进了医药卫生事业的不断发展，各种天然药物和合成药物的研究、开发和应用为人类的健康作出了巨大贡献。

药物的种类很多，其中酶类药物所具有的不同于其他药物的特点，使其在医药方面的开发和应用发展很快。

酶在医药方面的应用多种多样，可归纳为以下三个方面：用酶进行疾病的诊断，用酶进行疾病的治疗，用酶制造各种药物。

一、酶在疾病诊断方面的应用

疾病治疗效果的好坏，在很大程度上决定于诊断的准确性。疾病诊断的方法很多，其中，酶学诊断方法具有可靠、简便、快捷等特点。酶学诊断方法包括两个方面：一是根据体内原有酶活力的变化来诊断某些疾病，二是利用酶测定体内某些物质含量的变化来诊断某些疾病。

（一）根据体内酶活力的变化诊断疾病

一般健康的人体内所含有的某些酶的量是恒定在某一范围的，当人们患上某些疾病时，由于组织、细胞受到损伤或者代谢出现异常，而引起体内的某种酶的活力发生相应的变化。因此，可以根据体内的某种酶的活力变化情况，进行疾病的诊断（表 6-7）。

表 6-7　通过酶活力变化进行疾病诊断

酶	病症	酶活力变化
酸性磷酸酶	前列腺癌、肝炎、红细胞病变、甲状腺功能亢进	升高
碱性磷酸酶	佝偻病、骨骼疾病、甲状腺功能亢进、黄疸性肝炎	升高
	软骨发育不全	下降
谷草转氨酶（GOT）	肝炎、肝硬化、黄疸性肝炎、心肌梗死	升高
谷丙转氨酶（GPT）	急性传染性肝炎、肝硬化、黄疸性肝炎	升高
乳酸脱氢酶	肝癌、急性肝炎、心肌梗死	升高
乳酸脱氢酶 LDH_1	心肌梗死、恶性贫血	升高
乳酸脱氢酶 LDH_2	白血病、肌肉萎缩	升高
乳酸脱氢酶 LDH_3	白血病、淋巴肉瘤、肝癌	升高
乳酸脱氢酶 LDH_4	转移性肝病、结肠癌	升高
乳酸脱氢酶 LDH_5	肝炎、原发性肝癌、脂肪肝、心肌梗死、外伤、骨折	升高
葡糖糖磷酸异构酶	急性肝炎、心肌梗死、急性肾炎、脑溢血	升高
胆碱酯酶	传染性肝炎、肝硬化、风湿、营养不良	下降
端粒酶	细胞发生癌变	出现
淀粉酶	胰脏疾病、肾脏疾病	升高
	肝病	下降
γ-谷氨酰转肽酶	原发性和继发性肝癌、黄疸性肝炎、肝硬化、胆道癌	升高
醛缩酶	急性传染性肝炎、心肌梗死	升高
精氨酰琥珀酸裂解酶	急、慢性肝炎	升高
胃蛋白酶	胃癌	升高
	十二指肠	降低
β-葡萄糖醛缩酶	肾癌、膀胱癌	升高
碳酸酐酶	坏血病、贫血病	升高
山梨醇脱氢酶（SDH）	急性肝炎	升高
5′-核苷酸酶	肝癌、黄疸性肝炎	升高
脂肪酶	急性胰腺炎、胰腺癌、胆管炎	升高
肌酸磷酸激酶（CK）	肌炎、肌肉创伤、心肌梗死	升高
α-羟基丁酸脱氢酶	心肌炎、心肌梗死	升高
单氨氧化酶（MAO）	肝脏纤维化、糖尿病、甲状腺功能亢进	升高
鸟氨酸氨基甲酰转移酶	肝癌、急性肝炎	升高
葡萄糖氧化酶	测定血糖含量、诊断糖尿病	升高
亮氨酸氨肽酶（LAP）	肝癌、阴道癌、黄疸性肝炎	升高

（引自《酶工程》，郭勇，2004）

现将一些体内存在的酶活力与疾病的关系简单介绍如下：

1．酸性磷酸酶

酸性磷酸酶（acid phosphatase，E.C.3.1.3.2）是一种在酸性条件下催化磷酸单酯水解生成无机磷酸的水解酶。人血清酸性磷酸酶的最适 pH 为 5～6，最适温度为 37℃。

正常人血清中的酸性磷酸酶来源于骨、肝、肾、脾、胰等组织，其含量大致相同。而前列腺癌患者以及出现肝炎、红细胞病变、甲状腺功能亢进时，患者血清中酸性磷酸酶的活力都会升高。为了鉴别血清中增加的酸性磷酸酶是来自前列腺还是来自其他组织器官，可进一步采取某些抑制剂检测选择性抑制作用。例如：铜离子和甲醛对红细胞酸性磷酸酶有显著的抑制作用，而对前列腺酸性磷酸酶的抑制作用微弱；相反，乙醇和酒石酸对前列腺酸性磷酸酶的抑制作用显著，对红细胞酸性磷酸酶的抑制作用较弱。这种鉴别有助于进一步作出确切的诊断。

血清中酸性磷酸酶的活力测定可以采用定磷法、测酚法、硝基酚磷酸法等。

2．碱性磷酸酶

碱性磷酸酶（alkaline phosphatase，E.C.3.1.3.1）是一种在碱性条件下催化磷酸单酯水解生成无机磷酸的水解酶。人血清碱性磷酸酶的最适 pH 为 9.5～10，最适温度为 37℃。

碱性磷酸酶在体内分布广泛，特别是在骨骼组织、牙齿、肾和小肠中含量较高。碱性磷酸酶主要由骨细胞产生，故佝偻病、骨骼软化症、骨瘤、骨骼广泛性转移癌、甲状腺功能亢进、黄疸性肝炎等患者血清中碱性磷酸酶的活力都会升高，而软骨发育不全等疾病患者血清中碱性磷酸酶的活力下降。

血清中碱性磷酸酶的活力测定可以采用与上述酸性磷酸酶相同的方法，只是反应时将 pH 调节到碱性磷酸酶作用的最适范围。

3．转氨酶

转氨酶又称为氨基转移酶（aminotransferase，E.C.2.6.1）是一类催化氨基从一个分子转移到另一个分子的转移酶类。在疾病诊断方面主要应用谷草转氨酶和谷丙转氨酶。

谷草转氨酶（GOT）又称为天冬氨酸转氨酶（aspartate aminotransferase，E.C.2.6.1.1），它是催化天冬氨酸与 α-酮戊二酸之间进行氨基转移，生成谷氨酸和草酰乙酸。

谷丙转氨酶（GPT）又称为丙氨酸转氨酶（alanine aminotransferase，E.C.2.6.1.2），它是催化丙氨酸与 α-酮戊二酸之间进行氨基转移，生成谷氨酸和丙酮酸。

在临床上，测定血清中谷草转氨酶（GOT）和谷丙转氨酶（GPT）的活力变化，用以诊断肝病和心肌梗死等疾病。急性传染性肝炎、肝硬化和黄疸性肝炎的患者，其血清中 GOT 和 GPT 的活力升高；尤其是急性传染性肝炎患者，GOT 和 GPT 的活力急剧升高；心肌梗死患者，GOT 的活力升高更为显著。

转氨酶的活力测定主要用二硝基苯肼显色法。

4．乳酸脱氢酶

乳酸脱氢酶（lactate dehydrogenase，LDH；E.C.1.1.1.27）是催化乳酸脱氢反应生成

丙酮酸的一种氧化还原酶。生成的丙酮酸与2,4-二硝基苯肼作用，生成丙酮酸二硝基苯腙，苯腙在碱性溶液中呈现棕红色，颜色的深浅与丙酮酸浓度成正比。

在正常情况下，血清中乳酸脱氢酶的含量很低，但是在肝癌、急性肝炎、心肌梗死等疾病的患者血清中，该酶活力显著升高。

5．乳酸脱氢酶同工酶

同工酶在代谢的调节控制方面起着重要作用，当人体代谢失常而出现某种疾病时，可能引起同工酶含量的改变。

乳酸脱氢酶有5种同工酶，分别为LDH_1、LDH_2、LDH_3、LDH_4和LDH_5。心肌梗死、恶性贫血患者的血清中，LDH_1含量升高；白血病、肌肉萎缩患者的血清中，LDH_2含量升高；白血病、淋巴肉瘤、肝癌患者的血清中，LDH_3含量升高；转移性肝病、结肠癌患者的血清中，LDH_4含量升高；肝炎、原发性肝癌、脂肪肝、心肌梗死、外伤、骨折患者的血清中，LDH_5含量升高。

6．葡糖糖磷酸异构酶

葡糖糖磷酸异构酶（glucosephosphate isomerase，E.C.5.3.1.9）是催化6-磷酸葡萄糖异构化生成6-磷酸果糖的一种异构酶。人血清中葡糖糖磷酸异构酶的最适pH为7.8，最适温度为37℃。

急性肝炎、心肌梗死、急性肾炎、脑溢血等患者，其血清中葡糖糖磷酸异构酶的活力都明显升高。

7．胆碱酯酶

胆碱酯酶（cholinesterase，E.C.3.1.1.3）是催化胆碱酯水解，生成胆碱和有机酸的水解酶。

在正常情况下，血清中胆碱酯酶的活力随个体的不同有较大的差异，但对于具体某个个体而言，则基本维持在一定的范围内（正常值为30～80 U）。当出现传染性肝炎、肝硬化、风湿、营养不良等病症时，血清中胆碱酯酶的活力下降。

8．端粒酶

端粒酶（telomerase）是催化端粒合成和延长的酶，该酶是一种核糖核蛋白，包括蛋白质和RNA两种基本成分。在人体的正常细胞内（除了生殖细胞和干细胞以外），端粒酶的生物合成和酶活性都受到抑制，而在分化程度较低的癌细胞中却可以明显地检测到端粒酶的活性。因此，可以通过测定体细胞内端粒酶的活性，诊断细胞是否发生了癌变。

（二）利用酶测定体内某些物质的变化诊断疾病

当人体出现某些疾病时，由于代谢异常或者某些组织器官受到损伤，从而引起体内某些物质的含量改变。通过测定体液中某些物质的变化，可以快速、准确地诊断某些疾病。

酶具有专一性强、催化效率高等特点，可以利用酶检测体液中某些物质的含量变化，从而诊断某些疾病（表 6-8）。

表 6-8　用酶测定物质的量的变化进行疾病诊断

酶	测定物质	用途
葡萄糖氧化酶	葡萄糖	测定血糖、尿糖、诊断糖尿病
葡萄糖氧化酶+过氧化物酶	葡萄糖	测定血糖、尿糖、诊断糖尿病
尿素酶	尿素	测定血液、尿液中尿素的含量，诊断肝、肾病变
谷氨酰胺酶	谷氨酰胺	测定脑脊液中谷氨酰胺的含量，诊断肝昏迷、肝硬化
胆固醇氧化酶	胆固醇	诊断高血脂症
DNA 聚合酶	基因	检测癌基因

（引自《酶工程》，郭勇，2004）

1．利用葡萄糖氧化酶诊断糖尿病

葡萄糖氧化酶是一种催化葡萄糖与氧反应生成葡萄糖酸和双氧水的氧化还原酶。测定时取一定量的血液或尿液样本，加入适量的葡萄糖氧化酶，在一定条件下反应一段时间，然后测定反应液中生成的葡萄糖的量，从而作为糖尿病临床诊断的依据。

2．利用葡萄糖氧化酶和过氧化物酶诊断糖尿病

血液或尿液样本中的葡萄糖首先在葡萄糖氧化酶的作用下，与氧反应生成葡萄糖酸和双氧水；然后过氧化物酶在氧受体存在的条件下，催化双氧水生成水和原子氧；新生成的原子氧将无色的氧受体 4-氨基安替吡啉氧化生成红色的醌类化合物，颜色的深浅与葡萄糖浓度成正比。在 500 nm 波长下测定样本的光密度（OD_{500}），同时在相同条件下测出标准葡萄糖液的 OD_{500}，计算样本中葡萄糖的量。

3．利用胆固醇氧化酶诊断高血脂症

胆固醇氧化酶是一种催化胆固醇与氧反应生成胆固酮的氧化还原酶。胆固醇是血液中最主要的固醇类物质，其中约 1/3 为游离状态，另外 2/3 与长链脂肪酸结合成胆固醇酯，两者合称为总胆固醇。动脉粥样硬化、严重糖尿病、胆道病、肾病等患者，血液中总胆固醇含量增高；肝病、恶性贫血等，血液中总胆固醇含量降低。

利用胆固醇氧化酶测定胆固醇含量，可以对上述疾病作出准确地诊断。

4．利用谷氨酰胺酶诊断肝硬化、肝昏迷

谷氨酰胺酶可以催化谷氨酰胺水解，生成谷氨酸和氨。在脑组织中，氨基酸代谢生成的游离氨，可以在谷氨酰胺酶的作用下，合成谷氨酰胺，以消除氨对中枢神经的毒害作用。肝硬化、肝昏迷等患者，由于脑氨增加，脑脊液中谷氨酰胺的含量明显升高。因此通过测定脑脊液中谷氨酰胺的含量，可以诊断肝硬化、肝昏迷等疾病。

5. 利用尿素酶诊断肝、肾病变

尿素酶能专一地催化尿素水解生成二氧化碳和氨，尿素在肝生成，通过肾排出体外。当肾功能障碍时，尿液中尿素含量减少而血液中尿素含量增加；当肝有实质性病变时，尿素的生成量减少，血液和尿液中尿素的含量均减少。所以，通过检测血液中和尿液中尿素的含量，从而诊断肝和肾是否发生病变。

6. 利用DNA聚合酶检测癌基因

DNA聚合酶是在DNA模板、引物等存在的条件下，催化脱氧核苷三磷酸聚合成DNA的合成酶。在检测癌基因或进行基因诊断时，由于基因的含量低，难以直接进行检测，只有进行扩增后，才能进行测序。可以通过PCR技术，用DNA聚合酶将模板DNA扩增，然后进行基因测序，检测基因是否正常，从而进行基因诊断和癌基因检测。

7. 利用酶标免疫检测法测定抗体或抗原

酶标免疫检测是将酶的检测与抗体抗原的免疫检测相结合的一种检测技术，在疾病诊断方面广泛应用。所谓酶标免疫检测法是指先把酶与某种抗体或抗原结合，制成酶标记的抗体或抗原，然后利用酶标抗体（抗原）与待测定的抗原（抗体）结合，再借助于酶的催化特性进行定量测定，测出酶-抗体-抗原结合物中的酶的含量，就可以计算出待测定的抗体或抗原的含量。利用酶标免疫检测法测定抗体或抗原的量，可以进行某种疾病的诊断，常用的标记酶有碱性磷酸酶和过氧化物酶。例如：通过酶标免疫测定，可以诊断肠虫、毛线虫、血吸虫等寄生虫病以及疟疾、麻疹、疱疹、乙型肝炎等疾病。

二、酶在疾病治疗方面的应用

酶可以作为药物治疗多种疾病，用于治疗疾病的酶称为药用酶。药用酶具有疗效显著，不良反应小等特点，其应用越来越广泛（表6-9）。

下面以一些常用的药用酶为例作以简单的介绍：

1. 蛋白酶

蛋白酶可以催化蛋白质水解，该酶可用于治疗多种疾病，是临床上使用最早、用途最广的药用酶之一。

常用于治疗消化不良和消炎等的蛋白酶主要有胰蛋白酶、胃蛋白酶、胰凝乳蛋白酶、木瓜蛋白酶、菠萝蛋白酶等。

2. α-淀粉酶

α-淀粉酶可以催化淀粉水解，该酶在食品、轻工、医药等领域都有重要应用。在疾病治疗方面，α-淀粉酶可以治疗消化不良、食欲不振。常用的α-淀粉酶有麦芽淀粉酶、胰淀粉酶、米曲霉淀粉酶（高峰淀粉酶）等。

表 6-9 酶在疾病治疗方面的应用

酶	主要来源	用途
淀粉酶	胰、麦芽、微生物	治疗消化不良、食欲不振
蛋白酶	胰、胃、微生物	治疗消化不良、食欲不振、消炎消肿、除去坏死组织
脂肪酶	胰、微生物	治疗消化不良、食欲不振
纤维素酶	霉菌	治疗消化不良、食欲不振
溶菌酶	蛋清、细菌	治疗各种细菌性和病毒性疾病
尿激酶	人尿	治疗心肌梗死、结膜下出血、黄斑部出血
链激酶	链球菌	治疗血栓性静脉炎、咳痰、血肿、骨折、外伤
链道酶	链球菌	治疗血栓、清洁外伤创面
青霉素酶	蜡状芽孢杆菌	治疗青霉素引起的变态反应
L-天冬酰胺酶	大肠杆菌	治疗白血病
超氧化物歧化酶	肝、动物血液、微生物	预防辐射损伤、治疗红斑狼疮、皮肌炎
凝血酶	动物、细菌、酵母	治疗各种出血
胶原酶	细菌	分解胶原
右旋糖苷酶	微生物	预防龋齿
胆碱酯酶	细菌	治疗皮肤病、支气管炎、气喘
纤溶酶	蚯蚓	溶血栓
弹性蛋白酶	胰	治疗动脉硬化、降血脂
核糖核蛋白酶	胰	抗感染、治肝癌
尿酸酶	牛肾	治疗痛风
L-精氨酸酶	微生物	抗癌
L-组氨酸酶	微生物	抗癌
L-蛋氨酸酶	微生物	抗癌
谷氨酰胺酶	微生物	抗癌
α-半乳糖苷酶	牛、人胎盘	治疗遗传缺陷病
核酸类酶	生物、人工改造	基因治疗、治疗病毒性疾病
降纤酶	蛇毒	溶血栓
木瓜凝乳蛋白酶	番木瓜	治疗腰椎间盘突出、肿瘤辅助治疗
抗体酶	分子修饰、诱导	与特异抗原反应、清除各种致病性抗原

（引自《酶工程》，郭勇，2004）

3. 脂肪酶

脂肪酶可以催化脂肪水解，当消化系统内缺乏脂肪酶或短时间内进食过量脂肪类食物时，脂肪类物质无法消化或消化不完全，引起消化不良、食欲不振、腹胀、腹泻等症状，服用脂肪酶制剂能够起到治疗上述症状的疗效。常用的脂肪酶有胰脂肪酶和酵母脂肪酶等。

4．溶菌酶

溶菌酶具有抗菌、消炎、镇痛等作用，是应用广泛的药用酶之一，主要从蛋清、植物和微生物中分离提取。溶菌酶作用于细菌细胞壁，可以使病原菌、腐败性细菌等溶解死亡，对抗生素有耐药性的细菌同样起溶菌作用。该酶在临床上主要用于治疗各种炎症。

5．超氧化物歧化酶

超氧化物歧化酶（SOD）催化超氧负离子（$O_2 \cdot^-$）进行氧化还原反应，生成氧和双氧水。SOD 具有抗氧化、抗衰老、抗辐射作用，对红斑狼疮、皮肌炎、结肠炎及氧中毒等疾病有显著疗效。该酶可以从动物血液及大蒜、青梅等植物中分离提取。

6．L-天冬酰胺酶

L-天冬酰胺酶催化天冬酰胺水解，生成 L-天冬氨酸和氨。

当 L-天冬酰胺酶注射进入人体后，人体的正常细胞内由于有天冬酰胺合成酶，可以合成 L-天冬酰胺，蛋白质合成不受影响；而对于缺乏天冬酰胺合成酶的癌细胞，因其本身不能合成 L-天冬酰胺，外来的天冬酰胺又被 L-天冬酰胺酶分解，导致蛋白质合成受阻，从而致使癌细胞死亡。

L-天冬酰胺酶是用于治疗癌症的酶，尤其是对白血病有显著疗效。

7．尿激酶

尿激酶（UK）是一种具有溶解血栓功能的碱性蛋白酶，主要存在于人和其他哺乳类动物的尿液中。

UK 可以激活纤溶酶原，成为溶解血纤维蛋白活性的纤溶酶，催化纤维蛋白、血纤维蛋白、凝血因子Ⅴ、Ⅶ、Ⅷ、Ⅸ等蛋白质或多肽水解，因而具有溶解血栓和抗凝血的功效。尿激酶是一种高效的血栓溶解药物，临床上用于治疗各种血栓性疾病，例如：心肌梗死、脑血栓、肺血栓、四肢动脉血栓、视网膜血管闭塞、风湿性关节炎等。

8．纳豆激酶

纳豆激酶是从日本的传统食品纳豆中分离得到的一种蛋白酶，它可以催化血纤维蛋白水解，同时可以激活纤溶酶原成为纤溶酶，所以具有显著的溶解血栓的功效。

9．凝血酶

凝血酶催化血纤维蛋白原水解，生成不溶性的血纤维蛋白，从而促进血液凝固。可以从人或动物的血液中分离得到，也可以从蛇毒中分离得到。凝血酶通常采用牛血、猪血生产。

10．弹性蛋白酶

弹性蛋白酶又称为胰肽酶 E，在胰脏的腺泡组织中先合成弹性蛋白酶原，经过胰蛋白酶或肠激酶激活后，成为弹性蛋白酶，可以从动物胰脏中分离得到。

弹性蛋白酶是一种催化弹性蛋白质水解的蛋白酶。只有一条肽链，由 240 个氨基酸残基组成。

弹性蛋白酶能水解结缔组织中的弹性蛋白，具有类似 β-脂蛋白酶的作用效果，可以活化磷脂酶 A，降低血清中的胆固醇，增加胆固醇从粪便中的排泄量；还能增强血管弹性，具有降低血压、扩张血管、提高心肌血流量的作用。

弹性蛋白酶主要用于治疗高血脂症，预防脂肪肝和动脉粥样硬化等。

三、酶在药物制造方面的应用

酶在医药制造方面的应用是利用酶的催化作用将前体物质转变为药物。这方面的应用日益增多，现在很多贵重的药物都采用酶法生产（表 6-10）。

表 6-10　酶在药物制造方面的应用

酶	主要来源	用途
青霉素酰化酶	微生物	制造半合成青霉素和头孢霉素
11-β-羟化酶	霉菌	制造氢化可的松
L-酪氨酸转氨酶	细菌	制造多巴
β-酪氨酸酶	植物	制造多巴
α-甘露糖苷酶	链霉菌	制造高效链霉素
核苷磷酸化酶	微生物	生产阿拉伯糖腺嘌呤核苷（阿糖腺苷）
酰基氨基酸水解酶	微生物	生产 L-氨基酸
5′-磷酸二酯酶	橘青霉	生产各种核苷酸
多核苷酸磷酸化酶	微生物	生产聚肌胞、聚肌苷酸
无色杆菌蛋白酶	细菌	由猪胰岛素变成人胰岛素
核糖核酸酶	微生物	生产核苷酸
蛋白酶	动物、植物、微生物	生产 L-氨基酸
β-葡萄糖苷酶	黑曲霉	生产人参皂甙

（引自《酶工程》，郭勇，2004）

1．青霉素酰化酶制造半合成抗生素

青霉素和头孢霉素同属 β-内酰胺抗生素，被认为是最具有发展前途的抗生素，该类抗生素可以通过青霉素酰化酶的作用，改变其侧链基团而获得具有新的抗菌特性及有抗 β-内酰胺酶能力的新型抗生素。青霉素酰化酶在半合成抗生素的生产上具有重要作用，它可以催化青霉素或头孢霉素水解生成 6-氨基青霉烷酸（6-APA）或 7-氨基头孢霉烷酸（7-ACA）。又可以催化酰基化反应，由 6-APA 合成新型青霉素或由 7-ACA 合成新型头孢霉素。通过青霉素酰化酶的作用，可以半合成得到氨苄青霉素、羟氨苄青霉素、羧苄青霉素、磺苄青霉素、氨基环烷青霉素、邻氯青霉素、双氯青霉素、氟氯青霉素等。通过青霉素酰化酶作用，头孢霉素经水解作用生成 7-ACA 后，再与侧链羧酸衍生物反应，可半合成得到

各种新型头孢霉素，如头孢利定、头孢金素、头孢拉定、头孢氨苄、头孢甘氨酸、头孢环己二烯等。

2. β-酪氨酸酶制造多巴

β-酪氨酸酶可催化 L-酪氨酸氧化，生成二羟苯丙氨酸（DOPA，多巴）该酶还可以催化邻苯二酚与丙酮酸和氨反应，生成多巴。多巴是治疗帕金森综合征的一种重要药物，所谓帕金森综合征是 1817 年英国医师 Parkinson 所描述的一种大脑中枢神经系统发生病变的老年性疾病，主要症状为手指颤抖、肌肉僵直、行动不便，病因是由于遗传原因或人体代谢失调，不能由酪氨酸生成多巴或多巴胺所致。

3. 其他

核苷磷酸化酶制造阿糖腺苷，阿糖腺苷具有抗癌和抗病毒的作用；多核苷酸磷酸化酶生产聚肌胞，聚肌胞在体内具有高效诱导干扰素生成的功能，具有广谱的抗病毒、抑制肿瘤细胞生长、增强肌体免疫力等功效；β-D-葡萄糖苷酶制造抗肿瘤人参皂甙；无色杆菌蛋白酶制造人胰岛素等。

第四节　酶在基因工程与细胞工程中的应用

生物技术是当今世界新技术革命的主要内容之一，在国民经济的发展中起着重要作用。生物技术主要包括基因工程、细胞工程、酶工程和发酵工程等，酶在基因工程与细胞工程的应用主要包括：酶在除去细胞壁方面的应用、酶在大分子切割方面的应用和酶在大分子连接方面的应用。

一、酶在除去细胞壁方面的应用

植物、微生物细胞都有细胞壁，在生物工程方面，很多时候都需要除去细胞壁。

胞内物质的提取，如胞内酶、胰岛素及干扰素等基因工程菌的产物，天然抗氧化剂等植物细胞次级代谢产物等都存在于细胞内，若提取这些胞内物质，则需要将细胞壁破坏或除去。

原生质体的制备，去除细胞壁后由细胞膜及胞内物质组成的微球体称为原生质体。除去细胞壁有利于物质透过细胞膜而进出胞内外。

提取某些胞内物质或制备原生质体时，既要除去细胞壁，又要不损伤其他成分，这样就不能采用强烈的破碎方法，而且只能用各种具有专一性的酶。根据细胞的结构不同和细胞壁组分的差异，除去细胞壁时所采用的酶也有所区别。

1．除去细菌细胞壁

在基因工程中使用的限制性核酸内切酶，其切割位点一般都在其识别顺序之内。除去革兰氏阳性菌的细胞壁采用由蛋清中分离得到的溶菌酶，该酶专一地作用于细菌细胞壁的肽多糖分子中 N-乙酰胞壁酸与 N-乙酰氨基葡萄糖之间的 α-1,4 键。除去革兰氏阴性菌的细胞壁需用溶菌酶和 EDTA 共同作用，才能达到较好的效果，这是由于 EDTA 可以作用于脂多糖的缘故。

2．除去酵母细胞壁

酵母的细胞壁分为两层，外层由磷酸甘露糖和蛋白质组成，内层由 β-葡聚糖构成细胞壁的骨架。

除去酵母细胞壁主要采用 β-1,3-葡聚糖酶，该酶作用于细胞壁内层的 β-葡聚糖分子中的 β-1,3-糖苷键，使作为细胞骨架的 β-葡聚糖水解，而使细胞壁破坏。

3．除去霉菌细胞壁

霉菌的细胞壁比较复杂，不同种属的霉菌，其细胞壁结构和组分有较大差别。

毛霉、根霉的细胞壁主要由几丁质和壳聚糖等多种物质组成，破壁时主要采用放线菌或细菌产生的壳多糖酶、几丁质酶及蛋白酶等多种酶的混合物。

米曲霉、黑曲霉和青霉的细胞壁主要由几丁质和 β-葡聚糖等组成，破壁时主要采用 β-1,3-葡聚糖酶和几丁质酶的混合物。

4．植物细胞壁的破除

植物细胞壁主要由纤维素、半纤维素、木质素和果胶等组成，破壁时主要采用纤维素酶、半纤维素酶和果胶酶组成的混合酶。

二、酶在大分子切割方面的应用

生物工程经常与生物大分子打交道，在许多情况下需要把大分子切割成较小的分子或片段，以便在生物工程的有关领域使用。生物大分子的切割需要在特定的位点上进行，所以就只能借助于专一性强的酶作用。

用于生物大分子定点水解的酶很多，在基因工程方面常用的水解酶如下。

1．限制性核酸内切酶

限制性核酸内切酶是一类在特定位点上，催化双链 DNA 水解的磷酸二酯键。它具有高度的专一性，表现在它能够识别双链 DNA 中某段碱基和排列顺序，并且只能在某个特定位点上将 DNA 分子切开。

限制性核酸内切酶的碱基识别顺序一般由 4～6 个核苷酸组成，这个识别顺序呈二元对称结构，即从两条链的 5′ 端向 3′ 端读出时，这个识别顺序完全相同。在基因工程中使用的限制性核酸内切酶，其切割位点一般都在其识别顺序之内。限制性核酸内切酶在切割 DNA 分子时，有些在两条链上的切点是错开的，所产生的末端称为黏性末端；有些在两条链上的切点是平整的，所产生的末端称为平整末端。

限制性核酸内切酶在基因工程中用以从双链 DNA 分子中切取所需的基因，并用同一种酶将质粒 DNA 或噬菌体 DNA 切开，以便进行 DNA 的体外重组。在应用时可根据需要选用适宜的限制性核酸内切酶。

2．DNA 外切核酸酶

这是一类从脱氧核糖核酸（DNA）分子末端开始逐个除去末端核苷酸的酶，这些酶中有些可以从 DNA 链的 5′端开始作用，有些从 DNA 链的 3′端开始作用，有些则可同时作用于 5′端和 3′端。

DNA 外切核酸酶在基因工程中主要用于载体或基因片段的切割加工，当获得的基因载体或基因片段太大时，可以利用 DNA 外切核酸酶从两条链的末端各除去若干个核苷酸，而使 DNA 片段变小一些，以满足使用的需要；当获得的 DNA 片段为平整末端时，为了使它变成黏性末端，可以采用 DNA 外切核酸酶，以获得所需要的带有黏性末端的 DNA 片段，以利于体外重组 DNA。

3．碱性磷酸酶

碱性磷酸酶可以除去 DNA 或 RNA 链中的 5′-磷酸，在基因工程中，主要用在为防止质粒 DNA 的自我环化而除去 5′-磷酸，或在用 ^{32}P 对 DNA 或 RNA 进行 5′端标记之前除去 5′-磷酸。

4．核酸酶 S_1

核酸酶 S_1 作用于单链 DNA 或 RNA，在基因工程中，用于从具有单链末端的 DNA 分子中除去单链部分的核苷酸，而变成平整末端的双链 DNA。在以 mRNA 为模板，合成互补 DNA（cDNA）时，往往会发生“发夹状”环，用核酸酶 S_1 就可以除去这些“发夹状”环。

5．自我剪切酶

自我剪切酶是一类催化本身 RNA 分子进行剪切反应的核酸类酶，可以在一定条件下催化本身 RNA 进行剪切反应，使 RNA 前体生成成熟的 RNA 分子和另一个 RNA 片段。

6．RNA 剪切酶

RNA 剪切酶是催化其他 RNA 分子进行剪切反应的核酸类酶。许多原核生物的核糖核酸酶 P（Rnase P-RNA）中的 RNA 也具有剪切 tRNA 前体生成成熟 tRNA 的功能。

三、酶在分子拼接方面的应用

许多酶都具有分子拼接能力，能将两个或多个分子连接在一起而合成较大的分子，这些酶类在生物体内是至关重要的，它们催化各种各样的生物合成反应。在 DNA 体外重组过程中，需要使用一些酶，使分子拼接起来。

1. DNA 连接酶

DNA 连接酶是能使双链 DNA 的缺口封闭的酶，它催化一个 DNA 片段的 5′-磷酸基与另一个 DNA 片段的 3′-OH 生成磷酸二酯键。在基因工程中，主要采用的是 T_4-DNA 连接酶，该酶是由 T_4-噬菌体感染大肠杆菌细胞后产生的，可用于具有黏性末端或平整末端的 2 个 DNA 片段的连接。故此可以将由同一种限制性核酸内切酶切出的载体 DNA 和目的基因连接起来，成为重组 DNA。该酶是基因工程中最常用的工具酶。

2. DNA 聚合酶

DNA 聚合酶是一类催化 DNA 复制和修复 DNA 分子损伤的酶，主要包括大肠杆菌 DNA 聚合酶Ⅰ、大肠杆菌 DNA 聚合酶Ⅱ、大肠杆菌 DNA 聚合酶Ⅲ和 T_4-DNA 聚合酶等。

DNA 聚合酶的共同特点是：①需要模块与底物；②不能起始新的 DNA 链的合成；③催化脱氧核苷三磷酸加到 DNA 链的 3′-OH 末端；④合成的方向是从 5′ 端至 3′ 端。

在细胞内，DNA 聚合酶主要用于进行 DNA 缺口修补，将损伤的 DNA 分子修复成为完整的双链 DNA 分子。

在基因工程方面，DNA 聚合酶主要用于聚合酶链式反应（Polymerase Chain Reaction，PCR）进行基因的扩增。PCR 技术的基本过程包括双链 DNA 的变性（双链→单链）、引物与单链 DNA 退火结合、引物延伸三个步骤：

（1）双链 DNA 的变性（双链→单链）。将待测的 DNA 升温至 85～95℃，使 DNA 的双链之间的氢键断开，解离为单链的 DNA；

（2）引物与单链 DNA 退火结合。单链 DNA 在温度逐步降低至 50～70℃时，与引物（其碱基与单链 DNA 互补）结合形成双链，引物为经过人工设计后人工合成的与模板 DNA 某一片段互补的寡核苷酸链。

（3）引物延伸。引物结合后，将温度升高至 70～75℃，在 DNA 聚合酶的作用下，以引物为起点，以 4 种脱氧核苷三磷酸为底物，以目标 DNA 链为模板，按照碱基互补配对原则，由 5′ 端向 3′ 端的方向延伸，而进行 DNA 复制。

3. 末端脱氧核苷酸转移酶

末端脱氧核苷酸转移酶（terminal deoxynucleotide，TDT）是从小牛胸腺分离得到，其作用是向 DNA 的 3′-OH 末端转移脱氧核苷酸。在基因工程中，利用该酶给 DNA 片段加上一段同聚体，形成附加末端。

4. 反转录酶

反转录酶又称为依赖于 RNA 的 DNA 聚合酶，它以 RNA 作为模板。以脱氧核苷三磷酸为底物，合成 DNA。反转录酶广泛应用于从 mRNA 反转录生成互补的 DNA（cDNA），以获得所需的基因。

5．蛋白酶

利用蛋白酶进行有机合成，如用金属蛋白酶催化 N′-末端经修饰保护的 L-天冬氨酸与 L-苯丙氨酸合成甜味剂天苯肽或称为阿斯巴甜；利用 α-凝乳蛋白酶催化两个 L-苯丙氨酸缩合成二肽。

第五节　酶在饲料工业和养殖业中的应用

酶制剂用于饲料工业和养殖业中始于 1950 年代，JenMn 等曾将酶添加到日粮中喂鸡，结果改善了动物营养，提高动物生产性能。国内在这方面的研究是在 1980 年代开始，经过大量的实践工作，其独特的优越性逐步被发现，目前已经普遍为养殖业所接受。动物对营养物质的消化是依靠自身的消化酶和肠道中微生物酶共同实现的，大量的研究表明，外源酶的添加不仅不会破坏和抑制内源酶，而且补充了内源性酶制剂的缺乏和不足，能帮助和促进动物的消化吸收，这就为饲料酶的应用奠定了基础。饲用酶制剂作为一类高效、无毒副作用和环保型的“绿色”饲料添加剂，在 21 世纪将有着十分广阔的应用前景。

一、饲用酶制剂的种类和来源

应用于饲料中的酶，有淀粉酶、脂解酶、蛋白酶、纤维素酶、半纤维素酶、果胶酶、植酸酶和棉籽糖分解酶等。主要来源于微生物（包括细菌、真菌、酵母菌等）发酵物，部分来源于植物组织和动物组织（或消化液）。饲用酶制剂的主要种类和来源见表 6-11。

二、饲用酶制剂的作用

1．补充内源酶的不足，改善消化道内的微生态环境

动物种类不同，消化道中酶系组成也不相同。添加一定量的酶制剂可补充内源酶的不足，提高各营养物质的消化利用率。其机理主要是增加小肠黏膜上皮细胞微绒毛的表面积，加强吸收功能，细胞内线粒体、溶酶体数量增多，细胞内 ATP 酶、碱性磷酸酶（ALP）和琥珀酸脱氢酶（SDH）活性增加。

2．打破植物细胞壁，提高饲料的有效能值

胞壁是由大量纤维素、木质素、半纤维素和果胶等组成的聚合物，阻止了畜禽对营养物质的消化吸收和利用。酶制剂可打破细胞壁将原生质暴露出来，在各酶的协同作用下，将各种营养物质释放出来，并降解细胞壁使之转变为可被利用的营养物。因此，除了细胞壁被降解外，还提高了胞内物质的消化率，大大提高了饲料的有效能值。

表 6-11　饲用酶制剂的主要种类和来源

种类	名称		主要来源
淀粉酶	α-淀粉酶		枯草杆菌、地衣杆菌、米曲霉、根霉、麦芽等
	β-淀粉酶		麦芽、麸皮、大豆、芽孢杆菌、链霉菌、黑曲霉
	异淀粉酶（脱支酶）		嗜酸杆菌、芽孢杆菌、单胞杆菌
	麦芽糖酶		酵母
	糖化酶		曲霉、根霉、酵母
蛋白酶	胃蛋白酶		胃黏膜、胃液
	胰蛋白酶		胰腺、胰液、小肠液
	木瓜蛋白酶		木瓜
	菠萝蛋白酶		菠萝
	微生物蛋白酶	碱性	枯草杆菌、地衣芽孢杆菌、米曲霉、嗜酸性芽孢杆菌
		中性	芽孢杆菌、栖土曲霉、灰色链霉、微白色链霉
		酸性	黑曲霉、根霉、臭曲霉、泡盛曲霉
脂解酶	酯酶		动物胰液、肠液
	磷脂酶		枯草杆菌、黑曲霉、根霉、酵母
	乳脂酶		泡盛曲霉、幼畜胃肠液
纤维素酶	内-β-1,4-D-葡萄糖酶		绿色木霉、里氏木霉、根霉、黑曲霉、青霉、瘤胃或牛粪中分离的嗜纤维菌、产黄纤维单胞菌、侧孢菌等
	外-β-1,4-D-葡萄糖酶		
	β-葡萄糖苷酶		
半纤维素酶	内-β-1,3-D-葡萄糖酶		泡盛曲霉、黑曲霉、臭曲霉等以及瘤胃中分离的某些菌
	α-1,3-葡聚糖酶		
	甘露聚糖酶		
	α-阿拉伯糖苷酶		
	β-木聚糖酶		
	半乳糖酶		
果胶酶	果胶水解酶（果胶甲基酯酶）		木质壳霉、黑曲霉、泡盛曲霉、臭曲霉、梭状芽孢杆菌
	聚半乳糖醛酸酶		
	果胶裂解酶		
棉籽糖分解酶	α-半乳糖苷酶		
植酸酶			黑曲霉（*A.ficuum*）、麦麸、麦芽

（引自《酶工程》，徐凤彩，2000）

3．降低胃肠道黏性，提高养分的消化吸收率，减少疾病的发生

纤维素、果胶、半纤维素、戊聚糖和葡聚糖等在进入消化道后部分溶解产生黏性溶液，使消化道内容物的黏度加大，降低了营养物质的同化状态，对内源消化酶而言形成了一个物理屏障，影响了营养物质的消化吸收，同时黏度的增加还容易导致疾病的发生。添加相应的酶制剂可降低黏性，提高养分的消化率，减少疾病发生。

4．消除饲料中的抗营养因子（ANF）和有毒有害物，提高饲料的营养价值

饲料中含有 ANF 和有毒有害物质，如植酸、植物凝集素、蛋白酶抑制因子和霉菌毒素等，酶制剂可部分或全部消除其不良影响。植物性饲料含有的植酸盐中的磷基本上不能被单胃动物所利用，并影响其他营养物质的消化利用。添加植酸酶可以提高动物对 P、Cu、Zn、Ca、Fe、Mn 等元素及蛋白质的利用率。

5．减少环境污染

添加复合酶制剂可减少畜禽粪便有机物和氮的排泄量，降低对环境的污染。添加植酸酶，可使动物粪便中含磷量减少约 30%，减少磷对环境的污染。

6．充分利用饲料资源

复合酶的使用，使次粉、麸皮、小麦、大麦等原料在饲料配方中的配合比例大大提高，从而使这些廉价的饲料资源得到充分开发和利用。

三、饲用酶制剂的应用

饲用酶制剂添加到不同种类畜禽的不同基础日粮中，都能起到一定的应用效果，畜禽生产性能都有一定的提高。目前，根据日粮类型的不同，已开发利用的酶制剂主要有各种淀粉酶、β-葡聚糖酶、木聚糖酶、蛋白酶、纤维素酶、半纤维素酶、糖化酶、果胶酶、溶菌酶等，大多是以某一种酶为主导酶系的复合酶制剂，且不同生产厂商生产的酶制剂成分含量也各不相同。就饲用复合酶制剂在各类畜禽生产中应用效果介绍如下。

1．在鸡饲料中的应用

根据酶制剂的特性和功能，给鸡饲喂加酶饲料，可明显提高及消化道内消化酶的活性，使鸡对饲料的消化吸收更加充分，提高饲料的利用率。在雏鸡、育成鸡日粮中添加酶制剂，消化能力加强，从而提高增重速度，降低料肉比。

例如，周国义在肉仔鸡玉米—豆粕型基础日粮中添加 0.15%的淀粉酶、木聚糖酶为主的复合酶制剂，肉鸡平均日增重提高 122%，料肉比改善 15.8%，死淘率也显著降低。加拿大在以大麦为基础的肉鸡日粮饲料中加 0.2% β-葡聚糖酶、木聚糖酶制剂，结果试验组日增重、饲料报酬比对照分别提高 17.5%和 10%。复合型纤维素酶制剂在肉鸡日粮中添加 0.02%和 0.05%，结果表明，饲料消耗比对照下降 8%和 11.44%，日增重提高 9.5%和 8.51%。在蛋鸡日粮中添加酶制剂，可通过增加采食量和降低饲料消耗提高生产性能。江苏盐城产的复合酶制剂在蛋鸡日粮中添加 0.08%，使 25～30 周龄产蛋鸡的产蛋率比对照提高 6.65%，节约饲料 4.4%。

2．在猪饲料中的应用

幼龄仔猪体内酶系统不完善，难以马上具备完全的消化有机物的能力，在其日粮中添加饲用酶制剂后，胃的消化能力大幅度提高。冯定远等在断奶仔猪日粮使用 β-葡聚糖酶和木聚糖酶的饲用酶制剂，使试验组生长仔猪日增重提高 6.0%。饲料报酬提高 3.4%。育肥猪体内消化酶的数量、种类及其活性虽然达到消化的程度，但如果在其日粮中添加饲用酶可增加采食量和增强消化能力，提高肥育效果。张克刚等在含有高量小麦麸和次粉的育肥猪日粮中使用 β-葡聚糖酶和木聚糖酶为主的酶制剂，使两个试验组日增重比对照组提高 4.25%和 14.02%，其中高量次粉组比高量麦麸组效果更好。母猪日粮中添加酶制剂可成为提高母猪产乳的措施之一。有人在母猪哺乳期使用糖化酶，试验组母猪产乳量比对照相应提高 25%～30%。

3．在牛饲料中的应用

断奶牛犊胃内微生物区系不平衡，种类、数量及产酶量都低。饲料中添加适量酶制剂，可使饲料得到充分消化，加速生长，降低料耗。俄罗斯在莫斯科郊区的农庄进行了牛犊日粮中添加淀粉酶和糖化酶的试验，结果表明，加入酶制剂饲养的牛犊增重明显，比对照高 20%～30%，每千克增重牛犊消耗的饲料单位数量和可消化蛋白比对照少 5.2%～16.8%。奶牛日粮中添加酶制剂可促进营养物质的消化。吉林长春试验时在奶牛的日粮中每头每日加入纤维素复合酶制剂 50 g，可使产奶量提高 8.3%，饲料消耗率下降 10%。

4．在鱼饲料中的应用

在鱼饲料中添加相应的酶制剂，可以加快鱼的生长，提高饲料效益。济南黄台渔场添加复合酶制剂进行罗非鱼喂养试验，结果两个罗非鱼的试验组分别较对照组提高增重率 18.6%和 15.2%。孙建友（1990）给鱼投食品级淀粉酶废渣，鲫鱼净增肉提高 27%，草鱼净增肉提高 11%。

四、饲用酶制剂的合理使用

1．注意生产工艺的影响

酶是一种蛋白质，对热、光、酸等较敏感，饲料生产过程的每一环节都可能影响酶的活性，饲料中添加酶制剂时，尽可能地减少生产工艺对酶活性的影响，特别是制料的温度最好不要超过 75℃，以保证酶制剂有较好的作用效果。

2．根据动物种类和不同生长阶段应用

不同动物种类和不同的生长阶段，动物体内酶的种类和数量并不相同，因此根据不同动物和不同生长阶段的特点选用合适的酶制剂，才能有效地发挥和提高酶制剂的作用效果。一般情况下，家畜使用酶制剂的作用效果比家禽好，幼年阶段使用比成年阶段好。

3．结合饲料中原料情况应用酶制剂

各种复合酶制剂都有自身的针对性原料，不同类型饲料配方应选择符合自身酶解的酶制剂。

4. 科学选用酶制剂产品

商品酶制剂多为复合酶制剂，衡量酶制剂的质量水平和作用效果的依据主要是酶的种类、含量、活性和稳定性。由于这些指标目前在应用上较难检测和判断，因此在选用时应特别注意。可选择一些被人们广泛认可的大型和专业的酶制剂生产厂家的产品。

本章实训

实训一　淀粉酶在果葡糖浆生产上的应用

一、目的要求

了解淀粉酶水解淀粉的原理，掌握淀粉酶在果葡糖浆生产上的应用方法。

二、实验原理

淀粉水解的方法有酸解法、酸酶结合法和酶解法三种。

酶解法是采用酶液化和酶糖化得到葡萄糖液的一种工艺。此法已经广泛用于淀粉糖品的生产，其中果葡糖浆的生产采用双酶法。生产果葡糖浆的原料为玉米淀粉或薯类淀粉，将淀粉配制成浓度为 30%～35%的淀粉乳，添加适量的 α-淀粉酶，它作用于淀粉时，随机的从淀粉分子内部切开 α-1,4 糖苷键，生成糊精、低聚糖、麦芽糖和葡萄糖等产物。然后再添加适量的葡萄糖淀粉酶（glucoamylase，E.C.3.2.1.3）俗称糖化酶，它作用于淀粉时，从淀粉分子的非还原末端开始逐个水解 α-1,4 糖苷键，生成葡萄糖。糖浆完全水解生成葡萄糖，此时得到葡萄糖浆。添加适量的葡萄糖异构酶（glucose isomerase，E.C.5.3.1.5）又称异构酶，它催化葡萄糖发生异构化反应变成果糖。葡萄糖液中的一部分葡萄糖异构化转变为果糖，而得到的含有葡萄糖和果糖的混合糖浆称为果葡糖浆。

三、材料用具

（一）材料

玉米淀粉或薯类淀粉。

（二）试剂

α-淀粉酶、葡萄糖淀粉酶（糖化酶）、葡萄糖异构酶、0.1%稀盐酸、0.1 mol/L $CaCl_2$ 溶液、0.01 mol/L 的硫酸镁溶液。

（三）器具

500 ml 烧杯、量筒、微量移液器、磁力搅拌器、离子交换树脂、真空浓缩器、恒温箱、连续蒸发器、异构酶柱桶、酸度计、层析装置、封口膜。

四、实验方法

（一）工艺流程

果葡糖浆生产的工艺流程见图 6-1。

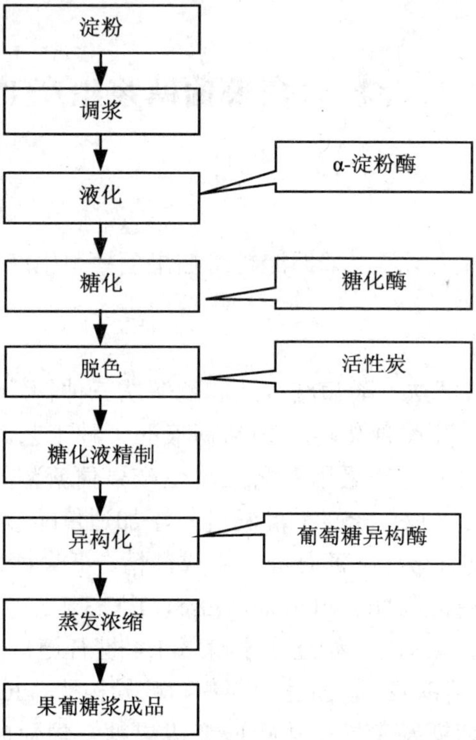

图 6-1　果葡糖浆生产工艺流程

（二）操作要点

1. 调浆

称取干淀粉 100 g，放入 500 ml 烧杯中，用蒸馏水配制淀粉乳浓度为 30%～35%，测量其体积（L），用磁力搅拌器充分搅拌 15～20 min。滴加浓度为 0.1%的稀盐酸溶液，调节淀粉乳的 pH 至 6.0～6.5（*α*-淀粉酶的最适 pH）。

2. 液化

加入 0.1 mol/L $CaCl_2$ 溶液，调节淀粉乳的 Ca^{2+}浓度为 0.01 mol/L，然后添加 *α*-淀粉酶

的量为 8～10 U/g 干淀粉。用封口膜将烧杯密封，放入恒温箱内，在 95～98℃温度下，液化反应 40～50 min。碘色反应合格，停止液化。

3. 糖化

液化后的淀粉乳迅速降温至 60℃，滴加 0.1%的稀盐酸溶液，调节淀粉乳的 pH 至 4.5（糖化酶的最适 pH），加入糖化酶的量为 80 U/g 干淀粉，再用封口膜将烧杯密封，放入恒温箱内 60℃保温 40～45 h，间歇搅拌。终止糖化反应，瞬时加温 90℃灭活糖化酶。得到的糖化液 D_E≥95。

4. 脱色

脱色袋内装入少量的骨炭或活性炭，糖化液维持在 pH 4.0～4.5，温度 80℃，用磁力搅拌器搅拌 30 min，使糖化液脱色。

5. 糖化液精制

将脱色的糖化液流经离子交换床（多采用 Na^+强酸型阳离子树脂），除去无机盐、有机杂质、有色物质以及能产生颜色的物质等。糖化液浓度调至 40%～45%，为异构酶所要求的最佳浓度。

6. 酶法异构葡萄糖为果糖

将精制后的糖化液（浓度为 40%～45%）的 pH 调整至 6.5～7.0，加入少量的 0.01 mol/L 的硫酸镁溶液，钙离子对 α-淀粉酶有保护作用，在淀粉液化时需要添加，但它对葡萄糖异构酶却有抑制作用，所以用于异构化的葡萄糖液尽量不要含有钙离子。

温度控制在 60～70℃，糖化液均匀而稳定地自上而下通过异构酶柱桶，在异构酶催化下生成果葡糖浆。测量流出糖浆中果糖的含量，蒸发浓缩得到需要的果糖浓度。

7. 果糖与葡萄糖的分离

应用钙型强酸性阳离子交换树脂为吸附剂，糖浆流经色谱分离柱（层析柱）时，其中的果糖和葡萄糖都被吸附，再用无离子水洗脱，并收集洗出液，开始部分含葡萄糖多，中间部分含有两种糖，后面部分含果糖多。

8. 制备高果糖浆

收集色谱柱流出不同部分的洗出液，第一部分含葡萄糖多，可以回流入异构酶柱桶，继续进行异构化反应；中间部分含有果糖和葡萄糖，可以回流到色谱分离柱内继续分离；第三部分果糖含量高达 95%以上，可以生产 90 型果葡糖浆。

五、注意事项

1. 液化温度视 α-淀粉酶的耐热性高低而定。耐热性 α-淀粉酶包括地衣芽孢杆菌 α-淀粉酶，最适温度 92℃；淀粉液化芽孢杆菌 α-淀粉酶，最适温度 70℃。非耐热性 α-淀粉酶主要是米曲霉 α-淀粉酶，最适温度 55℃。

2. 多数 α-淀粉酶都不耐酸，酶活力相对稳定的 pH 为 5.5～8.0，最适 pH 为 6.0～6.5。

3. α-淀粉酶是金属酶，酶分子中的钙被除掉后，酶活性完全丧失，重新补充钙，酶活力可完全恢复。

4. 不同来源的葡萄糖淀粉酶在糖化的最适温度和 pH 上有一定的差异（表 6-12）。

表 6-12　不同来源的糖化酶的最适温度和 pH

糖化酶来源	最适温度/℃	最适 pH
曲霉	55～60	3.5～5.0
根霉	50～55	4.5～5.5
拟内孢霉	50	4.8～5.0

5. 现在推出的新型异构酶，酶分子中含有钴和镁，最适 pH 8.0，最适温度 60℃。一般放线菌产生的葡萄糖异构酶，其最适 pH 为 6.5～8.5，但在碱性条件下，葡萄糖容易分解而使糖浆的色泽加深，因此，生产中 pH 一般控制在 6.5～7.0。

6. 要控制好异构化反应温度。葡萄糖转化为果糖的异构化反应是吸热反应，随着反应温度的增高，反应平衡向着有利于生成果糖的方向变化。异构化反应的温度越高，则反应平衡时，混合糖液中果糖的含量也越高。但是当温度达到 70℃以上时，葡萄糖异构酶易变性失活。所以，异构化反应的温度以 60～70℃为宜。在此温度下，异构化反应平衡时，混合糖浆中果糖的含量可达 53.5%～56.5%。然而要使反应达到平衡，需要很长时间。在生产上一般控制异构化率在 42%～45%较为适宜。

六、实训建议

本实训宜安排 8 学时的集中时间进行，且以 2～3 人一组为宜；糖化部分耗时长，需昼夜连续进行，其他部分可结合其他实训或课堂教学穿插开展。

七、实训思考

1. 终止糖化时，为什么要瞬时加温使糖化酶灭活？
2. 在果葡糖浆生产过程中，淀粉酶起何作用？

实训二　淀粉酶在酒精生产中的应用

一、目的要求

了解 α-淀粉酶在酒精生产中的应用，掌握发酵法生产酒精的主要工艺流程。

二、实验原理

酒精的化学名称为乙醇（C_2H_5OH），相对分子量为 46，一般可以分为高纯度酒精、精馏酒精、医药酒精和工业酒精。

酒精的生产方法有发酵法和化学合成法两种。发酵法是利用淀粉原料或糖质原料，在微生物的作用下生成酒精。在发酵法生产酒精时可采用高温蒸煮、中温蒸煮、低温蒸煮三种方式。高温蒸煮和低温蒸煮可以加入中温 α-淀粉酶，而中温蒸煮则需要加入耐高温 α-淀粉酶。发酵过程为先利用 α-淀粉酶和糖化酶等将淀粉逐步分解为最终产物单糖（葡萄糖、果糖等），再利用酵母中酒化酶的作用通过厌氧反应将单糖转化为酒精和二氧化碳。

三、材料用具

（一）材料

玉米（晒干）。

（二）试剂

α-淀粉酶、糖化酶、活性酵母、自来水。

（三）器具

粉碎机、输送器、粉浆罐、蒸煮锅、糖化罐、发酵罐、酒精蒸馏装置。

四、实验方法

（一）工艺流程

发酵法生产酒精的工艺流程见图 6-2。

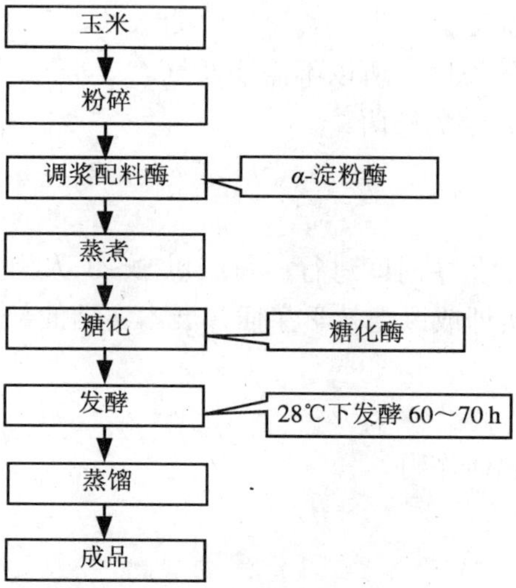

图 6-2　发酵法生产酒精的工艺流程

（二）操作要点

1. 粉碎

用粉碎机将玉米粉碎成粉末，进入螺旋输送器至粉浆罐。

2. 调浆配料

将粉碎的原料用水拌匀，料水比为 1∶3～4，然后把料液加温到 40～50℃，把 α-淀粉酶，按 5～6 U/g 原料的用量连续添加入粉浆罐中，搅拌均匀，保持液位 80%，液化 20 min。

3. 蒸煮

将混合均匀的料液输送至蒸煮罐中，并用蒸汽直接加热，蒸煮温度 65～75℃，时间 90 min。

4. 糖化

将蒸煮好的醪液，冷却至 60℃，转移至糖化罐，加入糖化酶，一般加酶量为 100 U/g 原料，糖化时间 30～60 min，将醪液中的淀粉、糊精等转化为葡萄糖。

5. 发酵

将耐高温的活性干酵母进行小酒母复水活化，然后扩培养，待小酒母成熟后，接到大酒母糖液中，待大酒母成熟后，放入发酵罐中，进行发酵。温度 28℃下发酵 60～70 h。

6. 蒸馏

成熟发酵液进入蒸馏塔进行蒸馏，醪液先经过粗馏塔，然后进入精馏塔，经过双塔蒸馏后，从精馏塔塔顶提取酒精，并在冷凝器中进行冷凝回流，检测酒精含量。

五、注意事项

1. 温度的控制是整个工艺的关键。淀粉糊化温度：小麦淀粉 54～62℃、玉米淀粉 65～75℃；淀粉糖化温度 28～30℃。

2. 酒精发酵过程是厌氧发酵，所以不需要通气。

3. 接入酵母时，要注意避免染菌。

六、实训建议

本实训宜安排 8 学时的集中时间进行；每组以 2～3 人为宜；因开展本实训的时间较长、较分散，应结合其他实训或课堂教学穿插开展本实训的部分内容。

七、实训思考

淀粉酶在酒精生产中起何作用？

实训三　果胶酶在香蕉果汁生产中的应用

一、目的要求

了解果胶酶澄清果汁的原理，熟悉果胶酶添加量对果汁出汁率和澄清度的影响。

二、实验原理

香蕉中含有 0.5%～0.7%的果胶物质，用常规法生产的香蕉汁过于黏稠，澄清度和出汁率均很低，严重影响香蕉汁的商品生产。因此，如何提高澄清度和出汁率成为香蕉汁商品生产的关键问题。

用果胶酶处理其浆汁，可水解果胶等物质，易于过滤，不仅能提高香蕉的出汁率，同时也能使果汁变成清澈、透亮的清果汁。

三、材料用具

（一）材料

充分黄熟的香蕉。

（二）试剂

食品级果胶酶、抗坏血酸。

（三）器具

大塑料杯、匀浆机、水果刀、离心机、量筒、恒温水浴箱、分光光度计、高压灭菌锅、电子天平。

四、实验方法

（一）工艺流程

酶法生产香蕉汁的工艺流程见图 6-3。

（二）操作要点

1．果实清洗

取香蕉约 1 kg，用清水冲洗干净，备用。

2．去皮切分

用手将香蕉皮剥除后，将香蕉切分为 3～4 cm 长的小段，并称取 300 g 果肉 4 份备用。

3．加酶液打浆

按果肉：酶液=1：0.5 的比例，分别添加不同浓度的果胶酶酶液（表 6-13）到匀浆机中与香蕉一起打浆，将浆液全部倒入大塑料杯中，并用薄膜封口。

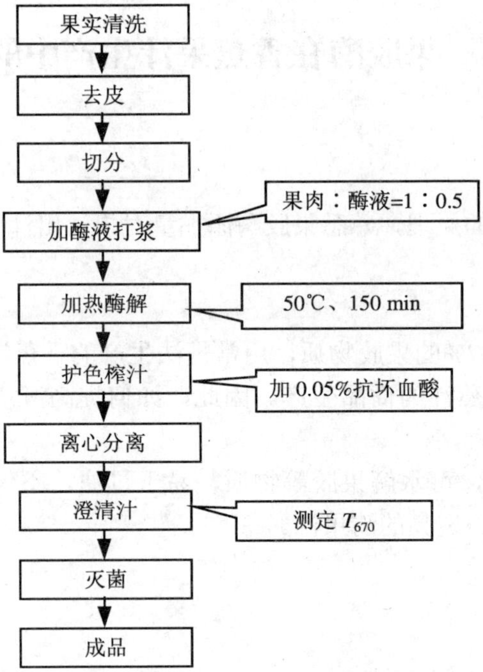

图 6-3　酶法生产香蕉汁工艺流程

表 6-13　果胶酶添加量对果汁出汁率和澄清度的影响

项目	1	2	3	4
添加酶量/%（占果肉和水的总重）	0	0.01	0.03	0.06
澄清度（T_{670}）				
出汁率/%				

4．加热酶解

将不同酶浓度（含对照）处理的香蕉浆汁同时放入恒温水浴箱中，在 50℃下加热酶解 120 min。

5．护色榨汁

待酶解液冷却后，添加浆液量 0.05%的抗坏血酸到酶解液中，搅拌溶解抗坏血酸后用 3～4 层纱布榨汁。

6．离心分离

在 4 000 r/min 下离心 10 min 后收集澄清汁液，量其体积，并立即测其澄清度（以果汁在 670 nm 处的透光率表示）。如无大型离心机，也可用消毒后的多层纱布过滤。

7．装瓶、灭菌

将果汁装瓶后置于灭菌器内，95℃灭菌 45 s，即得果汁成品。

五、注意事项

1. 果胶酶是复合酶，用于果胶分解而使果汁澄清的酶是聚甲基半乳糖醛酸酶和果胶聚半乳糖醛酸酶。因此，果胶酶制剂的成分、纯度、活力与澄清效果有关。

2. 铁、铜、锌等离子微量存在，能明显抑制果胶酶活性，为此澄清过程中应严格避免由原料、容器等带入这些微量离子。

六、实训建议

本实训宜至少安排 6 学时的集中时间进行；每组以 2～3 人为宜；因本实训的加热酶解跨时长，应结合其他实训或课堂教学穿插开展。

七、实训思考

影响果胶酶澄清果汁的因素有哪些?

实训四　果胶酶在去柑橘囊衣上的应用

一、目的要求

熟悉果胶酶添加量及反应温度的变化对去囊衣的影响，掌握酶法去柑橘囊衣的方法。

二、实验原理

在水果罐头的加工中，多数有去皮的工序，例如，生产桃子、柑橘类罐头时，除人工处理外，往往采用碱处理或酸处理去皮或去囊衣。在碱或酸的作用下果胶水解，囊衣能被除去，但是碱或酸能引起果肉中其他物质分解，部分维生素和营养物质遭到破坏，产品的风味受到影响，而且工艺复杂，成本较高。

用果胶酶等酶制剂处理橘瓣，酶只对果胶作用，橘子的其他成分不受影响，脱除囊衣的橘瓣可以保持橘子的天然风味，果味浓郁，色泽鲜艳，橘瓣完整，破碎极少，罐内的腐蚀也相对较轻，保存期延长，工艺时间缩短，劳动力省，成本降低。

三、材料用具

（一）材料

无压伤的橘子。

（二）试剂

果胶酶、1%盐酸、烷基苯磺酸钠、食盐。

（三）器具

恒温水浴振荡器、容量瓶、大烧杯、电子天平。

四、实验方法

（一）工艺流程

果胶酶去囊衣的工艺流程见图 6-4。

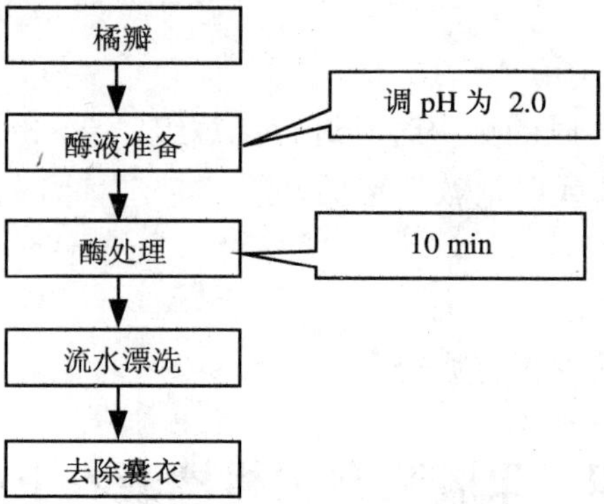

图 6-4　果胶酶去囊衣工艺流程

（二）操作要点

1. 将橘子去皮后，称取等重的橘瓣（150 g 左右）12 份备用。

2. 取干净烧杯 12 个，做好标记，按表 6-14 所示，加入果胶酶和水（用容量瓶量水），再用 1%盐酸调节 pH 至 2.0。

表 6-14　不同果胶酶量对去柑橘囊衣效果的影响

项目	1	2	3	4
添加酶量/g	0	3.0	4.5	6.0
加水/ml	300	300	300	300
1%盐酸调节 pH	2.0	2.0	2.0	2.0
反应时间/min	10	10	10	10
30℃去皮				
40℃去皮				
50℃去皮				

3. 将橘子分别放入各处理酶液中，恒温振荡加热处理时间为 10 min，处理温度分别为 30℃，40℃，50℃。

4. 酶处理结束后，用流动水漂洗 20 min，观察去皮效果。

五、注意事项

1. 去皮（去囊衣）所用 703 果胶酶是胞内酶，需经一夜浸泡，释放出酶后应用。如果急需应用，可在处理前添加渗透剂烷基苯磺酸钠 0.04%和食盐 0.8%，在 35℃先浸泡 2 h，制成酶溶液应用。

2. 实际应用时，酶制剂用量应以去皮（去囊衣）效果为标准加以确定。增加酶制剂用量，能缩短去皮（去囊衣）时间。

3. 去皮（去囊衣）的 pH，以 1.5～2.0 为宜。例如，酶制剂用量 1.5%，自然 pH 下脱囊衣需 30 min 以上，而 pH 2.0、pH 1.5 条件下脱囊衣分别仅需 10 min、6 min。如果酶液连续使用，应调整酶液的 pH。

4. 在去皮过程中应严格避免铁、铜、锌离子的抑制影响，并应控制搅拌或振荡的程度。

六、实训建议

本实训宜安排 4 学时的集中时间进行，并以 2～3 人一组为宜。

七、实训思考

除了果胶酶外，还能否用其他的酶制剂进行去皮（去囊衣）？

实训五　果胶酶在果酒澄清上的应用

一、目的要求

了解果酒生产中添加果胶酶的作用，掌握果胶酶澄清苹果酒的方法。

二、实验原理

果酒是以各种水果为原料，通过微生物发酵而成的含酒精饮料。常见的果酒有葡萄酒、苹果酒，此外还有桃酒、荔枝酒和梨酒等。果酒以果汁为原料酿造而成，其中含酒精 10%～12%。在果酒酿制过程中，添加果胶酶可以使果胶降解，不仅可以提高果汁和果酒的产率，有利于过滤，而且可提高其澄清度，从而提高产品的质量。

三、材料用具

（一）材料

无霉烂的成熟苹果。

（二）试剂

食品级果胶酶、亚硫酸氢钠、果酒酵母。

（三）器具

打浆机、发酵罐（瓶）、离心机、分光光度计、电子天平。

四、实验方法

（一）工艺流程

酶法澄清果酒的工艺流程见图 6-5。

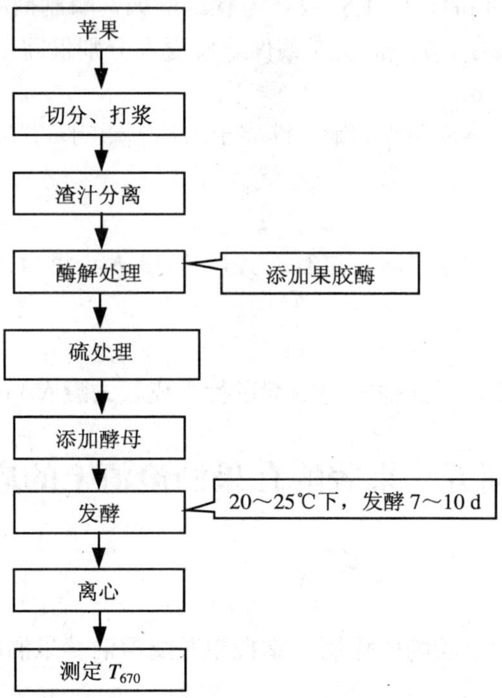

图 6-5　酶法澄清果酒工艺流程

（二）操作要点

1．原料预处理：用清水洗净苹果，称取 5～6 kg。

2．切分、打浆：将苹果切分后放入打浆机中，按 1∶1 添加含有 0.05%的抗坏血酸的水溶液一起打浆。

3．渣汁分离：将苹果汁于 3 500 r/min 下离心分离 10 min，除尽渣皮、梗等杂质。

4．酶解处理：将汁液平均分成 4 份，分别按表 6-15 所示往汁液中添加果胶酶（添加前先将果胶酶溶解于少量的苹果汁）后，在 45℃下加热酶解 120 min。

5．硫处理：酶解冷却后，按每升苹果汁中加入亚硫酸氢钠 150 mg 的量进行硫处理。

6．接种：在苹果汁中加入接种量为 2%的果酒酵母（需事先活化），迅速将苹果汁移入发酵罐。

7．发酵、离心：在无氧和 20～25℃条件下，发酵 7～10 d。发酵结束后，倒罐收集流出汁液，在 3 500 r/min 下，离心分离 10 min，收集酒液。

8．测澄清度：测果酒在 670 nm 处的透光率，以此表示果酒的澄清度。

表 6-15　不同果胶酶添加量对苹果酒澄清度的影响

项目	1	2	3	4
加酶量/%（占葡萄汁体积）	0.00	0.01	0.05	0.10
澄清度（T_{670}）				

五、注意事项

1．苹果切分后很易发生酶褐变现象，应注意加以抑制。

2．苹果酒浑浊原因大多是因果胶质的存在引起，此外，还有细菌性原因及重金属或蛋白性物质等引起。浑浊原因较复杂，仅果胶酶处理，有时也不能完全澄清。

六、实训建议

本实训宜安排 6 学时的集中时间进行；每组以 2～3 人为宜；因开展本实训的时间较长、较分散，应结合其他实训或课堂教学穿插开展本实训的部分内容。

七、实训思考

打浆时，添加抗坏血酸有何作用？

实训六　蛋白酶在明胶生产上的应用

一、目的要求

了解蛋白酶添加量对明胶生产的影响，掌握用蛋白酶生产明胶的工艺流程。

二、实验原理

明胶是一种从动物的结缔或表皮组织中的胶原部分水解出来的蛋白质。它具有许多优良的物理及化学性质，如形成可逆性凝胶、黏结性、表面活性等，在食品工业中广泛地用作胶冻、乳化剂、稳定剂、黏合剂和澄清剂等。

生产明胶的原料可以选用干燥的动物皮等，它具有丰富的胶原蛋白。天然状态的胶原蛋白单体是一种三股螺旋结构，用适量的蛋白酶进行处理，然后再用热水提取，则胶原蛋白的螺旋结构分裂，形成单股，并溶解为明胶溶液。

三、材料用具

（一）材料

干燥动物皮（牛、猪皮等）。

（二）试剂

碱性蛋白酶阿尔卡莱斯、0.1 mol/L NaOH 溶液、0.1%的稀盐酸、活性炭。

（三）器具

剪刀、捣碎机、高压清洗机、1 000 ml 烧杯、恒温水浴箱、干燥箱、过滤器、酸度计、凯氏定氮仪、电子天平。

四、实验方法

（一）工艺流程

蛋白酶生产明胶的工艺流程见图 6-6。

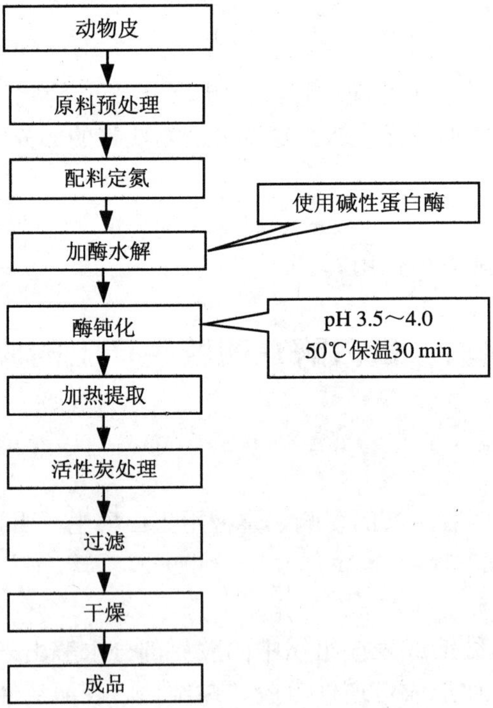

图 6-6　蛋白酶生产明胶工艺流程

（二）操作要点

1. 原料预处理

取干燥的牛或猪皮（本实验选取牛皮）200 g，切割成长、宽约为 1～2 cm 的小碎块，然后将其捣碎。

2. 清洗

用清水将细碎的牛皮洗净，沥干。

3. 配料及测蛋白含量

将细碎的牛皮放入 1 000 ml 烧杯中，加热水配成 30%的料液。用凯氏定氮法测定牛皮料液的总氮量（Pr=N×6.25）计算蛋白质的浓度。

4. 加酶水解

用 0.1 mol/L NaOH 溶液调节料液 pH 为 8.0～9.0，加入碱性蛋白酶阿尔卡莱斯（Alcalase），酶用量如表 6-16 所示，于 28℃恒温作用 8～10 h。

表 6-16　不同蛋白酶添加量对明胶生产的影响

项目	1	2	3	4
加酶量/%（占蛋白质含量）	0.01	0.05	0.10	0.15
明胶产率				

5. 酶钝化

加 0.1%的稀盐酸溶液调 pH 至 3.5～4.0，50℃保温 30 min，灭活蛋白酶。

6. 加热提取

用 0.1 mol/L NaOH 溶液调 pH 至 6.5，在 60℃，70℃，80℃，90℃的温度下，各提取约 1 h。

7. 活性炭处理

活性炭用量为提取液体积的 1%，温度 50～55℃处理 10～15 min。

8. 过滤和干燥

可用常规方法进行过滤，80～90℃恒温干燥 30 min，收集明胶。

五、注意事项

1. 酶处理是明胶生产工艺的关键。酶的用量及其作用时间为主要的工艺参数。一般而言，在工艺过程中，用酶量减少则作用时间需要延长。此外，还取决于原料的类型，例如，用石灰处理的皮，需要的用酶量为 0.15 U/L，作用 6 h，而盐渍皮需 0.5 U/L，作用 17 h。

2. 酶解后必须注意酶钝化的操作，要使酶完全失活，因为残留少量的酶将会引起所得明胶的缓慢降解。

六、实训建议

本实训宜安排 8 学时的集中时间进行；每组以 2～3 人为宜；因开展本实训的时间较长、较分散，应结合其他实训或课堂教学穿插开展本实训的部分内容。

七、实训思考

不同蛋白酶添加量对明胶生产有何影响？

实训七　纤维素酶在动物饲料方面的应用

一、目的要求

了解纤维素酶在动物饲料配制方面的应用方法，熟悉其应用效果。

二、实验原理

家畜饲料有谷类、豆类、玉米、麦类等。牛具有自己分解纤维素的能力，但猪、鸡等则不能分解纤维素。即使是牛，若是在饲料中能添加分解纤维的酶，也会使其分解纤维素的能力增加，从而提高消化率。本试验以小鼠为试材，调查动物饲料中添加纤维素酶的使用效果。

三、材料用具

（一）材料

玉米、大麦、高粱、健康小鼠。

（二）试剂

纤维素酶。

（三）器具

粉碎机、筛子。

四、实验方法

（一）工艺流程

饲用酶制剂的使用流程见图 6-7。

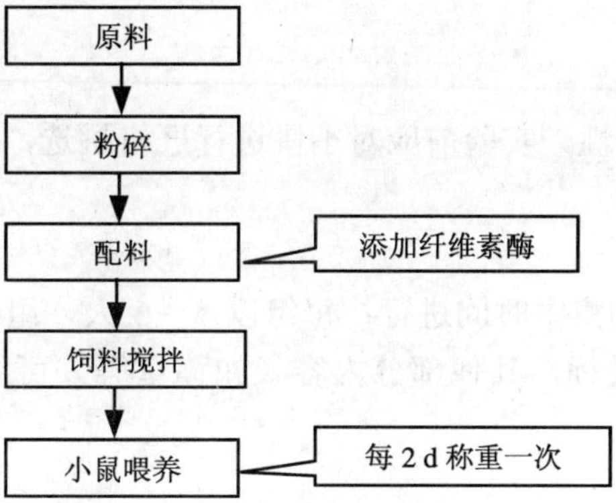

图 6-7　饲用酶制剂的使用流程

（二）操作要点

1. 将玉米、大麦、高粱原料经过筛选，分离处理，去除杂质。各称取 10 kg，备用。

2. 粉碎：将玉米、大麦、高粱原料分别粉碎，过筛 80 目。各称取 5 kg，备用。

3. 配料：按玉米∶大麦∶高粱 ＝2∶5∶3 的比例混合，配制 4 组混合料（各 500 g）。添加酶量按照表 6-17 进行。

表 6-17　纤维素酶添加量比例表

项目	1	2	3	4
混合料/g	500	500	500	500
添加酶量/%（占饲料总量）	0.00	0.20	0.40	0.60

4. 饲料搅拌：将饲料搅拌均匀即为成品饲料。

5. 小鼠喂养：把配制好的 4 组饲料，分别喂养 12 只健康小鼠（每组处理 3 只），每日喂三次，每次间隔 4 h，每次添加饲料量固定，连续喂养 10 d。按时称重，将结果记录于表 6-18 中。

表 6-18　纤维素酶添加量对小鼠体重的影响

项目	1	2	3	4
健康小鼠/g	30±5	30±5	30±5	30±5
2 d 后体重/g				
4 d 后体重/g				
6 d 后体重/g				
8 d 后体重/g				
10 d 后体重/g				

五、注意事项

为保证实验结果的准确性，实验前应对小鼠进行严格挑选，其体重应尽可能一样。

六、实训建议

本实训宜安排 4 学时的集中时间进行；每组以 5～6 人一组为宜；本实训的喂养观察部分耗时长，需昼夜连续进行，其他部分内容（如称重等）可结合其他实训或课堂教学穿插开展。

七、实训思考

在动物饲料中添加纤维素酶有何作用？

复习思考题

1. 简述在食品保鲜方面，应用溶菌酶进行食品灭菌保鲜的原理。
2. 简述淀粉酶在生产不同糖浆中的作用原理。
3. 简述利用胆碱酯酶监测有机磷农药污染的作用原理。
4. 总结说明酶在各行业中应用的异同。

参考文献

[1] 陈騊声. 酶制剂生产技术. 北京：化学工业出版社，1994.

[2] 孙俊良. 酶制剂生产技术. 北京：科学出版社，2004.

[3] 郭勇. 酶工程. 北京：化学工业出版社，2004.

[4] 郭勇. 酶的生产与应用. 北京：化学工业出版社，2003.

[5] 孙彦. 生物分离工程. 北京：化学工业出版社，2005.

[6] 欧阳平凯，等. 生物分离原理及技术. 北京：化学工业出版社，1999.

[7] 徐彩凤. 酶工程. 北京：中国农业出版社，2000.

[8] 刘箭，等. 生物化学实验教程. 北京：科学出版社，2004.

[9] 陈来同，等. 生物化学产品制备技术（2）. 北京：科学技术文献出版社，2004.

[10] 陈来同，等. 生化工艺学. 北京：北京大学出版社，2000.

[11] 李如亮，等. 生物化学实验. 武昌：武汉大学出版社，1998.

[12] 陆兆新，等. 现代食品生物技术. 北京：中国农业出版社，2002.

[13] 程备久，等. 现代生物技术概论. 北京：中国农业出版社，2003.

[14] 辛秀兰. 生物分离与纯化技术. 北京：科学出版社，2005.

[15] 王宪泽，等. 生物化学实验技术原理和方法. 北京：中国农业出版社，2002.

[16] 张树政. 酶制剂工业. 北京：科学出版社，1984.

[17] 施巧琴. 酶工程. 北京：科学出版社，2005.

[18] 罗贵民. 酶工程. 北京：化学工业出版社，2002.

[19] 陈宁. 酶工程. 北京：中国轻工业出版社，2005.

[20] 周晓云. 酶学原理与酶工程. 北京：中国轻工业出版社，2005.

[21] 周晓云. 酶技术. 北京：石油工业出版社，1995.

[22] 郭勇，郑穗平，等. 酶在食品工业中的应用. 北京：中国轻工业出版社，1996.

[23] 梁传伟，张苏勤. 酶工程. 北京：化学工业出版社，2006.

[24] [英]G.G.伯奇，等. 酶与食品加工. 郑寿亭等译. 北京：轻工业出版社，1991.

[25] 孙俊良. 发酵工艺. 北京：中国农业出版社，2002.

[26] 蒋传奎，等. 工具酶的活力测定. 上海：上海科学技术出版社，1982.

[27] 郭杰炎，等. 微生物酶. 北京：科学出版社，1986.

[28] B．施特尔马赫. 酶的测定方法. 乾嘉渊译. 北京：中国轻工业出版社，1992.

[29] 尹光琳，等. 发酵工业全书. 北京：中同医药科技出版社，1992.

[30] 禹邦超，胡耀星，等. 酶工程. 武汉：华中师范大学出版社，2005.

[31] 熊振平，等. 酶工程. 北京：化学工业出版社，1989.
[32] 罗九甫. 酶和酶工程. 上海：上海交通大学出版社，1996.
[33] 袁勤生，等. 酶与酶工程. 上海：华东理工大学出版社，2005.
[34] 丛峰松. 生物化学实验. 上海：上海交通大学出版社，2005.
[35] 宋航. 制药工程专业实验. 北京：化学工业出版社，2005.
[36] 许秀珍，等. 生物化学与分子生物学实验指导. 广州：暨南大学出版社，2003.
[37] 高嘉安，等. 淀粉与淀粉制品工艺学. 北京：中国农业出版社，2001.
[38] 李雁群，肖功年. 酶在食品加工中的应用. 北京：中国轻工业出版社，2002.
[39] 钱铭镛，等. 酶工程基础与酶应用实例. 南京：江苏科学出版社，1989.
[40] 杨开宇，孟广震，等. 基因表达调控与生物技术中的酶学. 北京：科学出版社，1990.
[41] 黄胜和，马金鉴，等. 酶在临床上的应用. 天津：天津科学出版社，1984.
[42] 方平，等. 酶制剂在畜禽与水产饲料中的应用. 中国饲料科技网，2006.
[43] 戴四发，等. 纤维素酶研究现状及其在畜牧业中的应用. 安徽技术师范学院学报. 2001.
[44] 钟发钢，等. 饲用纤维素酶研究进展. 中国微生态学杂志，2002，14（5).
[45] 徐学万，等. 纤维素酶的特性及其在食品工业中的应用.粮食与食品工业，2001，(4).
[46] 王佩云，等. 纤维素酶的激活剂与阻遏作用. 中国饲料，1993，(8).
[47] De Santis G，Berglund P，Stabile M R，et al. Biochemistry，1998，37：5968.
[48] Berglund P，DeSantis G，Stabile M R，et al. J Am chem. Soc，1997，119：5265.